JN437886

입법학의 기본관점

- 입법논증론의 함의와 응용

심우민

한국외국어대학교 법학과를 졸업하고, 연세대학교 대학원에서 법학 석사 및 박사학위를 수여 받았다. 박사학위 논문으로 『입법절차와 절차주의: 순수절차주의에 대한 비판과 그 대안』(2011)을 작성하였으며, 이는 연세대학교 대학원 사회과학분야 우수논문상을 수상하였다. 연세대학교 법학연구원 전문연구원, 서울대학교 의과대학 의료정책실 연구원 등을 거쳐, 현재는 국회입법조사처 입법조사관으로 재직하고 있다. 주요 저서로는 『정보사회 법적규제의 진화』(2008), 『입법절차와 사법절차』(공저, 2009), 『The Rationality and Justification of Legislation』(공저, 2013) 등이 있다.

서강학술총서
061

입법학의 기본관점

입법논증론의 함의와 응용

Legisprudence

심우민 지음

서강대학교 출판부

서강학술총서 061

입법학의 기본관점

- 입법논증론의 함의와 응용

초판발행 | 2014년 1월 27일
지 은 이 | 심우민
발 행 인 | 유기풍
편 집 인 | 우찬제
발 행 처 | 서강대학교 출판부
등록번호 | 1978년 9월 28일 제313-2002-170호

주 소 | 서울특별시 마포구 백범로 35번지
전 화 | (02) 705-8212
팩 스 | (02) 705-8612

ISBN 978-89-7273-240-2 94360
ISBN 978-89-7273-139-9(세트)

값 20,000원

* 잘못된 책은 구입하신 곳에서 바꿔드립니다.

* '서강학술총서'는 SK SUPEX 기금의 후원으로 제작됩니다.

책머리에

입법학이라는 새로운 연구분야는 한국사회에서는 물론이고 서구사회에서도 아직까지 확고하게 정립되었다고 보기는 힘들다. 그것은 이제까지의 전통적 법학연구가 법의 형성문제보다는 적용문제, 즉 사법판결 이론에 주로 초점을 맞추어 왔기 때문이다. 따라서 이 책은 입법학의 학문적 성격과 체계를 명확하게 하기 위한 시론적인 성격을 가진다.

입법학의 정립 필요성은 현재 이론적 차원에서보다는 실천적 차원에서 강하게 요청되고 있는 상황이다. 그 이유는 현대사회의 급속한 발전과정 속에서 다양한 가치들이 분출되고, 이는 결국 사회의 규범적 기준을 정립하는 입법의 영역에서 갈등상황을 연출하고 있기 때문이다. 그러나 아직까지 입법학에 관한 논의는 구체화되고 있지 못하고, 때로는 매우 이상 지향적 차원에 머물러 있다.

필자는 대학원에서의 연구 과정을 통하여 다소 사회이론적 견지에서 입법학의 필요성을 절감하였으며, 2006년경부터 입법학이라는 다소 모호하게 느껴지는 학문영역의 논의들을 섭렵하고자 노력하였다.

그러나 이러한 과정 속에서도 풀리지 않는 의문들은 필자로 하여금 입법학의 학문적 성격과 이론적 근거들에 대해 더욱 천착하게 만들었다. 그 결과 입법학은 아직까지 독자적 학문으로서의 성격을 온전히 갖추지 못한 채 수 많은 사회적 담론 속에서 회자되고 있을 뿐이라고 판단하게 되었다. 이 책은 바로 이러한 지점, 즉 입법학의 학문적 체계를 발전시키기 위한 기본적인 관점을 모색하는 데 초점을 두고 있다.

최근 국내의 입법학에 대한 소개가 사회과적적 방법론의 수용에 상대적으로 과도한 비중을 두고 있다는 사실은 필자로 하여금 이 책을 집필하게 된 결정적 계기를 제공해 주었고, 이러한 논의 상황을 탈피하기 위해서는 새로운 이론적 체계 구성이 필요하다는 결론에 도달하였다. 이러한 견지에서, 이 책은 입법학의 세부 연구영역으로 새롭게 논의되기 시작한 "입법논증"에 관한 논의를 소개하고 있다. 필자는 입법논증론이 입법학의 체계화를 위한 가장 기본적인 관점을 제시해 줄 수 있다고 생각한다.

입법학의 체계 정립을 향한 연구는 이 책을 통해 단번에 완성될 성격의 작업은 아니라고 생각한다. 다만 이 책은 추후 지속될 입법학의 연구 방향성을 설정하고, 이를 더욱 구체화 · 현실화 · 세분화시킬 수 있는 토대로서 기능할 수 있을 것이다.

이 책의 이론적 핵심은 필자의 박사학위 논문인 「입법절차와 절차주의: 순수절차주의에 대한 비판적 고찰과 그 대안」의 일부 내용으로 구성되어 있음을 밝힌다. 당시 박사학위 논문에서는 입법절차상의 흠결 문제를 중심적으로 다루었으나, 이를 통해서는 입법학에 관한 본격적인 논의를 전개하기에는 역부족이었다. 따라서 필자는 당시의 논의를 발전시켜 이 책의 내용을 구성할 필요성을 느꼈다. 또한 이 책의 내용을 구성하는 데 있어서는 입법학을 선도적으로 국내에 소개해 오신 교수님들의 연구로부터 많은 도움을 받았다. 특히 최대권 교수님, 김승환 교수님, 박영도 교수님, 이상영 교수님, 홍완식 교수님, 최윤철 교수님의 연구는 많은 참조점을 마련해 주었음을 밝힌다. 이분들의 연구가 없었다면 입법학의 기본관점 구성을 위한 노력을 감히 수행할 수도 없었을 것이다.

입법학 연구를 수행함에 있어서는 모두 열거할 수 없을 정도로 많은 은사님들의 도움이 컸다. 그 중에서도, 김정오 지도교수님, 김종철 교수님, 그리고 이철우 교수님은 지속적으로 필자의 입법학을 향한 여정에 든든한 후원자로서 역할을 해주셨다. 또한 벨기에의 빈트겐스(Luc J. Wintgens) 교수님은 연구의 내용을 실질적으로 진척시키는 데 결정적인 기여를 해주셨다.

대학원에서의 생활 속에서 이따금씩 진지한 논의들을 이어나갈 수 있었던 선후배 및 동학들에게도 감사의 마음을 전한다. 일일이 거명할 수는 없지만, 이들과의 논의는 필자의 연구테마에 결정적인 영향을 미치고 있음을 부인할 수 없다. 이들의 도움이 없었다면 현재 연구자로서의 삶 또한 어려움을 겪었을지 모를 일이다. 특히 대학원 동학이자 직장 동료인 이승현 석사는 이 책의 교정에 매우 헌신적인 도움을 주었다.

입법학에 대한 열정을 가장 극대화시킬 수 있었던 것은 바로 「국회입법조사처」에서의 실무 경험이다. 국회입법조사처는 이미 세상에 알려진 바와 같이 학제간 연구를 수행하기에 최적의 장소이며, 따라서 입법학의 구체적 내용들을 발전시키는 데 중대한 기여를 해주고 있다. 이곳에서 생업으로서의 조사 · 분석 업무에 임할 수 있게 도움을 주신 모든 분들의 은혜는 두고두고 갚아 나가야할 빚이다.

이 책을 출간함에 있어 「서강학술총서기획위원회」의 지원에도 매우 깊은 감사의 마음을 전한다. 서강대학교의 지원이 없었다면 학술서로서의 성격을 가지는 이 책이 세상과 마주하기 어려웠을 것이라고 생각한다.

마지막으로, 가족들의 든든한 믿음과 지원은 그 무엇도 대신할 수 없는 연구의 원동력을 마련해 주었다. 업무와 연구로 인해 자주 찾아뵙지 못하는 아들이자 사위로서의 부족함은 항상 죄송스러울 따름이다. 그리고 2006년 한 세미나에서의 우연한 만남을 부부의 인연으로까지 이어오면서 무한한 인내와 사랑을 보여준 나의 윤, 그리고 2013년 1월 16일 고맙게도 우리 가족의 곁으로 와준 든든이 심윤우 군은 필자의 열정이 식지 않아야할 또 다른 이유이다.

2013년 12월

심우민

목차

표차례

그림차례

자료목록

선례목록 (국회사무처,『국회선례집』, 2012)

판례목록

서론 : 한국사회 입법학의 체계정립을 위한 시론

입법학의 학문적 체계화의 필요성

"입법학"이라는 이름은 처음 듣는 사람이라고 할지라도 그 이름을 그다지 낯설게 생각하지 않는다. 그것은 "입법"이라는 용어의 친숙성 때문일 것이다. 그러나 사실 입법학이라는 학문분야는, 법규범 정립작용을 대상으로 한다는 사실을 제외하고, 세부적인 연구 및 논의 내용이 무엇인지 명확하지 않은 상태로 우리사회에서 회자되고 있다.

상황이 이러함에도 불구하고, 다양한 분야에서 입법학 연구의 필요성을 제기하는 목소리를 들을 수 있다. 그 이유는 한국사회의 경제적·사회적·문화적 발전과 더불어, 입법을 둘러싼 분쟁과 대립이 증가하고 있기 때문이라고 할 수 있다. 즉 입법학이라는 새로운 학문 연구의 활성화를 통해 가장 바람직한 입법 대안을 형성하고, 이를 통해 안정적인 국가 발전을 도모하려는 목적이 있다. 따라서 이러한 목적을 달성하기 위해서는 입법학의 체계를 정립할 필요가 있다.

그간 한국사회에서도 입법학에 관한 연구가 지속되어 왔다. 주로 외국에서 이루어지고 있는 연구 내용을 국내에 소개하면서, 입법학이 소위 입법의 합리성을 증진시킬 수 있는 객관적 · 과학적 방법론을 활용한다는 사실을 부각시켜 왔다. 그러나 '과학적 방법론'이 가지는 특성상 이를 활용한 입법학의 성과들을 실천적으로 활용하기에는 어려움이 있다. 그 결과 실천적 관점에서 입법학이라는 것은 입법절차의 지엽적 문제점들을 지적하거나, 합리적인 입법을 추구해야 한다는 구호 수준에 머무르고 있다는 평가를 받고 있다.

이러한 문제 상황은 이제까지 한국사회에 소개된 입법학이라는 관념 또는 개념으로부터 비롯되고 있다는 것이 필자의 판단이다. 한국사회 입법학의 선각자들에 의해 입법학의 구체적 연구영역들이 꾸준히 소개되어 온 것이 사실이지만, 법학분야에서는 생소한 (사회)과학적 방법론의 활용에만 너무 깊이 매료되어 온 것은 아닌지에 대해 조심스럽게 반문해 볼 필요성이 있다. 그렇다고 이러한 문제제기가 과학적 방법론 자체의 무용론을 의미하는 것이 아님은 물론이다.

현재 한국사회 입법학을 발전시키기 위해서는 기왕에 국내에 소개되어 있는 입법학의 세부 연구영역들을 포괄하여 체계성을 갖추도록 할 필요가 있다. 또한 전통적인 해석법학에서와 같이 기성의 법조문에 대한 해석상의 문제점 제기의 수준을 넘어 사회적 차원에서 법규범 형성 과정상의 동태적 특성을 직시할 필요가 있다. 즉 입법학의 토대를 구축할 수 있는 기본적인 관점의 정립이 요청된다.

왜 입법논증론인가

필자는 입법학의 체계 정립을 위한 기본 관점의 정립에 있어 가장 중요한 역할을 할 수 있는 것이 입법논증론이라고 판단한다. 간략하게 살펴보자면, 입법논증은 "모종의 입법주장을 청중에게 설득해 내기 위해 논거를 제시하고 활용하는 행위"라고 할 수 있다. 문제는 왜 필자가 이러한 입법논증을 입법학의 관점 정립에 있어 가장 중요한 역할을 한다고 판단하고 있는 것인가이다.

특정한 입법적 내용을 주장하기 위해 논거를 제시하는 것은 너무나도 당연하다. 이제까지의 입법학 연구는 누구도 부인하기 힘든 논거를 개발하는 데 중심적 노력을 경주해 왔다. 이는 근대 이후 발전한 과학성에 대한 신뢰에 기반을 두고 있는 것이라고 할 수 있다. 그 결과 논거 자체의 객관성과 과학성, 그리고 이를 통한 합리성 증진이 강조될 뿐, 그러한 논거들이 설득을 위해 어떻게 활용되는 것인지에 대한 연구는 미흡한 것이 사실이다.

그러나 과학성에 대한 사회이론적 측면에서의 반론들은 별론으로 하더라도, 사회 내 각 주체가 보유하고 있는 가치판단이 개입될 수밖에 없는 법규범에 관한 논의 영역에서는 이러한 논거 자체는 단지 평가의 대상일 뿐이다. 논거의 의미에 대한 해석이 가치관에 따라 달라질 수 있기 때문이다. 따라서 입법학 연구에서 강조해야 하는 지점은 비단 논거 그 자체의 과학성뿐만 아니라, 그러한 논거의 제시 및 활용을 통한 설득력 또는 정당성 확보 방식의 문제라는 점을 명확히 할 필요가 있다.

필자는 입법논증론은 입법학 연구에 있어 두 가지의 기능을 가지고 있다고 판단한다. 하나는 입법논증론 자체의 고유 영역으로서 논증 또는 설득에 직접적으로 연관되어 있는 내용을 연구하는 기능이고, 다른 하나는 입법논증의 강조 이면에 존재하는 상호 설득과 이를 통한 법규범적 의미 구성의 관점에 입각한 이론으로서의 기능이다. 전자는 입법학의 세부 연구영역으로서 기능하며, 후자는 입법학 전체의 연구 방향성을 제공해 주는 입법이론으로서 기능한다.

이 저술은 입법논증론의 위와 같은 기능에 주목하고 있으며, 이에 기반한 관점 정립을 통해 입법학의 체계성을 시론적으로 구축해 보고자 한다. 이러한 입법논증론이 입법학 연구를 통하여 좀 더 구체적으로 정립될 때, 입법학은 실천이론으로서의 기능을 확보할 수 있게 될 것이다.

저술의 구성

이 책은 위와 같은 배경 하에 다음과 같은 총 6개장의 순서로 논의를 진행할 것이다.

제1장에서는 이제까지 이루어진 국내외 입법학 연구에 관해 살펴본다. 대륙법계 및 영미법계를 포함한 해외 주요 국가들에서의 입법학 연구는 물론이고, 우리나라의 입법학 연구의 발전과 현황에 대해 정리하였다. 또한 입법학의 세부 하위 연구영역의 구분에 대해서 살펴보고, 현대적 상황에서 이러한 입법학 연구의 방향을 재설정 할 필요가 있음을 주장하였다.

제2장에서는 한국사회의 입법환경 변화 상황과 그 구조적 쟁점에 대해 살펴보았다. 특히 계수법 국가로서의 특성을 가지는 한국의 법문화적 특수성을 언급하면서, 가치간 갈등 및 충돌이 서구사회에 비하여 더욱 복잡하고 첨예한 양상으로 나타나고 있음을 지적하였다. 이러한 상황은 한국사회에서의 입법학 연구가 이러한 지점들을 포괄하는 것이어야 한다는 것을 의미한다.

제3장에서는 입법논증에 관한 논의가 어떠한 이론적 맥락에서 출발하는 것인지를 고찰하였다. 자연법론과 법실증주의, 리걸리즘, 주류적 법이론, 실제의 입법 및 사법절차 등에 관한 분석을 통하여 입법적 판단에 있어 민주성 강화의 필요성을 제기하였다. 이를 토대로 전통적

법해석학 및 사법판결에서와 같은 결과주의적 사고를 넘어서기 위한 입법논증 연구의 필요성을 주장하였다.

제4장에서는 입법논증의 개념과 이에 관한 세부적인 이론적 쟁점들에 관하여 고찰하였다. 법적논증 개념에 대응하는 입법논증의 개념, 입법논증에 있어서의 고려요소, 그리고 이론적 해명이라는 견지에서 가장 큰 중요성을 가지는 입법논증에서의 최종적 근거설정 문제에 관해 살펴보았다. 특히 논증이론적 관점에서 논증의 '무한 퇴행'을 강제적으로 단절시킬 것이 아니라, 다소 유동적이고 지속적인 논증과정이 이루어져야 한다는 관점을 강조한다.

제5장에서는 입법논증론의 실천적 활용에 관해 살펴본다. 이는 앞서 설명한 바와 같은 입법논증론의 이중적 기능 구분에 따라, 입법학 세부 연구영역 중 하나로서의 입법논증론 고유 영역과 입법이론으로서의 입법논증론에 대해서 고찰하였다. 특히 입법이론으로서의 입법논증론과 관련해서는 입법학의 나머지 세부 연구영역(입법정책결정론, 입법과정론, 입법기술론, 입법평가론)에 있어 이를 어떻게 실천적 방식으로 활용할 수 있는지를 다루었다.

제6장에서는 입법학 연구의 향후 전망과 과제에 관해 논하면서, 입법학 연구 및 교육 콘텐츠 확보, 입법 전문인력 양성 및 활용, 입법논증 연구의 심화 필요성에 대해 언급하였다. 사실 이러한 세 가지의 과제는 각기 독자적인 것이라기보다는 상호 연계하여 고민해야 하는 부분이라고 할 수 있겠다.

제1장

입법학 연구의 지형 탐색

제1장
입법학 연구의 지형 탐색

최근 들어 한국사회에서 입법학이 자주 회자된다. 그러나 입법학이 구체적으로 어떠한 내용을 가지는 학문 분야인지에 대해서는 사회적 담론 속에 다소 모호한 상태로 남아 있다. 특히 전통적인 법학 영역에서 입법론 또는 입법학은 법 해석상 한계 지점에서 이를 회피하기 위한 이론적 도피처로 활용되기도 한다. 다음에서는 이러한 입법학의 개념에 대해 살펴보기로 한다.

제1절 입법학 개념에 관한 기존 논의

입법학에 대한 관심이 증대는 현대 민주국가가 직면하고 있는 가치의 다원화와 밀접한 연관을 가지고 있다. 입법을 둘러싼 가치간 갈등이 과거와는 달리 사회 전면으로 표출되면서, 이를 해소하기 위한 합리적 기준을 마련해 보고자하는 하나의 시도가 "입법학"이라는 이름으로 등장하고 있는 것이다. 입법학은 한국사회에서는 물론이고 서구사회에서도 비교적 새롭게 대두되고 있는 학문영역이기 때문에 이에 대한 개념정의가 아직까지 확고한 것은 아니지만, 일반적으로는 합리적이고 과학적인 입법, 또는 타당성 · 효과성 · 체계성을 갖춘 더 나은 입법(better legislation)을 추구하는 학문이라고 설명되어진다.

1. 입법학의 의의

입법학은 기본적으로 전통적 해석법학의 한계를 극복하고자 하는 취지를 가지고 있다. 이 분야 연구는 다분히 규범학적 성격뿐만 아니라 사실학적 성격까지 가진다.[1] 기존의 입법학에 대한 개념정의는 입법을 둘러싸고 발생하는 각종 사회적 문제를 과학적으로 해명함으로써 합리적인 입법을 위한 학문적 근거 제공을 목적으로 하는 연구영역[2]이라고 정의되어 왔다. 이와 유사하게, 또 다른 견해는 과학적 발견 또는 사회과학적 연구결과에 기반한 필요성 및 효율성 판단을 입법에 반영[3]하는 것을 입법학의 기본관점으로 제시하고 있다. 이러한 일반적 개념정의는 입법의 영역에서 과학적이면서도 객관적인 법형성의 필요성에 초점을 두고 있다.

과학적이면서도 객관적인 법형성에 기여할 수 있는 '방법론'이 무엇

1 이상영, "법사회학적 입법연구: 토지공개념 3개법안 입법과정을 중심으로", 서울대학교 박사학위논문, 1993, 7면 참조.

2 박영도, 『입법학입문』(한국법제연구원, 2008), 8면.

3 최대권, "입법의 원칙", 서울대 「법학」, 제25권 제4호, 1984, 72면.

인가에 대한 논의는 입법학의 개념정의와 관련하여 피할 수 없는 쟁점 중 하나이다. 따라서 기존의 헌법학(해석법학)으로부터 상대적으로 독립한 법학의 특수한 일부분으로서, 입법을 고유의 인식대상으로 하고 그것을 고찰하려는 입법학을 구성한다는 측면에서 볼 때, 입법학 연구 방법론의 모색이 필요한 것이 사실이다. 이를 위해 입법과 관련된 기성의 타 학문분야의 성과들을 종합하여 방법론으로 충분히 섭취하는 학제적 연구가 필요하다는 주장이 제기된다.[4]

그렇다면 학제적 연구방법론을 추구하는 입법학은 기성의 법학과는 다른 고유한 학문영역인가 하는 의문이 제기된다. 피터 놀(Peter Noll)은 입법학이 다학제적 학문이라고 하는 것이 법해석학을 대신할 수 있는 입법학을 의미한다기 보다는, 오히려 사회과학과 법사실연구의 도움을 바탕으로 법학의 영역을 넓히고 기존의 문제에 대한 법학적 해결의 출구를 찾으려는 시도라고 설명한다.[5] 즉 기존의 법학과는 다른 차원의 고유성을 가지는 것이 아니라, 그 기저에는 기존 법학의 한계를 극복하고자 하는 노력이 포함되어 있다고 보는 것이다.[6]

이러한 입장에서 입법학은 법과 법률의 개념 및 관계, 입법자, 입법절차 그리고 이러한 절차의 생산물로서의 법률을 포함하여 입법과 관련한 제문제를 학제간 협력에 기초하여 다소 규범학적으로 연구하는 학문이라고 정의할 수도 있다.[7]

---

4 박영도, 앞의 책, 22면.

5 Peter Noll, *Gesetzgebungslehre* (roro Studium Nr.37, 1973), 64~68면; 이상영, "입법학 정립을 위한 변증론", 충북대「법학연구」제7권 1호, 1995, 107면 재인용.

6 최대권도 이와 유사한 주장하고 있다. 특히 법학적 관심사에서 입법의 문제에 대한 접근은 여타 사회과학분야에서의 입법에 대한 접근과 차이가 있다는 점을 강조한다. 최대권, 앞의 논문, 62~63면.

7 최윤철, "입법학 연구의 현황 및 전망",「입법정책」제1권 제1호, 2007, 177면.

2. 기존 입법학 연구의 지향점

1) 사회과학적 방법론을 통한 입법의 합리성 제고

앞서 언급한 바와 같이, 우리 현실에서 입법학이 주목받고 있는 것은 사회적인 법규범 정립에 있어 가치간 갈등이 점차 증가하고 있기 때문이다. 소위 "입법전쟁", "떼법" 등의 용어는 입법을 둘러싼 현재의 갈등 상황을 단편적으로 나타내는 것이다. 이러한 상황 속에서 사람들은 무엇이 보다 나은 대안인가에 대한 해결의 실마리를 입법학이라는 새로운 학문분야로부터 얻고자 하는 것이다.

따라서 입법학은 과학적이고 객관적인 학제적 방법론(사회과학방법론)에 근거하여 첨예해지는 사회적 갈등을 해소하고자 하는 취지를 가지고 있다. 특히 논자에 따라 다소간의 차이는 있지만, 과학적 방법론의 활용은 입법의 합리성을 제고하는 데에 기여한다는 것이 이제까지의 일반적인 인식이다.

2) 입법이론적 논의

최근 입법학에 다소 법철학적으로 접근하면서 입법이론(legisprudence) 연구를 수행하고 있는 빈트겐스(Luc J. Wintgens)의 견해도 위와 크게 다르지 않다. 그는 입법의 이면에 존재하는 갈등, 즉 불일치(disagreement)의 존재를 수용함과 더불어, 이를 해소하기 위해 입법이 추구해야 하는 합리성은 제한적 합리성(bounded rationality)이라고 주장한다.[8]

---

8 이러한 제한적 합리성 개념은 인간이 가지는 인지적 한계로부터 기인하는 것이라고 할 수 있다. 이러한 그의 견해는 2010년 11월 29일 연세대학교 법학전문대학원에서 개최된 내한 강연에서 밝힌 바 있다. 관련 내용은 최근 출간된 그의 새로운 저서 Luc J. Wintgens, *Legisprudence: Practical Reason in Legislation*(Ashgate Publishing, 2012)에 기술되어 있다.

빈트겐스의 설명에 따르자면, 입법학 또는 입법이론은 일반적인 정치학과 차별성을 가진다.[9] 정치학은 기본적으로 불일치를 활성화시키는 목적을 가지고 있는 것이지 그러한 불일치를 해소하려 하지 않는다고 주장한다. 반면 그는 입법학 또는 입법이론은 정치학과는 달리 "가능한 한" 가장 좋은 규칙들(best possible rules)을 제정하는 방식으로 불일치의 문제를 어느 정도 해소할 수 있다고 주장한다. 이러한 취지로, 그는 입법적 판단을 수행함에 있어 입법을 둘러싼 다양한 층위의 정합성을 원리적 차원에서 준수할 것을 요구한다.[10]

결국 그의 견해에 따르면, 입법학 또는 입법이론이 정치학의 영역으로부터 그 독자적 성격을 가지는 것인지의 문제는, 최선의 규칙제정을 통해 갈등 및 불일치의 해소에 기여하는지 여부에 달여 있다. 이와 같이 갈등 및 불일치 문제를 다소 제한적인 것이라 할지라도 모종의 합리성에 기대어 해소하려는 빈트겐스의 이론적 논의는 입법을 위한 보편적인 기준을 확보하고자 하는 이론적 시도의 일환이라고 할 수 있다.[11]

3) 정치철학적 논의

갈등 또는 불일치 해소의 논의가 비단 입법학이나 입법이론적 차원

9 Luc J. Wintgens, "Legisprudence as New Theory of Legislation", *Ratio Juris* 19(1), 2006, 23면.

10 이에 대한 개괄적인 설명은 이 책의 제5장 제3절 후반부를 참조할 것.

11 그러나 빈트겐스의 이론은 그의 의도와는 다르게 해석될 여지를 충분히 가지고 있다고 판단한다. 이와 유사한 입장으로는 Vlad Perju, "A Comment on Legisprudence", *Boston University Law Review* 89, 2009가 있으며, 이에 대한 답변으로는 Luc J. Wintgens, "Freedom and Legisprudence - A More Substantial View: A Reply to Professor Perju", *Boston University Law Review* 89, 2009를 참조할 것.

에서만 진행된 것은 물론 아니다. 전통적인 정치철학에서도 입법이 직면한 불일치 문제를 해소 및 조화시키고자 하는 시도는 지속적으로 이루어져 왔다. 대표적으로 롤즈(John Rawls)와 같은 학자는 '원초적 입장'으로부터 도출된 실체적 측면의 헌법적 합의에 근거를 둔 입법절차를 주장하기도 하였으며, 하버마스(Jürgen Habermas)와 같은 학자는 다소 절차적 측면을 강조하여 '이상적 담화상황'에서의 담론 규칙을 반영한 입법절차를 주장하기도 하였다.

그러나 이러한 시도가 이론적으로 성공적이었는지는 별론으로 하더라도, 모종의 합의가 이루어질 수 있는 가상적인 상황(원초적 입장 또는 이상적 담화상황)을 전제함으로써 이에 합의하지 못하는 자들을 배제하는 결과를 불러일으키고 있으며,[12] 결과적으로 불일치 해소를 위한 보편적 기준을 제시하기에는 다소 부족한 것이었다고 평가할 수 있을 것이다.[13]

4) 재론의 여지

입법학 연구에 있어 과학성과 객관성을 가지는 사회과학적 방법론

12 롤즈에 대한 이러한 측면에서의 비판으로는 Thomas Nagel, "Rawls on Justice", *The Philosophical Review* 82(2), 1973, 224~225면을 참조. 마찬가지 측면에서 하버마스에 대한 비판으로는 Seyla Benhabib, *Critique, Norm and Utopia: A Study of the Foundations of Critical Theory*(Columbia University Press, 1986); 정대성(역), 『비판, 규범, 유토피아: 비판 이론의 토대 연구』(도서출판 울력, 2008), 339~342면(여기에서의 인용은 1986년 영문판에 따른 것이다)을 참조할 것.

13 이에 대해서는 필자의 박사학위 논문을 참조할 것. 이 논문에서 필자는 롤즈류의 학자군을 실체 기반형 절차주의로, 하버마스류의 학자군을 절차 중심형 절차주의로 구분하고, 이들 모두 롤즈가 말하는 바와 같은 "순수절차주의"적인 관념에 근거하고 있으며, 이러한 시도는 실패하였음을 논증한 바 있다. 심우민, "입법절차와 절차주의: 순수절차주의에 대한 비판적 고찰과 그 대안", 연세대학교 대학원 박사학위 논문, 2010. 12.

에 기반한 학제간 연구를 강조하는 입장, 제한적이라고 할지라도 입법의 합리성을 추구하는 입장, 그리고 다소 가상적인 상황을 전제로 합의를 도출하려는 입장은 모두 불일치의 해소에 초점 두는 유사한 이론적 맥락에 서 있다고 평가할 수 있을 것이다. 그러나 과연 이러한 불일치 문제를 궁극적으로 해소할 수 있는 것인지, 즉 합의할 수 있는 보편적인 기준이라는 것이 어느 정도 가능한 것인지에 대해서는 좀 더 심사숙고할 필요가 있다. 이에 대해서는 이번 장의 후반부에서 자세하게 기술하노록 한나.

제2절 입법학 연구의 연혁

이제까지의 입법학 연구가 어떠한 과정을 통해 발진해 왔는지를 살펴볼 필요가 있을 것이다. 입법학 연구는 이론적인 영역과 실천적인 영역으로 구분해 볼 수 있다. 현실적 측면에서 그간의 입법학 연구는 실천적인 영역을 중심으로 발전해 왔다고 해도 과언이 아니다. 그 이유는 입법에 관한 이론적 연구가 다소 협소함에도 불구하고, 국가 및 사회 공동체 유지를 위해서는 규범 정립을 위한 실무적인 입법행위가 현실적으로 필요했기 때문이다. 이러한 측면에서 보자면, 현대 사회에서의 입법학 논의는 이제까지 실무상 형성되어온 입법적 실천의 성과들을 이론적 차원에서 반추해 보고, 더 나은 입법을 위한 방안을 모색하는 데에 초점을 맞출 필요가 있다.

1. 대륙법계 국가의 입법학 연구

1) 스위스

입법학은 당연히 성문법 국가들, 달리 말하여 대륙법계 국가들을 중심으로 발전해 왔다. 대륙법계 국가 중 입법학 연구에서 가장 선도적인 국가는 스위스이다.[14] 특히 스위스의 피터 놀(Peter Noll)은 세계적인 입법학의 개척자로 알려져 있다. 그는 1973년 『입법학(Gesetzgebungslehre)』이라는 저서를 통하여, "어떻게 하면 법적 규범에 의해서 사회 상태에 가장 바람직한 영향을 부여할 수 있는가"[15]라는 문제를 제기하고, 형사법적 측면에서 올바른 법의 정립과 바람직한 사회상태의 실현이라는 입법학의 기본구상을 제시하면서, 입법이론, 입법방법론(입법정책결정론), 입법기술론 등에 관하여 체계적으로 기술하였다. 그의 입법학 구상의 시발점은 스위스의 사회민주당이 집권정당으로서 대규모 법령정비 및 개혁 작업에 착수한 1960년대 중반으로 거슬러 올라간다. 그는 19세기 중반부터 제정되어 온 유럽 국가들의 형사법 개정 동향을 반영하여 21세기로 향한 현대 형사입법의 대응방안을 모색하는 데 관심을 기울였다. 또한 그는 1964년에 개시된 형법 개정안 기초 실무 경험, 그리고 의회의 형법 개정안 심의과정에서 입법기술 및 입법용어 등의 문제에 관여했던 경험을 바탕으로 입법학 저서들을 출간하였다.

---

14 박영도, 앞의 책, 36면.

15 그의 입법학 접근방법은 '사실과 권력에 대한 지배의 시도로서 합리적 입법'이라는 문제제기에서 출발하였다. 법학이 의학과 마찬가지로 명백히 학제적 학문임에도 불구하고, 지금까지의 법률가들이 자신들의 고유한 사물이해의 영역과 경계를 근본적이고 체계적으로 고민하지 않았다는 점을 그는 지적하면서, 입법학이 바로 이 결함을 복구시켜야만 한다고 하였다. Peter Noll, 앞의 책, 64~68면; 이상영(1993), 앞의 논문, 41면 재인용.

스위스의 현대적 입법학 연구 및 교육은 세계적으로 유명하다. 특히 제네바(Geneva)대학과 쮜리히(Züriuch) 대학의 역할은 매우 중요하다. 제네바 대학은 입법학 연구의 핵심적 논제인 입법방법론(입법정책결정론) 강좌를 최초로 개설한 대학으로 법사회학적 관점에서의 입법학 연구를 수행하고 있으며, 최근에는 인터넷을 통한 입법학 강좌를 개설하고 있다. 쮜리히 대학도 2001년부터 입법학 교육을 위한 입법학과를 개설하여 활발히 교육 및 연구를 수행하고 있다.[16] 또한 법령용어 등 입법실무에 관한 학문적 · 실무적 연구를 위한 스위스 입법학회(Schweizerischen Gesellschaft für Gesetzgebung: SGG)와 스위스평가학회(Schweizerischen Evaluationsgesellschaft: SEVAL) 등이 있다.[17] 이러한 스위스의 최근 연구경향은 비교적 실무적인 부분에 그 초점을 맞추고 있는 것이라고 할 수 있다.[18]

2) 독일

입법학이라는 이름으로 이루어진 것은 아니지만, 독일에 있어 입법학 연구의 역사는 이성에 적합한 방법으로 보다 나는 법률을 만들기

16 박영도, 앞의 책, 37면.

17 이에 대한 자세한 내용은 스위스 입법학회 홈페이지 http://www.legislation.ch 와 스위스평가학회 홈페이지 http://www.seval.ch 를 참조할 것(최종방문일: 2013년 6월).

18 최근 스위스 입법학 연구와 관련한 주요 문헌으로는 Paul Richli, *Interdisziplinäre Daumenregeln für eine Faire Rechtsetzung. Ein Beitrag zur Rechtsetzungslehre im liberalen, sozial und ökologisch orientierten Rechtsstaat*(Helbing & Lichtenhahn, 2000); Georg Müller, *Elemente einer Rechtssetzungslehre*(Schulthess, 2006); Reinhold Hotz, *Methodische Rechtsetzung. ein Aufgabe der Verwaltung*(Schulthess Polygraphischer, 1983); Werner Hugger, *Gesetze -Ihre Vorbereitung, Abfassung und Prüfung*(Nomos, 1983); Hans Joachim Mengel, *Gesetzgebung und Verfahren. Ein Beitrag zur Empirie und Theorie des Gesetzgebungsprozesses im föderalen Verfassungsstaat*(Duncker & Humblot, 1997); Bundesamt für Justiz, *Gesetzgebungsleitfaden. Leitfaden für die Ausarbeitung von Erlassen des Bundes*(BMJ, 2007) 등이 있다.

위한 법칙을 탐구하는 연구가 진행되어 온 18세기 계몽주의시대 당시에서부터라고 할 수 있다. 이후 독일에서의 본격적인 입법학 논의의 출발은 19세기 초 법전편찬 여부를 둘러싼 티보(Friedrich Justus Thibaut)와 사비니(Friedrich Carl v. Savigny)의 논쟁[19]이 그 계기가 되었으며, 20세기에 이르러서는 독일 민법전의 제정 및 형법 개정작업과 관련하여 입법에 관한 활발한 학문적 논의가 이루어졌다. 그러나 이러한 20세기 초의 입법 및 입법학에 대한 관심은 당시 지배적이었던 실증주의 법학의 영향력 속에서 별다른 반향을 불러일으키지 못하였으며, 그 결과 법학의 관심은 법률이 만들어지는 과정이 아니라 이미 완성된 법률 그 자체만을 학문의 대상으로 하였다.

바이마르공화국 붕괴와 나치 통치체제의 경험은 입법학 연구의 새로운 전기를 마련해 주었다. 즉 입법자의 재량을 어떻게 구속할 것인가의 문제가 대두되었으며, 독일(서독)의 통치체제는 입법자에게 헌법적 제약을 부과하고 입법행위의 결과 평가를 헌법재판소의 판단 하에 두는 방식으로 부분적 해결을 도모하였다. 또한 이와 유사한 맥락에서

19 사비니는 1814년에 발표된 그의 주저인 "입법 및 법학에 대한 현대의 사명에 관하여(Vom Beruf unserer Zeit für Gesetzgebung und Rechtswissenschaft)"에서 그의 역사법학적 근본사상을 전개하였다. 이 저서는 티보가 저술한 "독일일반민법전의 필요성에 관하여(Über die Notwendigkeit eines allgemeinen bürgerlichen Recht für Deutschland)"라는 논문이 직접적인 계기가 되었다. 티보는 1814년 이전에 제정되어 있었던 프로이센 일반란트법, 오스트리아 일반민법전과 프랑스 민법전을 모범으로 하여 전 독일 공통의 입법을 행할 것을 촉구하였다. 이러한 법전이 있으면 법은 종래와 같이 습득된 전통으로서 죽어있는 것이 아니고, 이제는 민족의 살아있는 소유물로 변천해 나가게 될 것이라고 하였다. 이에 대하여 사비니는 민법전의 제정은 단지 독일 절반만의 통일을 가져올 뿐이고 그 결과 나머지 절반은 종전보다 훨씬 심각하게 분리될 것이라고 하였다. 사비니는 모든 입법은 비유기적이며, 그 결과 유해하거나 불필요하다고 하였다. 법은 오히려 민족의식과 민족적 확신, 즉 관습, 법학, 실무를 통하여만이 유기적으로 형성된다고 믿었다. 이은영, "사비니의 법사상", 「한독법학」 창간호, 1979, 20~21면.

법학연구 영역에서도 전통적인 연구방법론에 대한 반성의 일환으로 정교한 법해석학에 필적할 수 있는 입법학을 정립할 필요성이 강하게 제기되고 있다. 더욱이 최근 신공공관리론의 등장에 힘입어 실효성 및 효율성을 가지는 입법이 강조되면서 입법학의 필요성이 한층 더 강조되고 있는 상황이다.

독일에서도 입법학 그 자체를 하나의 학문영역으로 취급하게 된 것은 비교적 최근의 일이다. 현재 독일의 법률 및 입법에 관한 학문연구 체계의 수립은 주로 대학의 학자들을 중심으로 전개되고 있다. 이와 관련해서는 슈파이어(Speyer) 대학의 역할을 주목할 만하다.[20] 또한 독일 함부르크(Hamburg)대학의 카르펜(Ulrich Karpen)을 중심으로 입법학자 및 실무가들이 입법에 관한 전문적 학회를 만들기로 결의하여, 1987년 10월 15일 독일입법학회(Deutsche Gesellschaft für Gesetzgebung: DGG)를 설립하였다.[21] 그 후 1992년에는 독일입법학회를 주축으로 유럽 국가를 중심으로 하는 유럽입법학회(European Association for Legislation: EAL)가 결성되기도 하였다.

최근에 출간된 입법학에 관한 주요 저작들을 검토해 보면,[22] 독일에

20 이에 대해서는 슈파이어대학 관련학과 홈페이지인 http://www.hfv-speyer.de/js-start.htm 를 참조할 것(최종방문일: 2013년 6월).

21 이 학회의 활동과 관련한 세부적인 내용은 이 학회 홈페이지인 http://www.dggev.de 를 참조할 것(최종방문일: 2013년 6월).

22 독일의 입법학과 관련한 최근 저작들에는 다음과 같은 것들이 있다. Günther Winkler/Bernd Schilcher(Hrsg.), *Gesetzgebung. Kritische Überlegungen zur Gesetzgebungslehre und zur Gesetzgebungstechnik*(Springer, 1981); Waldemar Schreckenberger(Hrsg.), *Gesetzgebungslehre. Grundlagen - Zügänge - Anwendung*(Kohlhammer, 1984); Hans Schneider, Gesetzgebung(C.F.Müller, 2002); Ulrich Karpen, *Gesetzgebungslehre -neu evaluiert Legistics - fresh evaluated*(Nomos, 2008); Bundesakademie für öffentliche Verwaltung(Hrsg.), *Praxis der Gesetzgebung - Eine Lehr und Lernhilfe*(Recht/Verwaltung/Wirtschaft, 1984년); Olaf Gericke, *Möglichkeiten und Grenzen eines Abbaus der Verrechtlichung. Eine kritische Analyse*

서의 입법학 연구가 상당한 수준에 도달하고 있음을 확인해 볼 수 있다.[23] 물론 이러한 독일의 최근 연구 동향도 주로 입법실무를 중심으로 발전해 가고 있다는 점을 부인하기는 힘들다.

3) 기타

마지막으로, 실무 중심의 입법학 연구를 넘어서서, 미약하게나마 최근 법이론적인 측면에서 입법이론에 접근하고 있는 연구가 있다. 이러한 연구는 벨기에의 빈트겐스(Luc J. Wintgens)를 중심으로 카톨릭 브뤼셀 대학(Katholieke Universiteit Brussel;K. U. Brussel 또는 KUB)의 '입법, 규제 및 입법학 연구소(The Centre for Legislation, Regulation and Legisprudence: CLRL)'에서 이루어져 왔다.[24] 특히 빈트겐스는 최근 '입법학(legisprudence)'이라는 국제저널을 창간한 바 있으며, 국제적인 학술대회에서 입법학에 관한 세션을 주도적으로 구성하는 등 입법학에 대한 법이론적 접근을 선도해 오고 있다.

---

von Gesetzgebung und Gesetzgebungslehre(Shaker, 2003); Wolfgang Ismayr(Hrsg.), *Gesetzgebung in Westeuropa. EU-Staaten und Europäischen Union*(VS Verlag für Sozialwissenschaften, 2008); Bundesministerium der Justiz, *Handbuch der Rechtsförmlichkeit*(Bundesanzeiger, 2008); Carl Böhret/Götz Konzendorf, *Handbuch Gesetzfolgenabschätzung*(GFA). *Gesetz, Verordnungen, Verwaltungsvorschriften*(Nomos, 2001); Waldemar Schreckenberger/Detlef Merten(Hrsg.), *Grundfragen der Gesetzgebungslehre*(Duncker & Humblot, 2000년); Ulrich Karpen/Hagen Hof(Hrsg.), *Wirkungsforschung zum Recht IV -Möglichkeiten einer Institutionalisierung der Wirkungskontrolle von Gesetzen*(Nomos, 2003); 이에 대한 개괄적인 설명은 박영도, "유럽국가에서의 입법학 연구 동향", 월간 「법제」, 2009. 12 참조.

23 박영도, 앞의 책, 44면.

24 이 기관을 중심으로 발간된 편저들에는 다음과 같은 것이 있다. Luc J. Wintgens & Philippe Thion(eds), *Legislation in Context: Essays in Legisprudence*(AshgatePubCo, 2007); Luc J. Wintgens(ed), *The Theory and Practice of Legislation: Essays in Legisprudence*(Aldershot, Ashgate, 2005); Luc J Wintgens(ed), *Legisprudence. A New Theoretical Approach to Legislation*(Oxford, Hart Publishing, 2002) 등.

2. 영미법계 국가의 입법학 연구

1) 영국

영국에서의 입법에 관한 연구에 있어서는 여러 학자들을 거론할 수 있지만, 그 중에서도 가장 큰 영향력을 가진 학자는 벤담(Jeremy Bentham)[25]이다. 그는 난해하고 예측가능성이 낮은 영국의 판례법을 비판하고, 이해하기 쉬운 법전의 편찬과 입법을 통한 법 개혁을 주장하였다. 그는 『입법의 원리』 제1장에서 "입법자는 대중의 행복을 그 입법의 목적으로 하여야 할 것이며, 그러한 일반적 공리가 입법자의 지도원리가 되어야 할 것"이라고 지적하였다. 한편 "입법의 과학"은 특정 사회 구성원들의 이익에 기반한 사회적 선이 어느 것인지를 확정하는 데 그 의의가 있다고 한다. 그리고 "입법의 기술"은 입법의 과학으로부터 확장되거나 특정 사회의 선을 어떻게 실현할 것인가에 관한 방법을 연구하고 발견하는 데 있다고 하였다.[26]

---

25 벤담의 법이론의 핵심은 법과학에 있다기보다는 입법학에 있었다. 입법학은 가치판단에 의하여 법의 실체적인 내용을 결정하는 학문으로 앞으로 법을 어떻게 만들 것인지를 논한다는 점에서 미래지향적이며 모든 사회에 보편성을 지닌다. 당위의 영역으로서의 입법학은 법의 형식적 구조보다는 통치의 수단으로서의 법의 효능과 한계가 어떤 것인가를 체계적으로 분석하는 것을 과제로 삼았기 때문에 정치적·형이상학적 연구와 밀접한 관련이 있다. 안경환·김종철, "영국법과 미국법의 비교연구(V): 법이론(legal theories)(1)", 서울대 「법학」, 제40권 1호, 1999, 222면.

26 영국 법이론에 있어 벤담보다 더 지대한 영향력을 끼친 것은 오스틴(John Austin)이라고 할 수 있다. 결과적으로 벤담의 영향력이 더 확장된 것은 오스틴이 그의 주저 "법리학의 영역 설정(The Province of Jurisprudence Determined)"에서 벤담의 법명령설과 독일 판덱텐 법학의 영향 아래 분석법리학을 주장하면서부터라고 볼 수 있다. 오스틴의 영국 법이론 발전에서의 영향력에 대해서는 Martin Loughlin, *Public Law and Political Theory*(Clarendon Press, 1992), 20면 참조; 그러나 오스틴이 독일 판덱텐 법학의 영향 아래 주장한 가치배제적 법과학, 즉 서술적 법리학을 중심으로 영국 법이론을 발전시킨 정치적 효과는 벤담 이론의 또 다른 축인 입법학, 즉 비판적 법리학이 추구했던 개혁주의 진보성을 퇴색시킬

벤담이 비판의 대상으로 하고 있는 영국법학은 전통적으로 법원 판례의 집적으로 형성된 '보통법(Common Law)'을 유일한 법으로 인식하여 왔으며, 또한 법이란 성문법에 의한 것이 아니라 판례법을 법원으로 하며 법관에 의해 발견되고 적용되는 것으로 생각하였다. 즉 법은 법관이 만든 것이며, 법관은 선례구속의 범위 내에서 적용되어야 할 법을 판정하는 것이라고 하여, 입법기관인 의회가 제정하는 법률은 주된 법원으로 생각하지 않았다. 이러한 판례법에 근거를 두고 법의 지배(rule of law)가 사법과정에서 재판을 통해 확립되었다고 할 수 있으며, 이러한 법적 사고방식이 영국 법사상의 기반에 놓여 있었던 것이다.

지금까지도 이상과 같은 영국의 입법 관념에는 큰 변화가 있었던 것은 아니라고 할 수 있다. 그러나 제2차 세계대전을 전후한 시기의 위임입법 급증, 그리고 판례법 자체가 가지는 문제점[27] 등이 부각되면서 입법에 관한 섬세한 연구 및 분석이 이루어지고 있다.[28] 또한 1980년대 및 1990년대 초반 신자유주의 정책기조 속에서 탄생하게 된 신공

가능성을 항상 가지고 있었다. 오스틴도 벤담과 마찬가지로 입법학을 주장하기는 하였으나, 그의 정치적 보수성은 탈정치적인 법과학을 보다 강조하였을 뿐만 아니라 입법학의 방향도 극히 반개혁적인 성향을 가지게 하였다. Roger Cotterrel, "English Conceptions of the Role of Theory in Legal Analysis", *Modern Law Review* 46, 1983, 687면; 안경환 · 김종철, 앞의 논문, 226면.

27 판례에 의한 법 발전은 매우 불만족스러운 성과밖에 거두지 못하였음을 점차 인식하기에 이르렀다. 즉 ① 법 개혁의 우연성, ② 불확정적인 법상태, ③ 법 개혁의 미온성, ④ 판례의 소급적 성격으로 인한 부정의, ⑤ 개혁적 가치에 대한 소극성 등이 문제로 제기된다. 박영도, 앞의 책, 46면.

28 특히 1990년대 이후부터 행정개혁의 일환으로 규제완화를 필두로 하는 규제개혁에 박차를 가하면서, 1994년의 "규제완화 및 외주화법(Deregulation and Contracting Out Act 1994: DCOA)"의 제정, 2001년의 "규제개혁법(Regulatory Reform Act 2001)" 및 2006년의 "입법 및 규제개혁법(Legislative and Regulatory Reform Act 2006)"의 제정으로 입법으로 인하여 발생하는 부담을 제거 · 감소시키고 입법의 질적 개선을 위한 연구에 많은 노력을 기울이고 있다.

공관리적 정책방향은 법을 비롯한 규제전반에 대한 연구의 필요성을 강하게 제기하고 있다.[29]

2) 미국

미국 법학의 발전에 있어서도 영국에서와 마찬가지로 판례가 중요한 의미를 가지고 있으며, 이러한 관점에서 법학 역시 재판의 실천과정 및 법관의 의식과정을 중심적으로 논의해 왔다.

미국에서도 독일의 티보・사비니 논쟁과 유사한 성문법전 논쟁이 있었는데, 이는 법전 제정운동(codification movement)이라 불린다. 인민주권론에 바탕을 둔 이 운동은 선거에 의해 구성된 의회의 입법을 법형성의 주축으로 보고, 민주적 정당성의 기초가 결여된 법원은 법 창설의 권능을 보유하지 않는다고 주장했다.[30] 또한 자연법이라는 고차법사상에 근거하던 '보통법'을 당시 새로운 시대정신이 된 인민주권론에서 근거를 찾는 움직임의 일환으로, 호르위츠(Horwitz)가 '도구주의 법인식의 태동'(The Emergence of an Instrumental Conception of Law)이라고 명명했던 논의는 법의 본질과 기능이라는 측면에서 중요한 인식의 전환을 가져왔다.[31] 이와 같은 법의 적극적인 정책형성적 기능은 18세기 법률가들이 보여준 엄격한 선례구속의 원칙에 대한 비판과 병행되었

---

29 이러한 영국의 규제학의 발전에 대한 세부적인 설명들은 홍성수, "규제학: 개념, 역사, 전망", 「안암법학」 제26권, 2008을 참조할 것.

30 Lawrence M. Friedman, *A History of American Law*(Simon & Schuster, 1986); 안경환 역, 『미국법의 역사』(대한교과서, 1988), 제2부 제2장 참조; 안경환・김종철, "영국법과 미국법의 비교연구(V): 법이론(legal theories)(2)", 서울대 「법학」, 제40권 2호, 1999, 158면.

31 Morton Horwitz, *The Transformation of American Law: 1780~1860*(Oxford University Press, 1977), 18면; 호르위츠의 이 저술 등에 대한 자세한 설명은 이철우, "비판법학과 영미법사학", 「법과사회」 제2권, 1990 참조.

다. 이와 더불어, 1848년 뉴욕(New York)에서도 법제정 운동이 있었다. 필드(David Dudley Field)의 주도에 의해 뉴욕에서 시발된 민사법전 제정 운동은 전면적인 성공을 거두지는 못했으나, 1860년 조지아주 민법전, 1972년의 캘리포니아주 법전의 제정 등 소기의 성과를 거두기도 했다.[32]

오늘날 미국에 있어서의 입법연구는 다소 정책학적인 관점에서 입법기관(legislature), 입법과정(legislative process), 입법행태(legislative behavior) 등을 주된 연구대상으로 삼고 있다.[33] 그러나 미국에서도 법률의 제정이 증가하고, 제정법의 영역이 확대되며 또한 입법에 대한 국민적 관심이 높아짐에 따라, 이에 대한 실천적 · 실용적인 학문연구가 필요하게 되었다. 이는 특히 실용주의 법학의 발전과 더불어 점차 강하게 인식 및 발전되고 있으며, 입법이라는 하나의 공법적인 절차를 전제로 하여 그 절차 속에서 입법자에게 필요한 기술적인 지식을 공급한다는 견지에서 실용적으로 연구되고 있다. 또한 최근 미국에서의 입법연구는 종래의 입법과정 연구의 영역을 벗어나 광범위한 시각에서 입법연구를 진행하는 경향을 나타내고 있음은 주목할 만한 가치가 있다.[34]

32 Lawrence M. Friedman, 앞의 책, 493면 이하.

33 이러한 정치학 내지는 정책학적 관점에서의 입법학 연구는 미국 입법학 연구에 상당한 영향력을 가지고 있는 것으로 판단된다. 특히 미국의 대표적인 입법학 교과서라고 할 수 있는 William N. Eskridge, Phillip P. Frickey & Elizabeth Garrett, *Cases and Materials on Legislation, Statutes and the Creation of Public Policy*(Thomson West 2007) 제1장 참조.

34 박영도, 앞의 책, 50면; 또한 최근에 입법에 대한 법이론적 접근을 하고 있는 왈드런(Jeremy Walron)의 저술들이 주목받는다. Jeremy Waldron, *Law and Disagreement*(Oxford University Press, 1999a); *The Dignity of Legislation*(Cambridge University Press, 1999b) 등 참조.

3. 한국의 입법학 연구

아직까지 국내에서는 입법학의 구체적 · 실천적 활용에 관한 논의보다는, 서구에서 이루어진 입법학 연구의 동향을 소개하는 수준의 논의가 이루어지고 있다. 물론 이는 서구의 법과 학문을 계수하고 있는 우리나라의 현실에서 일부분 불가피한 작업이라고 할 수 있을 것이다. 그러나 이제 이러한 논의를 넘어 구체적인 입법학 연구의 상(象)을 그려나가야 할 필요성이 있다고 생각한다. 이하에서는 이러한 작업의 전제로 현재 우리나라의 입법학 연구 동향에 대해 살펴보기로 한다. 구체적으로는 입법학 연구의 실천적 영역과 관련하여 연구 인프라를 검토하고, 이론적 영역과 관련하여 학자별 입법학 연구 성과에 대해 개관 한다.

1) 입법학 연구 인프라

입법학에 대한 관심이 커지면서 국내에서도 입법학 연구와 직결되어 있는 학회 및 기관이 지속적으로 개설되었다. 특히 2000년대를 전후하여 입법학의 독자적인 영역을 구축하기 위한 집단적 노력이 경주되기 시작하였다. 1998년 창립된 「한국입법학회」, 2004년 창립된 「입법정책학회」, 2007년 개설된 「입법학연구소」, 그리고 2007년 국회에 개설된 「국회입법조사처」, 2011년 창립된 「입법이론실무학회」 등은 입법학에 대한 관심이 증대되고 있음을 나타내 준다. 이하에서는 이러한 학회 및 기관들을 포함하여, 이제까지 입법학 연구의 중심적 기능을 수행해 왔던 주요한 학회 및 기관들만 살펴보기로 한다.

(1) 한국법제연구원

한국의 입법학 연구에 있어 가장 주도적인 역할을 수행해 온 것은 「한국법제연구원」이라고 평가할 수 있을 것이다. 이 기관은 1990년 정식으로 개원한 이래 일반 및 비교 법제 연구 사업은 물론이고, 입법학과 관련한 기본이론 연구 작업을 수행해 왔다. 특히 이와 관련하여, 박영도의 입법학 연구[35]는 독일어권 국가에서의 입법학 연구 현황을 국내에 소개하는 데 중요한 역할을 해 왔다.

이 기관의 입법학 연구사업과 관련하여 주목할 만한 것은 입법평가에 관한 지속적인 연구이다. 비교적 최근에서야 논의되기 시작한 입법평가 방법론 및 체계에 관하여 국내에 소상히 소개하는 작업뿐만 아니라, 이를 실제 입법사례에 적용하고 있는 관련 보고서를 수시로 출간하고 있다. 그 결과 최근에는 이를 주관하던 부서를 '입법평가연구팀'에서 '입법평가연구실'로 확대·개편하였다. 이 연구실은 그간 입법평가 연구를 법제연구원에서 주도하는 데에 상당한 기여를 해 왔다.

(2) 한국입법학회

「한국입법학회」는 다소 학술적인 측면에 주안점을 두고 입법학 연구를 주도해 왔다. 사실상 실무연구 주도 기관이 「한국법제연구원」이라고 한다면, 이론적인 부문의 주도기관은 「한국입법학회」라고 할 수

---

35 박영도, 『입법이론연구(1) - 입법기초이론과 입법기술』(한국법제연구원, 1991); 박영도, 『입법이론연구(2) - 입법과정의 이론과 실제』(한국법제연구원, 1994); 박영도, 『입법이론연구(3) - 법령용어에 관한 연구』(한국법제연구원, 1995); 박영도, 『입법이론연구(4) - 입법심사의 체계와 방법론』(한국법제연구원, 1996); 박영도, 『입법이론연구(5) - 입법기술의 이론과 실제』(한국법제연구원, 1997); 박영도, 『입법이론연구(6) - 자치입법의 이론과 실제』(한국법제연구원, 1998); 박영도, 『입법이론연구(7) - 위임입법에 관한 연구』(한국법제연구원, 1999) 등.

있다. 이 학회는 1998년 당시 서울대학교 법과대학 교수였던 최대권을 주축으로 구성되어, 지금까지 입법학 및 관련 실무 내용들을 중심으로 세미나 개최 및 학술지 발간사업을 추진해 오고 있다.

이 학회는 우리나라에서 입법학에 대한 관심이 그다지 높지 않던 시절에, 학회 설립을 통하여 입법학에 대한 주의를 환기시킴과 아울러, 국회 사무처, 법제처 등 기관들과의 협력을 통하여 실천이론적 성격을 가지는 입법학을 발전시키기 위한 꾸준한 노력을 기울이고 있으며, 실질적으로 학계의 입법학 논의를 주도하고 있다.

(3) 법제처

「법제처」는 정부기관이기는 하지만, 그간 법제실무의 체계를 정립하는 데 상당한 기여를 해 왔다고 평가할 수 있다. 이 기관은 정부입법에 있어 실질적인 체계심사 기관으로 기능함으로써 정부입법 전반을 조율해 나가고 있다고 해도 과언이 아니다. 특히 이 기관에서 발행하고 있는『법령입안심사기준』및『법제업무편람』등은 비단 실무적 차원의 기준제시를 넘어, 입법학에 관심을 가지고 있는 많은 연구자들에게 소중한 자료로 활용되고 있다.

이 기관은 최근 법학전문대학원 개설 이후, 변호사 시험에 입법학 과목을 추가하기 위해 노력해 왔을 뿐만 아니라, 입법학 교육 및 활용에 대한 지속적인 관심을 경주하고 있는 것으로 알려져 있다. 이와 더불어, 성공하지는 못하였지만 체계적인 입법(학) 교육을 목적으로 「법제교육원」 설립[36]을 추진한 바도 있었다.

36 법제처의 법제연구원 설립에 관한 세부적인 내용은 홍준형 외,『법제교육원 설립을 위한 사전연구』(법제처, 2011)을 참조.

(4) 국회입법조사처

「국회입법조사처」는 국회의원들의 의정활동을 전문적으로 지원하기 위해 개설된 기구라는 측면에서, 입법학 연구와 매우 밀접한 연관성을 가지는 기관이다. 주된 업무로는 의원들의 자료 조사 및 분석 요구에 대한 대응, 행정부 정책 운영의 문제점 비판 및 입법정책 대안개발에 주력하고 있다. 이를 위하여 다양한 전공을 가진 전문가(박사학위 소지자, 변호사 등)들을 입법조사관으로 채용하여 실질적인 학제간 연구의 기틀을 마련하고 있으며, 이러한 측면에서 입법학 연구와 밀접한 연관성을 가진다.

이 기관과 관련해서 주목할 만한 것은 2010년 6월부터 「입법영향분석TF」[37]를 운영해 오면서, 입법평가의 정례화 및 제도화에 관심을 기울이고 있다는 점이다. 즉 사회과학적 분석을 통해 국회의원들의 입법을 지원하는 것을 궁극적인 목적으로 이 TF를 운영하고 있다. 이를 위하여, 관련 제도화 연구는 물론이고 시범연구 사업의 일환으로 각종 연구보고서를 발간하고 있을 뿐만 아니라, 「한국법제연구원」 입법평가연구실과의 협력을 통하여 입법평가의 실질적인 방법론을 발전시키기 위하여 노력하고 있다.

(5) 종합평가

이상을 통해, 우리나라에서 입법학 연구와 관련이 있는 주요한 기관 및 학회를 살펴보았다. 세계적으로 본다면, 이 정도 수준의 인프라를 구축하고 있는 나라는 그다지 많지 않다고 할 수 있다. 다만 아쉬운

37 입법영향분석TF는 현재 입법영향분석 보고서를 시범적으로 매년 출간하고 있다. 이러한 과정을 통하여 입법영향분석의 필요성을 대내외적으로 홍보함과 아울러, 추후 입법영향분석을 제도화하기 위한 방안을 모색 중에 있다.

점이 있다면, 이러한 기관들에서의 논의는 상당부분 실무적 차원의 논의에 그치고 있고, 연구 및 강학상 목적을 위한 체계화 수준에는 아직 도달하지 못하고 있다는 점이다. 다음과 같은 주요한 사항들을 지적하면서 이들 기관 및 학회들에 대한 평가에 갈음하고자 한다.

첫째, 입법학 연구의 성과를 법제(입법) 실무에 구체적으로 접목시킬 수 있는 체계의 제도화가 요구된다. 즉 위에서 언급한 기관 및 학회들의 연구 및 실무 성과들을 활용할 수 있는 제도적 기반이 마련될 필요성이 있다. 예를 들면, 「한국법제연구원」의 입법평가 관련 사업은 시범적인 보고서 발간 및 연구를 지속적으로 추진해 오고 있는데, 이러한 입법평가가 제도화 되지 않는다면, 이들의 입법평가 보고서는 기존의 다른 정책 보고서들과 별반 차이점을 가지기 힘들게 될 것이다. 이는 「국회입법조사처」에서 추진하고 있는 입법영향분석 사업에 대해서도 마찬가지이다.

둘째, 관련 학회는 물론이고, 로펌 등 민간영역에서의 입법컨설팅 사업이 활성화될 필요성이 있다. 이제까지 입법학 연구 및 실무는 「한국법제연구원」과 「법제처」 등이 주도해 왔다고 평가해도 과언이 아니다. 이제는 이러한 관(官) 중심의 연구를 민간 중심의 연구로 전환할 필요성이 있다. 이를 통해 입법학 연구의 다양한 기법들을 개발하고 활용할 수 있는 자율경쟁의 기틀을 마련해야 한다. 실제 한국의 대형 로펌들은 입법컨설팅 기능 강화를 위해 노력하고 있는 것으로 알려져 있다. 물론 이러한 기능을 정상적으로 수행하기 위해서는 대학에서의 입법학 교육이 체계화되어야 할 필요성도 있을 것이다.

셋째, 관련 기관들과 각 대학의 연구기관들 간의 적극적인 연구 및 실무 협력이 요구된다. 입법학은 기본적으로 사회과학 연구방법론에 대한 일정 수준 이상의 이해를 요구한다. 그러나 우리 실무 현장에서는 단순한 실무적 차원의 지식을 넘어서서 이러한 학제간 연구를 체계적으로 추진하기 위한 역량은 부족하다고 할 수 있다. 따라서 각 대학의 연구기관들과 일선의 실무 기관들이 적극적인 협력관계를 구축함으로써, 실질적인 입법학의 학제적 연구가 이루어지도록 할 필요성이 있다. 또한 이 과정에서 대학(원)생 및 연구자들이 입법실무를 경험할 수 있도록 하여, 추후 입법학 연구의 동기부여가 이루어질 수 있어야 할 것이다.

2) 학자별 입법학 연구

아직까지 입법학에 관한 통설적 수준의 개념정의가 존재하지 않는 상황에서, 어느 영역까지의 연구를 입법학 연구의 맥락으로 포섭할 수 있을 것인지에 대해서는 상당한 이견이 있을 수 있다. 이러한 논란을 전제로, 입법학에 관한 일반적 수준의 논의는 '헌법학적인 관점'에서의 입법과정론에 관한 논의까지도 입법학의 범주에 포함시킨다.

필자 개인적인 입장에서는 입법학이라는 학문분야가 기존 해석법학적 전통을 가지는 법학연구와 완전히 괴리될 수 있는 것이 아니라면, 일반적인 헌법학 및 행정법 영역에서의 입법 관련 연구도 입법학 연구에 포섭하는 것이 어쩌면 당연한 것이라는 생각이 든다. 그러나 이에 더하여, 기존 해석법학과의 차별성을 가지는 입법학 고유의 특수성이 있어야 입법학을 논하는 진정한 의미가 있을 것이라고 본다.

우리나라에서 입법학에 관한 초기 형태의 논의는 1960년대에서부터 이루어지기 시작하였으며, 공법학적 견지에서 다소 적극적인 입법학에 관한 논의는 1980년대에서부터 본격화되었다고 평가할 수 있다.[38]

---

38 우리나라 입법학 연구의 연혁에 대해서는 이상영, "한국 입법연구의 동향과 전망", 「입법

이하에서는 이러한 입법학 연구에 관한 문헌들을 중심으로 우리나라의 입법학 연구 동향에 대해 살펴보기로 한다.

(1) 최대권

초기 국내 입법학의 대표적인 연구는 최대권의 연구이다. 그는 당시 국내 연구자들에게는 생소할 수도 있는 입법학을 입법의 원리, 입법안 작성, 입법변론 등의 내용을 중심으로 소개하였다.[39] 이 밖에도 최대권은 입법학에 관한 다수의 논문들을 집필해 오고 있다. 그의 입법학 연구는 다른 입법학자들과는 달리 다소 영미법계에서의 논의들을 중심으로 하고 있다는 데에 특징이 있다. 이러한 최대권의 논문들은 입법학에 발을 들여놓은 연구자들에게 다양한 아이디어를 제공해 주고 있다.

(2) 김승환

법학적 관점에서의 입법학 연구를 수행한 가장 초기의 박사학위 논문으로는 1980년대 김승환의 논문이 있다. 그는 입법학에 대한 독일어권의 논의를 중심으로 한 포괄적 내용으로 입법의 주체, 원칙 그리고 기술에 대하여 연구하였다. 이 논문에서는 당시 각국의 입법학 연구동향을 비롯하여, 입법학의 기본적인 개념요소라고 할 수 있는 입법권, 입법자, 법률, 입법의 원칙, 입법기술 등을 상세하게 기술하고 있다.[40]

학연구」 제3집, 한국입법학회, 2006을 참조.

39 가장 대표적으로는 최대권, "입법의 원칙", 서울대 「법학」 제25권 제4호, 1984; 최대권, "입법학연구 - 입법변론을 중심으로", 서울대 「법학」 제31권 제1, 2호, 1990; 최대권, "입법학연구 - 입법안 작성을 중심으로", 서울대 「법학」 제35권 제3, 4호, 1994 등.

40 김승환, "입법학에 관한 연구: 입법의 주체 · 원칙 · 기술을 중심으로", 고려대학교 대학원 박사학위논문, 1987

(3) 박영도

박영도는 「한국법제연구원」에서의 연구 사업을 통하여 서구의 다양한 입법학적 논의를 국내에 소개해 왔다. 그의 연구는 독일어권 입법학 연구를 중심으로 하여, 입법학 연구의 다양한 주제들을 소개하고 있어,[41] 입법학 연구자들에게 소중한 논의 자료들을 제공해 주고 있다고 평가할 수 있다. 특히 최근 박영도가 적극적으로 국내에 소개하고 있는 입법평가에 관한 내용들은 국내 입법평가 논의에서 중심적인 위치를 차지하고 있다.

(4) 이상영

이상영은 입법학에 대한 법사회학적 접근방식을 취한 연구로 1993년에 박사학위를 수여받았다. 그는 이 논문에서 독일어권 국가의 논의들을 중심으로 입법학의 역사와 의미에 대해서 추적하고, 다소 법사회학적인 관점에서 현실적인 입법의 문제를 분석·평가하였다. 이 논문은 입법학이 가지는 학제적인 성격을 잘 부각시키고 있으며, 실천적인 관점에서 입법학 이론이 어떻게 분석적으로 활용될 수 있는지에 대하여 제시하고 있다.[42] 그는 또한 법사회학과 관련한 연구 및 교재 집필을 통하여, 법사회학적 측면에서 입법학이 가지는 의미를 지속적으로 강조하고 있다.

---

41 이에 대해서는 주 35의 한국법제연구원 입법이론연구 시리즈 참조. 이러한 장기적인 연구의 성과는 최근 그의 저서인 박영도, 『입법학입문』(한국법제연구원, 2008)에 정리되어 있다.

42 이상영, "법사회학적 입법연구: 토지공개념 3개법안 입법과정을 중심으로", 서울대학교 박사학위논문, 1993.

(5) 홍완식

홍완식은 독일에서의 유학, 그리고 국회 현장에서의 실무 경험과 지식을 바탕으로 입법학에 관한 실천적인 연구들을 수행하고 있다. 특히 그의 연구는 독일에서의 입법학 논의들을 기본 바탕으로 하고 있으며, 최근에는 입법의 원칙 등에 관련한 논의를 비롯하여, 입법과정 및 실무에 있어 중요한 규제개혁 관련 입법 문제, 입법절차와 관련한 국회선진화법, 로비스트 제도화의 문제 등 다양한 입법학적 사안들에 대하여 연구 성과들을 제시하고 있다.[43]

(6) 최윤철

최윤철은 독일 입법학자인 카르펜(Ulrich Karpen)에게 지도를 받았으며, 귀국 후 지속적으로 최신의 독일 입법학 연구를 국내에 소개해오고 있을 뿐만 아니라, 입법학의 다양한 논제에 대하여 지속적인 연구 작업을 수행하고 있다.[44] 그의 연구는 주로 독일에서의 논의를 중심으로 하는 것이지만, 최근에는 우리나라의 입법현실에 관한 연구들도 출간함으로써 입법학 연구가 구체적으로 활용될 수 있는 방안을 제시하고 있다는 평가를 받고 있다.

43 홍완식, "국회선진화법에 관한 고찰", 헌법학연구 제18권 제4호, 2012; 홍완식, "로비제도 관련 법률안에 대한 헌법적 고찰", 「헌법학연구」 제14권 제2호, 2008; 홍완식, "입법의 원칙에 관한 연구", 「법제」 제578호, 2006; 홍완식, "입법자의 법률개선의무에 관한 연구", 「공법연구」 제31집 제2호, 2002 등.

44 최윤철, "독일 입법학 연구의 현황과 전망", 「입법학연구」 제3집, 2006; 최윤철, "입법학 체계정립을 위한 작은 시도", 「법과 정책연구」 제12권 제3호, 2012; 최윤철, "독일에 있어서의 "입법자의 법률개선의무"에 관한 논의", 「공법연구」 제31집 제3호, 2003 등.

(7) 종합평가

물론 위에서 언급한 학자들 이외에도, 국내에는 언급이 필요한 입법학 연구자들이 다수 존재한다. 이강혁(한국외대), 한상희(건국대), 이우영(서울대), 임지봉(서강대), 임종훈(홍익대) 등은 입법학 및 그 유관 분야에 대한 훌륭한 연구 성과들을 제공해 주고 있다. 다만 위에서는 상대적으로 입법학 그 자체의 학문적 성격에 초점을 맞추어 지속적으로 연구를 수행하고 있는 학자들을 중심으로 언급한 것이다. 이러한 입법학 연구 동향에 대하여 필자는 다음과 같은 의견들을 조심스럽게 제시해 본다.

첫째, 이제까지의 입법학 연구는 주로 독일어권 국가들의 연구 성과를 소개하는 것이 중심이었다고 할 수 있다. 물론 최대권의 연구가 영미 국가에서의 입법학 연구를 소개하고는 있지만, 그 이외의 학자들은 대부분 독일어권 국가들의 입법학 연구성과를 소개하고 있다. 우리나라가 독일 등 대륙법계 국가의 성문법 체계를 계수하고 있다는 점에서 보자면, 이러한 현상은 불가피한 측면도 있어 보인다. 그러나 판례법 국가의 경우에도 대륙법계 성문법 국가와 마찬가지로 실정법의 중요성이 증가하고 있는 상황이기 때문에, 이러한 연구 지역의 편중은 입법학적 측면에서의 비교법 연구의 편향성을 줄 수 있다고 판단한다.

둘째, 해외의 입법학 연구를 소개하는 차원을 넘어서서 이제는 우리 입법 현실의 이야기들을 할 수 있어야 할 것이다. 실제 해외의 경우에도 사회과학적 방법론을 동원하는 입법학 연구에 관한 논의가 우리보다는 먼저 이루어져 왔던 것은 사실이지만, 우리나라와 그 국가들간의 연구 격차가 극복하기 힘든 수준은 아니라고 판단한다. 오히려 서구 국가들에 있어서는 근대 법체계의 형성 및 발전이 비교적 오랫동안 지속되어 오면서 법 형성 및 그 내용에 관한 전통적 합의(그것이 소위 합리성을 가지는 것인지 여부는 별론으로 함)가 어느 정도 존재하지만, 우리나라 법 현실은 전근대, 근대 그리고 탈근대적인 가치가 혼화되어 있는 상황이어서 서구와는 다른 차원의 새로운 입법학 연구가 더욱 절실히 요구된다.

셋째, 이제 입법학 연구는 그것의 의의와 필요성을 강조하는 차원을 넘어서서 구체적으로 그것을 현장에서 활용할 수 있는 방안을 모색할 필요가 있으며, 이의 일환으로 입법학 연구 및 교육 콘텐츠를 체계화시킬 필요가 있을 것이다. 특히 그간 이루어져 온 입법학 교육의 제도화에 관한 시도들이 지속적으로 한계에 봉착하고 있는 가장 큰 이유는 입법학 교육 콘텐츠가 부재했기 때문이라는 것이 필자의 생각이다.[45] 이러한 콘텐츠에 대한 연구 및 투자 없이는 체계적인 교육 및 연구가 이루어질 수 없으며, 입법학 연구의 활성화도 기대하기 힘들다.

4. 입법학 발전 경향 분석

이상에서 검토한 국내외 입법학 연구 동향을 살펴보면, 대체적으로 이론영역과 실천영역이 불가분의 관계에 있음에도 불구하고, 이제까지 주요한 진척은 주로 실천영역에서 있어 왔다고 할 수 있다. 이는 전통적으로 법의 제정 및 개정의 현실적이면서도 불가피한 급박성으로 인하여 이론적이 근거 없이 실무적 차원에서 입법이 이루어져 왔다는 정황과 더불어, 최근 현대사회에 들어와서는 입법의 효율성 및 실효

45 제18대 국회에서는 양승조 의원에 의하여 「의회대학원법(안)」이, 제19대 국회에서는 신계륜 의원에 의하여 「입법교육원법(안)」이 발의되는 등 전문적인 입법학 교육 기관 개설이 지속적으로 모색되어 왔다. 또한 법제처에서는 「법제교육원」 설립 추진을 모색한 바도 있었다.

성이 강조되면서 각종 평가기법 등을 중심으로 한 실천영역의 연구로 그 중점이 이동하고 있는 상황을 나타내는 것이다. 즉 주로 입법과정, 입법평가 등을 주축으로 연구가 진행되고 있다. 결국 입법학 연구는 일반적인 해석법학 연구와 마찬가지로 실무가 차지하고 있는 현실적 비중이 상당히 높다.

법을 제정하는 단계에서 부딪치게 되는 많은 문제들, 입법적 판단 또는 정책결정, 초안 작성 방법, 의회 및 유관기관의 논의절차, 입법에 대한 평가 등의 문제는 입법이론이 전제되어 있는지 여부와는 상관없이, 실무적 차원에서 지속적으로 이루어질 수밖에 없는 업무 중 하나라고 할 수 있다. 따라서 입법의 결과만이 중시될 뿐, 그것이 도대체 어떠한 의미를 가지는 것인지, 그리고 현대적 시점에서 기존의 입법에 관한 설명 또는 이론들이 어떻게 변화되어야 하는지에 대한 진지한 언급이 이루어지고 있지 않은 것으로 판단된다.

전반적으로, 최근 한국사회에서의 입법학 논의는 해외 주요 국가들에 비하여 아직까지는 한 단계 낮은 수준에 머무르고 있는 것으로 판단된다. 주로 입법학 연구와 관련하여 제기되는 최근의 논제들은 의원입법의 입법기술론적인 문제 및 전문성 제고방안, 입법절차의 효율화 방안, 사회 내 각종 입법대안 형성의 '객관성'과 '과학성'을 제고하기 위한 입법평가 제도화 방안 등 현장 실무 사안들을 중심으로 논의가 이루어지고 있다.

국내외 연구 상황을 종합해 보면, 실천 또는 실무영역에 대한 연구가 현대사회에서 입법학의 핵심 연구 분야로 어느 정도 위상을 보유하고 있으나, 이에 비해 입법이론에 대한 연구는 초기 입법학의 연구들을 제외하면 그다지 주목받고 있지 않는 상황이다.

제3절 입법학의 연구영역

1. 연구영역의 구분과 논의의 다양성

입법학 세부 연구영역에 대한 구분은 논자에 따라 차별성을 보이고 있다. 입법학을 입법 및 법률구상에 관한 방법론, 입법기술론, 입법통제론으로 구분하는 견해,[46] 법정책학적 논증론, 입법기술론, 민주적 절차에 따른 법형성 연구로 구분하는 견해,[47] 입법절차론, 입법방법론(입법정책결정론), 입법기술론으로 구분하는 견해[48] 등이 소개되고 있다.[49]

또한 최근 마더(Luzius Mader)의 논의에 따르면, 입법학의 세부영역은 다음과 같이 설명된다. (i) 입법방법론(legislative methodology; 입법정책결정론): 입법의 내용을 다루는 것으로서, 규범적 내용을 구체화하는 방법을 제시하고 방법론적 접근의 각 단계를 촉진하는 도구들을 개발한다. (ii) 입법기술(legislative technique): 입법의 형식, 다양한 규범형식, 공식적 구조 등을 다룬다. (iii) 초안작성(legislative drafting): 입법의 언어적 측면, 규범 내용을 법문으로 표현하는 방법을 다룬다. (iv) 입법 커뮤니케이션(legislative communication): 법문의 공표 또는 보다 일반적으로 규범적

46 Karl Heinz Mattern, “Zur Anwendung der Gesetzgegungslehre”, in Bundesakademie für öffentliche Verwaltung(Hrsg.) *Praxis der Gesetzgebung*(Regensburg, 1984), 2면; Hermann Hill, *Impulse zum Erfolg eines Gesetzes*(DÖV, 1981), 487면.

47 Ota Weinberger, “Syntaktische und Semantische Probleme der Gesetzgebung”, in Theo Öhlinger(Hrsg.) *Methodik der Gesetzgebung: legistische Richtlinien in Theorie und Praxis* (Springer-Verlag, 1982), 119면.

48 Burkhardt Krems, *Grundfragen der Gesetzgebung*(Duncker & Humbolt, 1979), 40면.

49 이에 대한 자세한 사항은 이상영(1993), 앞의 논문, 30면 이하 및 박영도, “입법학서설(I): 새로운 학문유형으로서의 입법학의 필요성과 성립가능성”, 「외법논집」 제3권, 1996, 376면 이하 참조.

내용을 전달하는 방법을 연구하는 것으로, 여기에는 단순히 공식적인 공표 사실뿐만 아니라 광범위한 입법정보가 포함된다. (v) 입법과정(legislative procedure): 입법의 설명, 제정, 집행과 관련된 다양한 절차적 규칙들을 구체화 시키는 과정을 연구하는 것으로, 이들 규칙은 어느 정도는 형식적 그리고 실질적인 내용상의 입법의 질에 영향을 미치며, 새로운 법률을 마련하는 법률가를 방법론적인 측면에서 지원하기도 하고 방해하기도 한다. (vi) 입법 프로젝트 관리(the management of legislative project): 법안을 마련한다는 것은 프로젝트 관리의 원칙과 기법이 적용 가능한 작업이라고 할 수 있다. (vii) 입법 사회학(the sociology of legislation): 입법 이전의 정치적 과정, 절차 이행과정, 그리고 입법의 효과는 사회학 연구의 중요한 분야이며 입법학의 본질적 요소라고 할 수 있다. (viii) 입법이론(the theory of legislation): 국가에 의한 사회적 안내 및 통제 수단으로서의 입법의 역할 및 기능에 대한 고려를 의미한다.[50] 마더는 입법평가의 경우 입법 사회학 및 입법방법론(입법정책결정론)의 중요한 부분이라고 설명한다.

이상에서 열거한 다소 복잡한 입법학의 구분을 간소화해 보자면, 그 연구대상을 이론영역과 실천영역으로 구분이 가능할 것이다.

첫째, 이론영역에 대한 연구로서, 입법이론에 관한 연구는 입법 내용을 결정하는 요소들에 관한 연구로서, 입법의 근거와 원칙, 그리고 정책에 관한 연구인데, 이는 입법학 총론 부분에 해당한다고 할 수 있다. 입법이론은 입법학의 두 가지 측면인 규범성(이론적 측면)과 사실성(실제적 측면) 가운데 규범성의 측면을 밝히는 데 상대적으로 중점을 두며,

50 Luzius Mader, "Evaluating the Effects: A Contribution to the Quality of Legislation", *Statute Law Review* 22(2), 2001, 120면.

이러한 영역을 입법학의 대상에서 제외한다면, 입법학은 단순한 과학적 객관성만을 주장하여 결론 없는 증거자료만 수집 정리한 것에 불과하게 된다고 볼 수 있다. 즉 이러한 연구 영역은 입법학의 방향을 설정하고 그 내용을 결정하는 핵심적 영역이라고 할 수 있다.[51]

둘째, 실천영역에 관한 연구, 즉 입법이론을 제외한 나머지 분야의 연구[52]는 행위지향적인 분야로 입법의 현재 상태를 분석하는 것이다. 이러한 입법학의 영역은 입법의 원칙이나 헌법적 근거 또는 법률의 개념들을 이론적으로 규명하는 것이 아니라, 입법 활동의 구체적 과정을 실증적으로 연구하는 것이기 때문에 법학분야에서는 비교적 생소한 영역이라고 할 수 있다.[53] 기존의 법학이 규범적인 부분의 연구에 치중하여, 사실적 영역은 그 고려의 대상이 아니었다는 점에서 본다면, 이러한 입법학의 실천영역에 관한 연구는 그간 사실과 규범 영역 사이에 존재해 오던 공백을 메우는 역할을 한다고 할 수 있다.

결국 학문으로서의 입법학이라는 측면에서 보자면, 입법학 연구는 크게 입법이론 연구와 실천적인 영역을 대상으로 하는 협의의 입법학 연구로 나누어 볼 수 있을 것이다. 그러나 이와 같이 개념적으로 구분된다고 하여, 양자가 각기 분리되어 입법학으로서 기능하기 보다는 상호 유기적으로 연계되어 있다고 보는 것이 옳을 것이다.

---

51 박영도, 앞의 책, 17면.

52 이상영은 이에 대하여 "Gesetzgebungswissenschaft"와 "Gesetzgebungslehre"를 구분하여, 후자를 실천영역과 관련된 연구로 설명한다. 이상영(1993), 앞의 논문, 34면.

53 이상영(1993), 앞의 논문, 34면.

2. 국내에서의 입법학 연구영역 논의

국내에서는 위에서 언급한 다양한 논의들을 총괄하여, 이상영은 "입법이론", "입법과정론", "입법방법론", "입법기술론"을 입법학의 연구분야로 설명하고 있으며,[54] 박영도의 경우는 이러한 이상영의 구분보다 한 걸음 더 나아가서 "입법평가론"이라는 비교적 최근의 연구 분야까지도 입법학의 연구대상으로 설명하고 있다.[55] 물론 입법평가론을 입법학 연구의 새로운 분야로 설정할 것인지에 대해서는 논란이 있을 수 있다. 큰 틀에서 보자면, 그것은 입법방법론(입법정책결정론)[56]에서 다루어질 수 있는 논의이기 때문이다. 그러나 입법평가론이 가지는 현 시점에서의 의미와 중요성에 기초하여, 이를 개별적으로 논하는 것이 타당하다는 것이 필자의 판단이다. 결국 이를 정리해 보면, 입법학의 세부 연구영역은 입법이론, 입법정책결정론, 입법과정론, 입법기술론, 입법평가론 등이 주요하게 논의되어 지고 있으며, 국내 입법학 연구자들은 대체적으로 이러한 구분을 수용하고 있는 상황이다.[57]

입법학 연구 방향의 설정이라는 측면에서의 '입법이론', 입법적 대안 선택 및 실정화 필요성에 대한 정책적 판단으로서의 '입법정책결정론', 입법의 정치적 논의를 규율하는 '입법과정론', 입법적 논의의 결과

54 이상영(1993), 앞의 논문, 35면.

55 박영도, 앞의 책, 21면.

56 국내의 대표적 입법학자들은 이러한 '입법정책결정론'을 '입법방법론'이라고 부른다. 박영도, 앞의 책, 21면 및 165면 이하; 최윤철, "입법학 체계정립을 위한 작은 시도", 「법과 정책연구」 제12집 제3호, 2012, 1030면. 이는 독일 입법학계의 논의를 차용한 것이다.

57 이를 확인할 수 있는 문헌으로는 박영도, 앞의 책; 이상영(1993), 앞의 논문 등이 있으며, 그리고 최근에 이에 대해 기술하고 있는 연구로는 한국입법학회, 『입법학에 관한 선진외국의 연구결과 분석과 정책적 활용방안』(법제처, 2010)가 있다.

를 성문화된 조문으로 기술하는 것과 관련된 ‘입법기술론’, 법 집행 및 운영의 효과성(목적달성 여부)을 판단하는 ‘입법평가론’이라는 견지에서, 위의 세부 연구영역 구분은 입법학이 논할 수 있는 거의 대부분의 논의를 포괄하고 있다고 판단한다.

다만 필자는 입법학이 가지는 전통적 법해석과의 차별성, 그리고 근본적으로 입법이라는 것은 정치적 담론절차의 일환이라는 점을 고려해 볼 때, “입법논증”[58]에 대한 연구도 필요하다고 생각한다. 이 필요성은 다소 법철학적인 견지에서 해명되어야 할 사안이지만,[59] 간략하게만 언급하자면 다음과 같다. 입법절차에서 갈등 및 불일치는 궁극적으로는 해소될 수 없다. 이는 사법판결에서도 마찬가지이지만, 사법판결은 분쟁해결 필요성의 급박성으로 인하여 다소 강제적 방식으로 논증을 단절시킴으로써 갈등을 종식시킨다. 그러나 입법절차는 정치적 과정으로 가급적 사법판결에서와 같은 강제적 논증단절(예를 들어, 충분한 토의가 전제되지 않은 다수결 원칙의 적용)이 이루어져서는 안 되며, 입법절차 속에서 각자의 논거와 주장들을 명확하게 밝히고 지속적인 논의를 이어가야 할 필요성이 있다. 결과적으로 입법논증 연구영역은 특정 입법자의 입법의지를 어떠한 방식으로 설득 또는 논증할지의 문제와 그러한 논증이 가급적 제대로 이루어질 수 있도록 하기 위해서는 어떠한 제도적 개선이 요구되는지에 대해 연구하는 분야이다.

---

58 “입법논증론”은 필자가 주장하고 있는 새로운 입법학의 연구 영역이다. 이에 대해서는 심우민, “입법평가와 입법논증: 연계 가능성 모색을 위한 시론적 연구”, 「입법평가연구」 제3호, 2010을 참조할 것.

59 이에 대한 이론적 전제에 대한 개괄적인 설명은 Woomin SHIM, “Disagreement and Proceduralism in the Perspective of Legisprudence”, in Luc J. Wintgens and A. Daniel Oliver-Lalana(eds.), *The Rationality and Justification of Legislation(Legisprudence Library, Vol. 1)* (Springer, 2013)을 참조할 것.

이상의 논의를 종합하여 입법학 연구영역의 구분에 관한 이해를 돕기 위해 기본적인 개념을 정리하자면 다음과 같다.

1) 입법이론

입법이론은 입법학의 학문적 성격과 의의, 연구 방법론 또는 방향성을 성찰하는 연구분야이다. 이는 궁극적으로 기존 해석법학(특히 헌법학) 및 여타의 사회과학이 입법학과 가지는 차별성을 확인할 수 있게 해준다.

2) 입법정책결정론

입법정책결정론은 문제 사안과 관련한 정책 및 입법 목적과 그에 따른 입법추진 방향 및 수단을 결정하는 연구 분야이다. 이는 일반 정책학의 정책결정론과 유사하지만 '실정화 작업'을 전제로 한다는 점에서 입법학적 특수성을 가진다.

[판례 1-1] 헌재 1996.04.25, 92헌바47

입법목적을 달성하기 위하여 가능한 여러 수단들 가운데 구체적으로 어느 것을 선택할 것인가의 문제가 기본적으로 입법재량에 속하는 것이기는 하다. 그러나 위 입법재량이라는 것도 자유재량을 말하는 것은 아니므로 입법목적을 달성하기 위한 수단으로서 반드시 가장 합리적이며 효율적인 수단을 선택하여야 하는 것은 아니라고 할지라도 적어도 현저하게 불합리하고 불공정한 수단의 선택은 피하여야 한다.

[판례 1-2] 헌재 1990.09.03, 89헌가95

과잉금지의 원칙이라는 것은 국가가 국민의 기본권을 제한하는 내용의 입법활동을 함에 있어서, 준수하여야 할 기본원칙 내지 입법활동의 한계를 의미하는 것으로서 국민의 기본권을 제한하려는 입법의 목적이 헌법 및 법률의 체제상 그 정당성이 인정되어야 하고(목적의 정당성), 그 목적의 달성을 위하여 그 방법(조세의 소급우선)이 효과적이고 적절하여야 하며(방법의 적절성), 입법권자가 선택한 기본권 제한(담보물권의 기능상실과 그것에서 비롯되는 사유재산권 침해)의 조치가 입법목적달성을 위하여 설사 적절하다 할지라도 보다 완화된 형태나 방법을 모색함으로써 기본권의 제한은 필요한 최소한도에 그치도록 하여야 하며(피해의 최소성), 그 입법에 의하여 보호하려는 공익과 침해되는 사익을 비교형량할 때 보호되는 공익이 더 커야 한다(법익의 균형성)는 헌법상의 원칙이다(헌법재판소 위 결정 참조). 위와 같은 요건이 충족될 때 국가의 입법작용에 비로소 정당성이 인정되고 그에 따라 국민의 수인(受忍)의무가 생겨나는 것으로서, 이러한 요구는 오늘날 법치국가의 원리에서 당연히 추출되는 확고한 원칙으로서 부동의 위치를 점하고 있으며, 헌법 제37조 제2항에서도 이러한 취지의 규정을 두고 있는 것이다.

3) 입법과정론

입법과정론은 법령을 제·개정할 때 거치게 되는 절차를 세분화시켜 분석하는 연구분야이다. 입법학에서 입법과정에 대한 논의는, 단순히 절차규정과 그 위반여부만을 검토하는 것이 아니라, 민주적 의사결정의 동태적 특성을 연구한다.

[판례 1-3] 헌재 2009. 10. 29. 2009헌라8·9·10(병합)
(재판관 이강국, 재판관 조대현, 재판관 김희옥, 재판관 송두환의 의견)

의회주의 이념이 제대로 실현되기 되기 위해서는 자유로운 질의와 토론, 소수의견의 존중과 반대의견에 대한 설득이 전제되어야 한다. 따라서 질의 · 토론 과정에서 소수파의 토론 기회를 박탈하거나 또는 아예 토론 절차를 열지 아니한 채 표결을 진행하여 결론을 내리게 된다면, 다양한 견해에 입각한 의안의 심의 및 타협은 불가능하고, 결과적으로 의회주의의 이념에 입각한 국회의 기능은 형해화될 수밖에 없다.
따라서 국회가 법률을 제정함에 있어서도 전체 국회의원을 구성원으로 하는 회의에서 심의절차를 거친 이후의 표결에 의하여 다수결로 결정해야 하는 것이고, 이러한 의사결정과정은 국회의 의사를 국민의 의사로 간주하는 대의효과(代議效果)의 실질적인 요건이라 할 것이다. 그러므로 국회의 심의절차는 표결 절차와 마찬가지로 국회에 의한 의사결정절차에서 생략할 수 없는 핵심절차이며, 의회주의 이념을 기초로 하는 국회 입법절차의 본질적인 부분이라 할 것이다.

4) 입법기술론

입법기술론은 법문작성 행위와 관련한 형식적 단계와 절차, 그리고 법규범 고유의 논리구사 및 표현에 요구되는 특수한 기술에 대해 연구하는 분야이다. 이는 입법자와 수범자간의 규범내용의 통지 및 소통을 위한 실무적 특성을 가진다.

[판례 1-4] 헌재 2005.06.30, 2002헌바83

명확성원칙은 법규범의 의미내용이 불확실하면 법적 안정성과 예측가능성을 확보할 수 없고 법집행 당국의 자의적인 법해석과 집행을 가능하게 한다는 것을 그 근거로 하므로(헌재 2002. 7. 18. 2000헌바57, 판례집 14-2, 1, 16 참조), 당해 법규범이 수범자에게 법규의 의미내용을 알 수 있도록 공정한 고지를 하여 예측가능성을 주고 있는지 여부 및 당해 법규범이 법을 해석 · 집행하는 기관에게 충분한 의미내용을 규율하여 자의적인 법해석이나 법집행이 배제되는지 여부, 다시 말하면 예측가능성 및 자의적 법집행 배제가 확보되는지 여부에 따라 명확성원칙에 위반되는지 여부를 판단할 수 있다.

법규범이 불확정개념을 사용하는 경우라도 법률해석을 통하여 행정청과 법원의 자의적인 적용을 배제하는 합리적이고 객관적인 기준을 얻는 것이 가능한 경우(헌재 2004. 7. 15. 2003헌바35등, 판례집 16-2상, 77, 88 참조), 즉 자의를 허용하지 않는 통상의 합리적 해석방법에 의하더라도 그 의미내용을 알 수 있는 경우(헌재 2002. 4. 25. 2001헌바26, 판례집 14-1, 301, 322 ; 2004. 6. 24. 2004헌바16, 판례집 16-1, 759, 766 참조)는 명확성원칙에 반하지 아니한다.

법규범의 의미내용은 법규범의 문언뿐만 아니라 입법목적이나 입법취지, 입법연혁, 그리고 법규범의 체계적 구조 등을 종합적으로 고려하는 해석방법에 의하여 구체화하게 된다. 그러므로 이 사건 법률조항들이 명확성원칙에 위반되는지 여부는 위와 같은 해석방법에 의하여 이 사건 법률조항들의 의미내용을 합리적으로 파악할 수 있는 해석기준(이하 이를 '합리적 해석기준'이라고 한다)을 얻을 수 있는지 여부에 달려 있다.

[판례 1-5] 헌재 2005.06.30, 2004헌바40

'체계정당성'(Systemgerechtigkeit)의 원리라는 것은 동일 규범 내에서 또는 상이한 규범 간에(수평적 관계이건 수직적 관계이건) 그 규범의 구조나 내용 또는 규범의 근거가 되는 원칙면에서 상호 배치되거나 모순되어서는 안된다는 하나의 헌법적 요청(Verfassungspostulat)이다. 즉 이는 규범 상호간의 구조와 내용 등이 모순됨이 없이 체계와 균형을 유지하도록 입법자를 기속하는 헌법적 원리라고 볼 수 있다. 이처럼 규범 상호간의 체계정당성을 요구하는 이유는 입법자의 자의를 금지하여 규범의 명확성, 예측가능성 및 규범에 대한 신뢰와 법적 안정성을 확보하기 위한 것이고 이는 국가공권력에 대한 통제와 이를 통한 국민의 자유와 권리의 보장을 이념으로 하는 법치주의원리로부터 도출되는 것이라고 할 수 있다.

그러나 일반적으로 일정한 공권력작용이 체계정당성에 위반한다고 해서 곧 위헌이 되는 것은 아니다. 즉 체계정당성 위반(Systemwidrigkeit) 자체가 바로 위헌이 되는 것은 아니고 이는 비례의 원칙이나 평등원칙위반 내지 입법의 자의금지위반 등의 위헌성을 시사하는 하나의 징후일 뿐이다. 그러므로 체계정당성위반은 비례의 원칙이나 평등원칙위반 내지 입법자의 자의금지위반 등 일정한 위헌성을 시사하기는 하지만 아직 위헌은 아니고, 그것이 위헌이 되기 위해서는 결과적으로 비례의 원칙이나 평등의 원칙 등 일정한 헌법의 규정이나 원칙을 위반하여야 한다.

또한 입법의 체계정당성위반과 관련하여 그러한 위반을 허용할 공익적인 사유가 존재한다면 그 위반은 정당화될 수 있고 따라서 입법상의 자의금지원칙을 위반한 것이라고 볼 수 없다. 나아가 체계정당성의 위반을 정당화할 합리적인 사유의 존재에 대하여는 입법의 재량이 인정되어야 한다. 다양한 입법의 수단 가운데서 어느 것을 선택할 것인가 하는 것은 원래 입법의 재량에 속하기 때문이다. 그러므로 이러한 점에 관한 입법의 재량이 현저히 한계를 일탈한 것이 아닌 한 위헌의 문제는 생기지 않는다고 할 것이다.

5) 입법평가론

입법평가론은 입법의 효과(목적 달성 여부)에 관한 사회과학 방법론적 분석을 의미한다. 이와 관련하여 일반적으로 정책평가의 기법들을 상당부분 활용하기는 하지만, 입법평가는 규범학적인 요소가 필수적으로 내포되어 있다는 점에서 일반적 정책평가와 다르다.

6) 입법논증론

입법논증론은 입법자가 특정의 입법내용을 주장할 때 그것이 타당한 것임을 설득하는 논거와 그 활용을 연구하는 분야이다. 이는 다른 입법학 세부 연구영역들의 분석 및 구성을 위한 이론적 전제로서 기능하기도 한다.

제4절 입법학 개념 및 연구의 방향성 재론

1. 현대적 입법학 연구의 전제

모두에서 밝힌 바와 같이, 현대 사회에서 입법학에 대한 관심이 고조되고 있는 가장 큰 이유는 '가치간의 갈등'이다. 이는 법 또는 도덕철학적 측면에서 불일치(disagreement)라는 용어로 표현된다. 즉 입법학에 관한 연구는 이러한 불일치를 해소할 수 있는 대안을 모색하고자 하는 것이다. 이러한 측면에서 오늘날 가장 주목받고 있는 입법학 연구영역은 입법평가론이며, 경우에 따라서는 사회과학적 방법론에 대한 강한 신뢰를 가지는 경우 입법평가를 입법학 연구와 등치시킬 수 있는 가능성도 있다.

입법학 연구는 다분히 규범학적 성격뿐만 아니라, 사실학적 성격을 가진다는 것이 일반적인 논의이다. 사실학적 성격은 달리 말하여 소위 사회과학 방법론의 활용으로 대변되는데, 이러한 것들을 입법의 전 과정상에 종합한 것이 바로 입법평가이다. 입법평가는 기존에 논해져 오던 입법학 연구의 가장 현대화된 포괄적 모델이다.[60] 이는 결국 과학적 · 객관적인 사실학적 분석을 통해 사회적인 갈등 또는 불일치의 문제를 해소하기 위한 시도라고 평가할 수 있다.

2. 가치간 갈등 또는 불일치

그렇다면 과연 불일치는 해소 가능한 것인가? 현재 논의되고 있는 입법을 둘러싼 분쟁을 고려해 본다면, 아무리 객관적이고 과학적인 분석 결과가 존재한다고 할지라도 모든 불일치가 궁극적으로 해소될 수 없는 경우가 있다는 점을 부인하기 힘들다. 물론 일부 사안에 있어서는 불일치 문제가 상당부분 해소되는 경우도 있지만, 중요한 상당수의 쟁점 법안들의 경우 불일치가 해소되지 않기 때문에 사회적 논란으로 부각되고 있다고 할 수 있다. 이를 고찰해 보기 위하여 다음에서는 다소 이론적인 측면의 논의를 살펴보기로 한다.

60 입법평가와 관련한 현재 대부분의 논의는 행정학 또는 정책학 분야에서의 정책평가 연구 방법론을 그대로 차용하고 있는 실정이다. 그 결과 입법평가는 정책평가와 별반 차이점을 가지지 못하는 것으로 인식되고 있다. 물론 입법과 정책이라는 것이 일도양단적으로 구분될 수 있는 것은 아니지만, 적어도 그 연구대상의 차별성과 그로 인한 일부 방법론의 차이가 존재하는 것은 부인할 수 없을 것이다.

1) 불일치 그 자체의 수용

가치간의 갈등, 달리 말하여 불일치의 문제에 대해 진지한 고려를 보이고 있는 것만과 톰슨(Amy Gutmann & Dennis Thompson)의 견해에 주목해볼 필요가 있다. 이들은 이와 관련하여 흄(David Hume)을 언급한다. 흄은 『도덕원리에 관한 탐구(An Enquiry Concerning the Principles of Morals)』에서 매우 평등한 사회에서도 도덕적 불일치들이 사라질 것을 기대할 수 없는데, 그 이유는 도덕적 불일치가 인간의 조건 자체와 결부되어 있기 때문이라고 판단한다. 흄은 자원이 덜 희소하거나, 인간의 본성이 더욱 관대하다면 도덕적 불일치가 사라질 수 있을 것이라고 주장한다.[61] 결국 그는 '희소한 자원'과 '관대함의 제한성'을 불일치의 원인으로 보는 것이다. 것만과 톰슨은 이러한 흄의 주장에 두 가지 원인을 추가한다. 그것은 '(도덕적) 가치의 다원성', '인간의 불완전한 이해(understanding)'이다.

이들은 불일치의 해소 문제를 어떻게 판단하고 있는가? 이들은 롤즈나 하버마스와 달리, 불일치가 지속될 가능성을 인정하면서,[62] 그러한 불일치가 공존할 수 있는 토의 '절차'와 '내용'을 규제하는 도덕적 성격을 가지는 원리들을 제시하고 있다.[63] 물론 이들이 제시하고 있는 도덕

---

61 Amy Gutmann & Dennis Thompson, *Democracy and Disagreement*(Harvard University Press, 1996), 21~22면; David Hume, "An Enquiry Concerning the Principles of Morals", sec. 3, pt. 1("Of Justice"), Selby-Bigge(ed.), *Hume's Enquiry Concerning the Human Understanding and Concerning the Principles of Morals*(Clarendon Press, 1963), 183~192면.

62 이들은 "불일치의 매우 복잡한 근원을 생각해 볼 때, 시민들이 모든 영역의 중요한 정치적 문제에 대해 정당화된 동의에 도달하는 것은 기대할 수 없다"고 한다. 이는 궁극적으로 불일치가 지속될 가능성을 인정하는 것이다. Amy Gutmann & Dennis Thompson, 앞의 책, 360면.

63 이들이 절차를 규제하는 원리로 제시하는 것에는 (i) 호혜성(reciprocity), (ii) 공지성(publicity), (iii) 책임성(accountability)이 있으며, 내용을 규제하는 원리로 제시하는 것에는

적 성격을 가지는 토의의 규제원리에 대해서는 상당한 비판이 가해지고 있다. 즉 이들은 특정의 도덕적 원리들을 강조함으로써, 냉철한 현실 인식이라는 당초 이들의 이론적 출발점과는 달리, 이들의 이론을 관념적 · 이상적인 것으로 만들었을 뿐만 아니라, 롤즈와 하버마스에서와 마찬가지로 특정한 정치적 신념이나 관점을 배제하는 결과를 초래한다는 비판이 있다.[64] 이러한 측면에서 이들의 이론은 분명 한계를 가지고 있는 것이라고 할 수 있다. 다만 이들의 이론에서 입법학과 관련하여 착안할 수 있는 지점은 롤즈나 하버마스의 경우에서와 같이 불일치를 사회통합의 위기상황으로 파악하기 보다는, 그러한 불일치들이 공존할 수 있는 조건들을 제시하고자 했다는 점이다.

2) 정치적 환경

그렇다면 불일치의 문제는 입법의 문제에 있어 어떠한 방식으로 사고될 수 있는가? 이와 관련한 비교적 전향적인 사고방식을 보여주는 것은 왈드런(Jeremy Waldron)이다.[65] 그는 '불일치'의 발생은 비록 그것이 정의 및 인권과 관련한 근본적인 문제들이라고 할지라도, 단순히

(i) 기본적 자유(basic liberty), (ii) 기본적이고 공정한 기회의 원리(the basic and fair opportunity principle)가 있다.

64 이러한 비판과 관련해서는 Stephen Macedo(ed.), *Deliberative Politics*(Oxford University Press, 1999)에 정리되어 있는 비판들을 참조할 것.

65 그의 이론이 가지는 주된 목적은 법 및 정치철학 영역에 있어서 입법부 및 입법의 문제들이 상대적으로 경시되고 가끔은 천시되고 있는 상황을 바로잡으려고 함에 있다고 그는 설명한다. Jeremy Waldron(1999a), 앞의 책, 2장 참조. 예를 들면, 근대의 정치이론들은 종종 입법 행위 그 자체를 마치 원리에 근거한 정치적 의사결정의 예외라는 판단하에 일종의 협상 및 거래행위와 같은 것으로 묘사한다. 이러한 이유로, 조용하면서도 편파적이지 않은 추론에 천착하는 원리들의 논의의 장이라고 할 수 있는 법원의 장미빛 이미지에 견주어, 사법 권력에게 입법을 무효화 시킬 수 있도록 하자는 생각은 당연하게 받아들여진다는 사실을 문제시 한다. Jeremy Waldron(1999a), 앞의 책, 30면.

불가피한 것이 아니라 일반적으로는 합당한(reasonable) 것이라고 할 수 있다고 한다. 그것은 이해관계에 얽힌 사안들이 가지고 있는 어려움, 그리고 그러한 문제들을 해결할 수 있는 구체적인 수단이 존재하지 않는 경우가 상당히 존재하기 때문이다. 즉 인간의 삶이라는 것은 다양한 가치들과 결부되어 있어서, 사람들이 그러한 것들을 형량하고 서열을 부여하는 방법에 대하여 의견의 일치를 보지 못한다는 사실은 어쩌면 당연한 것이라고 주장한다.

왈드런은 여타의 이론들과는 달리, (노력적) 불일치의 문제를 다루기 위하여 "정치적 환경(the circumstances of politics)"[66]이라는 조건에 집중하고 있다. 그는 이러한 정치적 환경을 논의의 출발점으로 하여, 법의 해석 문제 및 사법심사(위헌법률심사)의 비판 등 법이론적 영역으로까지 논의를 확장한다.[67] 이와 같이 왈드런의 주장에 있어 중요한 위치를 차지하는 '정치적 환경'에 대해 설명하면 다음과 같다. 이러한 주장은 다음과 같은 두 가지의 명제로 이루어져 있다.[68]

(i) 사람들은 정책, 정의, 원리, 그리고 권리와 관련된 문제에 대하여 성실히 토의한 뒤에도 불일치를 보일 수 있다.

66 롤즈는 적당한 결핍(moderate scarcity)과 제한적인 이타주의(limited altruism)와 같은 인간이 가진 조건들의 불가피한 특징들을 '정의의 환경(the circumstances of justice)'으로 묘사했다. 이러한 특징들은 정의의 개념 및 그것에 대한 추구를 발생시킨다. 반면, 왈드런은 우리의 조건과 관련한 또 다른 동등한 불가피한 특징들, 즉 그것을 어떻게 성취해야할지에 대한 우리들의 불일치에도 불구하고 우리들이 사회적 조화를 요구하는 것과 같은 특징들을 '정치적 환경(the circumstances of politics)'으로 묘사한다. 이러한 특징들은 정치(politics)를 발생시킨다. Jeremy Waldron(1999a), 앞의 책, 102면.

67 이에 대한 충실한 해설과 서명을 하고 있는 서평으로는 William N. Eskridge, Jr., "The Circumstances of Politics and the Application of Statute", *Columbia Law Review* 100(2), 2000을 참조.

68 Jeremy Waldron(1999a), 앞의 책, 102면.

(ii) 이러한 불일치에도 불구하고, 사람들은 이러한 문제들에 대하여 집단적인 결정과 행위 절차에 대한 필요성을 느낀다.

이러한 명제들은 다소 모순적으로 보이기는 하지만, 첫 번째 것은 정치적 의사결정을 필수적인 것으로 만드는 데 기여하고, 두 번째 것은 정치적 의사결정을 가능하게 한다.

왈드런의 이론적 근간은, 모든 정치적 문제들에 있어 광범위한 불일치가 존재한다는 것이다. 이러한 불일치는 심지어 성실히 토론한 후에도 지속된다. 그는 이러한 사실을 받아들이는 것이 정치 및 입법과 관련한 이론적 작업에 있어 전제조건이라고 주장한다.[69] 더욱이 우리는 누구의 의견이 정당한 것인지를 결정할 수 있는 메커니즘을 가지고 있지 않다. 심지어는 누군가의 견해가 설사 객관적으로 옳은 것이라고 할지라도, 우리들이 접근할 수 있는 것은 어느 견해가 옳은지에 관한 개인들의 '신념'일 뿐이다.[70] 이러한 상황 속에서 불일치의 존재는 '정치'의 필요성을 깨닫게 해준다.

3. 입법학의 개념과 연구방향의 재설정

1) 새로운 개념정의

모두에 제시한 바와 같은 이제까지의 입법학에 관한 개념정의가 지향하는 바와 같이, 과학성과 객관성을 가지는 '합리적 기준제시'에 대

69 Jeremy Waldron(1999a), 앞의 책, 153~154면.

70 Jeremy Waldron(1999b), 앞의 책, 147~148면.

한 탐구를 통해 사회 내에 존재하는 불일치를 해소하고자 하는 시도는 전면적인 것은 아닐지라도 일정부분 방향전환이 필요하다. 즉 불일치의 문제를 더욱 적극적으로 입법에 관한 판단에 수용하는 방식이다. 이에 의하면 입법학은 다음과 같이 개념정의 될 수 있을 것이다.

> 사회 내에 존재하는 불일치를 직시하고, 그러한 불일치의 가능성들이 법 그 자체에 가급적 보존될 수 있도록 해주는 다학제적 학문 분과

필자는 현재의 입법학에 대한 논의가 잘못된 방향설정으로 인하여 정체되고 있다고 생각한다. 기존의 입법학 논의는 대부분 객관적이고 과학적인 분석을 통한 합리적 입법 대안의 창출을 이야기한다. 그러나 실상 그러한 분석을 통해 확인할 수 있는 경험적 사실이 어떠한 세부적 사고 및 논의 과정을 거쳐 특정한 입법 대안으로 귀결될 수 있는 것인지의 문제는 크게 관심을 두지 않는다. 이는 사실적 판단 결과로부터 규범적 대안에 도달하는 과정을 다분히 단선적인 인과관계로 파악하고 있기 때문이라고 할 수 있다.

비록 정도의 차이는 있을지라도, 법(률)에는 각각의 입법 대안을 주장하는 자들의 가치가 개입될 수밖에 없다. 따라서 경험적 사실에 대한 평가는 그러한 가치들의 수만큼이나 다양해 질 수 있다. 이러한 점에서 입법자는 입법절차 속에서 자신이 채택한 가치가 가진 대안을 주장하기 위하여, 자신이 인지한 경험적 사실을 어떻게 설득력 있는 방식으로 제시할 것인가를 고민할 필요가 있으며, 바로 이 지점에서 입법학의 새로운 연구 방향성이 도출된다고 할 수 있다.

2) 사회과학적 방법론을 바라보는 관점

한 가지 유의해야 할 지점은 가치간의 불일치가 불가피하다는 이유로 입법학 연구에서 사회과학적 방법론 및 그 분석이 경시될 수 있는 것은 아니라는 점이다. 오히려 사회과학적 분석을 통해 도출된 사실적 분석 결과들은 입법자가 활용할 수 있는 하나의 건전한 논거로써 원용될 수 있을 것이다. 그 이유는 소위 과학적 지식이라는 것은 그것이 확고부동한 실체적 진실인지 여부와 관계없이 근대사회의 패러다임에 있어 상당한 설득력을 가지고 있는 것이기 때문이다. 이렇게 본다면, 사회과학적 분석결과는 그 결과 자체가 직접적인 입법 대안을 형성하는 데 기여하는 것이 아니라, 입법자의 입법논증을 위한 사전적 검토의 대상으로서 의미를 가지는 것이라고 할 수 있다.

현실적인 측면에서 보자면, 설득력 있는 논거의 제시 없이 일방적인 입법대안만을 남발하곤 하는 현재 상당수의 입법관행을 넘어서서, 사회과학적 분석을 통한 타당성 검토와 이에 기반 한 수범자 설득과정을 거침으로써, 입법에 대한 면밀한 검토 문화를 형성할 수 있도록 할 필요가 있을 것이다.

제2장

한국사회의 입법환경 분석

제2장
한국사회의 입법환경 분석

제1장의 논의를 통하여, 입법학의 개념 및 연구영역 등에 대해 살펴보았다. 이제 문제는 이러한 입법학이 오늘날 한국사회에서 왜 필요한 것인지, 그리고 구체적으로 어떠한 문제 지점에서 활용할 수 있는 것인지에 대해 살펴볼 필요성이 있다. 그것은 단지 서구 국가에서 입법학이 발전하고 있기 때문에 이를 수용하는 것이 아니라, 우리의 상황에 맞는 당해 학문 수용의 필요성을 검토한다는 취지를 가진다. 이를 위해 궁극적으로 한국사회 입법의 구조적 쟁점에 관해 살펴보고자 한다.

제1절 민주주의 공고화와 상황적 변화

이 절에서는 우리나라 민주주의의 발전상황을 일반 정치담론이 아닌, 현실의 입법상황과 관련하여 기술하고자 한다. 입법을 둘러싼 주요한 통계들을 확인해 봄으로써, 현재 우리나라의 입법현실을 분석해 보고자 한다.

1. 법률안 발의를 통해 본 한국사회 민주주의

1) 급속한 법률안 발의건수 증가

오늘날 한국사회에서는 입법권자의 입법발의, 즉 의원발의 입법은 지속적으로 증가하고 있다. 특히 그 건수는 1987년 민주화 운동 이후 대체적으로 지속적인 증가 추세에 있는 것으로 판단된다. 이는 일단 양적인 측면에서 우리나라의 민주주의가 성숙해 가고 있으며, 제도화된 민주주의가 공고화 되고 있음을 나타낸다. 다음은 이러한 경향을 분석하기 위하여, 제11대 국회부터 최근 제18대 국회까지의 법률안 처리 통계를 정리한 것이다.

<표 2-1> 81년 이후 역대 법률안 처리 통계

구분		접수	처리	처리내용							
				가결			부결	폐기			철회
				계	원안	수정		계	대안 반영 폐기	폐기	
제11대 (81~85)	의원발의	204	204	84	53	31	8	93	20	73	19
	정부제출	287	287	257	123	134		30	22	8	
	총계	491	491	341	176	165	8	123	42	81	19
제12대 (85~88)	의원발의	211	211	66	43	23		133	54	79	12
	정부제출	168	168	156	73	83		12	8	4	
	총계	379	379	222	116	106		145	62	83	12

제13대 (88~92)	의원발의	570	570	171	119	52		352	181	171	47
	정부제출	368	368	321	138	183		45	34	11	2
	총계	938	938	492	257	235		397	215	182	49
제14대 (92~96)	의원발의	321	321	119	85	34		189	48	141	13
	정부제출	581	581	537	265	272		39	24	15	5
	총계	902	902	656	350	306		228	72	156	18
제15대 (92~00)	의원발의	1144	1144	461	358	103		651	226	425	32
	정부제출	807	807	659	219	440		133	78	55	15
	총계	1951	1951	1120	577	543		784	304	480	47
제16대 (00~04)	의원발의	1912	1912	517	285	232	3	1351	514	837	41
	정부제출	595	595	431	117	314	1	163	120	43	
	총계	2507	2507	948	402	546	4	1514	634	880	41
제17대 (04~08)	의원발의	6387	6387	1352	823	529	5	4944	1586	3358	86
	정부제출	1102	1102	563	131	432		536	320	216	3
	총계	7489	7489	1915	954	961	5	5480	1906	3574	89
제18대 (08~12)	의원발의	12220	12220	1663	1265	398	5	10049	3227	6822	503
	정부제출	1693	1693	690	369	321	2	996	598	398	5
	총계	13913	13913	2353	1634	719	7	11045	3825	7220	508

* 출처: 국회의안정보시스템 사이트(http://likms.assembly.go.kr/bill/)

이상의 표에서 볼 수 있는 바와 같이, 1987년 민주화 운동 전후 법률안 발의 및 제출 현황이 급격하게 변화되고 있음을 알 수 있다. 제11대 국회의 경우 의원발의 법률안이 정부제출 법률안에 비하여 적은 수치를 기록하고 있었다. 그러던 것이 1987년을 기점으로 하여 의원발의 법률안이 급격히 증가하고 있다.

2) 법률안 발의건수 증가의 원인

위와 같은 의원발의 법률안의 증가추세는 1987년 이후의 민주주의가 의회정치를 기반으로 하여, 그것이 다소 형식적이라고 할지라도,

정상화되어가는 단면을 보여준다고 할 수 있다. 이러한 정상화, 즉 발의 건수의 증가에는 다음과 같은 원인이 있을 것이라고 판단된다.

첫째, 시민 민주주의의 성숙과 관련된 원인이다. 1987년 민주화 이후 사회 곳곳에서 형성된 시민사회단체와 일반 시민들의 의정감시의 눈길이 법안 발의량 증가에 큰 기여를 했을 것이라고 판단된다. 법안 발의 건수 자체가 의정활동의 실적으로 평가 받는 상황에서 개별 의원들은 법안발의 건수에 몰두할 수밖에 없었다고 평가할 수 있다.

의원들의 법률안 발의건수 증가에 대해서는 비판적인 평가들이 존재하는 것이 사실이다. 그러나 국회의 중요한 기능 중 하나가 입법이라고 한다면 이러한 발의량 증가가 잘못된 것이라고 단순하게 판단하기에는 다소 문제가 있어 보인다. 입법의 문제와 관련하여, 의원들이 가급적 다양한 가치가 전제된 법안들을 심의할 수 있어야 하기 때문이다. 따라서 본질적으로 문제시해야 하는 지점은 급증하는 법안들에 대하여 심도 있는 논의 및 심의가 이루어질 수 있는지 여부여야 할 것이다.

둘째, 다소 제도적인 원인이다. 이는 입법절차상의 요건 변화와 깊은 연관성을 가진다고 판단된다. 대표적인 예로, 법안 발의 정족수를 제시할 수 있다. 발의정족수가 20인 이상으로 엄격해진 제14대 국회 당시에는 의원의 법안 발의 건수가 321건에 불과하던 것이, 제15대 국회 1,144건, 제16대 국회 1,912건 수준으로까지 증가한 바 있었지만, 그 이후 발의정족수가 현행과 같이 10인 이상으로 완화된 제17대 국회에서는 의원발의 법안의 건수가 6,387건으로 과거에 비해 대폭 증가하였다. 이는 발의정족수의 변경과 법안발의 건수의 증가가 관련성을 가지고 있음을 보여준다.[1]

1 이한규, "제18대 국회 출범 이후의 국회입법활동에 대한 평가와 전망", 「입법평가연구」

이와 더불어 언급할 수 있는 것은 국회의 공식적인 입법과정 속에서 의원들의 입법에 도움을 주고 있는 국회입법조사처(2007년 개설) 및 국회예산정책처(2003년 개설)와 같은 전문적 조사·분석 기관이 비교적 최근에 개설되었다는 점이다. 이들 기관 중 국회입법조사처는 질의 및 요청에 대응하여 각종 입법아이디어는 물론이고, 관련 행정기관들의 입법 추진사항들을 조사·분석하여 의원들에게 제공함으로써, 과거에 비해 역동적인 의원들의 입법활동이 이루어질 수 있도록 지원하고 있다. 이러한 전문적 입법지원기구의 국회 내 설치는 의원들의 법안발의 건수가 증가하는 데 상당한 기여를 하고 있다는 것이 일반적인 평가이다.

2. 의원발의 법률안의 비중 증대

1) 법률안 가결률의 감소추세

그렇다면 위와 같이 증가 추세에 있는 법률안들은 실제 어느 정도의 가결률을 보이는 것일까? 다음은 역시 제11대 국회 이후 역대 발의 법률안의 가결률을 정리한 것이다.

창간호, 2006, 205면; 이한규는 이 연구에서 의원발의 법률안이 급증하고 있는 배경으로 ① 시민단체나 언론 등에서 법률안의 발의실적을 의정활동에 대한 평가지표로 활용하고 있으며, ② 제16대 국회 직전에 도입된 법안실명제, 그리고 ③ 의원발의 정족수 완화 등의 피상적인 요인 이외에 국민들 간에 다양하게 전개되는 갈등을 입법적으로 해결하고자 하는 근본적인 요인을 들고 있다.

<표 2-2> 1981년 이후 역대 법률안 가결률 통계

대별	의원발의	정부제출	총계
제11대 (81~85)	41%	90%	69%
제12대 (85~88)	31%	93%	59%
제13대 (88~92)	30%	87%	52%
제14대 (92~96)	37%	92%	73%
제15대 (96~00)	40%	82%	57%
제16대 (00~04)	27%	72%	38%
제17대 (04~08)	21%	51%	26%
제18대 (08~12)	14%	41%	17%

* 출처: 국회의안정보시스템 사이트(http://likms.assembly.go.kr/bill/)
** 소수점 첫째 자리 반올림

이를 분석해 보면, 전체 법률안에 대한 가결률은 역으로 다소 감소하고 있는 현상을 보여주고 있다. 의원발의 법률안의 경우, 발의 건수가 매우 급격하게 증가하고 있는 상황에서 그 가결률이 감소한다는 것은 의원발의 법률안의 상당수가 폐기되고 있음을 의미한다. 정부제출 법률안의 경우에도 제출 건수의 측면에서는 다소 감소하는 경향을 보이고 있지만, 의원발의 법률안에 비해서는 상대적으로 높은 가결률을 보이고 있다.

의원발의 법률안에 비하여 정부제출 법률안의 가결률이 높은 것과 관련하여, 이는 행정부 중심의 국정운영 현상, 즉 행정국가화 경향을 보여주는 단면이라고 할 수 있으며, 의회 전문성 및 기능의 미약함을 보여주는 단면이라고 평가할 수도 있다. 정부제출 법률안의 경우 (i) 의회에 비하여 입법내용 및 입법기술적인 측면에서 일정부분 전문성을 보유하고 있으며, (ii) 정부의 정책적 목표 실현을 위한 확고한 입법의지를 가지고 있다는 측면에서 상대적으로 높은 가결률을 보인다고 할 수 있다.

가결률이 전반적으로 낮아지는 현상을 통해서, 국회에서 논의되는 법률안, 즉 입법아이디어의 건수가 급격하게 증가하고 있으며, 그 결과 상대직으로 법률로 가결되는 건수가 감소하고 있다는 사실을 알 수 있다. 이러한 현상은, 다양한 입법아이디어들의 제안과 이에 대한 심의라는 측면에서 볼 때, 전체적으로는 우리나라의 의회민주주의가 정착해가는 단면을 보여주는 것이라고 할 수 있다. 다만 이러한 통계를 두고 국회의원들의 부실한 법률안 발의를 질타하는 견해도 존재한다.[2]

2) 가결건수의 증가추세

감소하는 가결률만으로 단순히 입법 생산성을 평가 절하하는 것은 무리가 있어 보인다. 이는 다음과 같은 통계를 보면 더욱 명확해진다. 실제로 가결률은 감소되고 있지만, 가결건수 그 자체는 지속적으로 증가하고 있는 추세를 보여주고 있기 때문이다.

2 의원발의 입법의 증가추세에 대해서는 이를 옹호하는 견해는 물론이고, 이에 대해 비판적인 시각을 가지는 견해도 만만치 않다. 필자는 이러한 추세가 단순히 비판의 대상이 되어서는 안 된다고 생각한다. 특히 정부제출 법률안은 일반적으로 실무상 문제시 되는 내용들이 법률 제·개정의 중심을 이루는 경우가 많지만, 의원발의 법률안은 국민들의 가치관에 따른 입법의지가 반영되는 통로인 경우가 많다는 점에 유의할 필요가 있다.

<표 2-3> 1981년 이후 역대 법률안 가결건수 및 비중

대수	구분	의원발의	정부제출	총계
제11대 (81~85)	가결률	41%	90%	69%
	가결건수	84	257	341
	비중	25%	75%	100%
제12대 (85~88)	가결률	31%	93%	59%
	가결건수	66	156	222
	비중	30%	70%	100%
제13대 (88~92)	가결률	30%	87%	52%
	가결건수	171	321	492
	비중	35%	65%	100%
제14대 (92~96)	가결률	37%	92%	73%
	가결건수	119	537	656
	비중	18%	82%	100%
제15대 (96~00)	가결률	40%	82%	57%
	가결건수	461	659	1120
	비중	41%	59%	100%
제16대 (00~04)	가결률	27%	72%	38%
	가결건수	514	431	945
	비중	54%	46%	100%
제17대 (04~08)	가결률	21%	51%	26%
	가결건수	1350	563	1913
	비중	71%	29%	100%
제18대 (08~12)	가결률	14%	41%	17%
	가결건수	1663	690	2353
	비중	71%	29%	100%

* 출처: 국회의안정보시스템 사이트(http://likms.assembly.go.kr/bill/)
** 소수점 첫째 자리 반올림

이상의 표를 분석해 보면, 제11대 국회 이후 의원발의 법률안의 건수 및 전체 법률안에서 차지하는 비중이 미약하지만 지속적인 증가추세에 있었음을 알 수 있다. 그러던 것이 제15대 국회에 이르러 정부제출 법률안의 비중에 거의 근접한 수준으로 접근하였으며, 그 후 제16대 국회부터는 가결 건수 및 비중에 있어 의원발의 법률안이 정부제출 법률안을 추월하고 있는 현상을 확인할 수 있다. 물론 이러한 변화의 원인에는 정부입법의 '대명발의' 또는 '차명발의'가 증가하고 있는 데에서도 일부 그 원인을 찾을 수 있지만, 전체적인 가결건수를 볼 때 이러한 추론을 하기에는 문제가 있어 보인다. 결국 이러한 통계는 우리 헌법질서가 전제로 하고 있는 제도로서의 의회기능이 정상화되고 있음을 보여주는 것이라고 평가할 수 있을 것이다.

3. 개별적 입법의지의 발현 양상

보다 근본적으로, 의원들의 법률안 발의건수의 증가는 사회 내 입법의지의 증가에서 그 원인을 찾을 수도 있다. 이는 민주화 이후 시민사회는 단순히 감시자로서의 역할 수행을 넘어, 그 스스로의 입법의지를 표출하는 수준으로까지 성장했다는 사실을 보여준다. 이러한 입법의지의 증가를 실증적으로 분석하기는 힘들지만, 다음에서 언급하는 바와 같이 입법청원 및 공청회 통계를 통해서 간접적으로 확인해 볼 수 있겠다.

1) 입법청원

청원제도는 의원발의 입법과 정부제출 입법과는 달리 제도적인 입법절차는 아니라고 할 수 있다. 청원은 국민이 국가기관에 대하여 특정한 내용의 원하는 바를 청하는 것을 의미하며, 「헌법」 제26조는 "모든 국민은 법률이 정하는 바에 의하여 국가기관에 문서로 청원할 권리를 가진다"고 규정하여 청원권을 인정하고 있다. 국가는 국민의 청원에 대하여 심사할 의무를 가지고 있으며 「청원법」은 이를 구체화하고 있는 법률이다. 이에 따르면, 청원권이 행사되면 대상기관은 그 처리 결과를 청원인에게 통지할 의무를 인정하고 있다(「청원법」 제9조).

특히 국회에 대한 입법청원의 경우 「국회법」 제123조 내지 제126조에 규정되어 있는데, 국회에 청원하려고 하는 자는 의원의 소개를 얻어 청원서를 제출하여야 한다. 국회에 이루어지는 청원은 그 내용적인 측면에서 볼 때, 입법사항, 행정사항, 보상사항, 인허사항, 조세사항 등 다양한 측면과 관련이 있다. 다음에서는 이러한 청원의 변화 추이를 도표를 통해 살펴보고자 한다.

<표 2-4> 국회 청원 통계

대별	접수 건수	채택 건수	입법 사항	행정 사항	보상 사항	인허 사항	조세 사항	기타 사항
제11대 (81~85)	276	2	24	129	13	14	18	78
제12대 (85~88)	132		47	29	15	7	5	29
제13대 (88~92)	550	13	175	162	78	15	6	114
제14대 (92~96)	535	11	261	168	75	14	12	5
제15대 (96~00)	595	4	356	118	20	5	32	64
제16대 (00~04)	765	4	433	227	24	17	36	28
제17대 (04~08)	432	4	260	114	10	10	6	32
제18대 (08~12)	272	3	150	83	8	4	12	15

* 출처: 국회사무처, 『2012 의정자료집』, 2013. 1.

위 도표는 국회에 접수된 전체 청원을 그 내용별로 분류하여 정리한 것이다. 여기에서도 볼 수 있는 바와 같이, 청원 건수는 과거에서부터 지속적으로 증가되어 왔었다. 그런데 제17대 및 제18대 국회의 경우 청원 건수가 갑작스레 감소하는 경향이 보이고 있어 그 원인에 대한 추가적인 분석이 필요할 것으로 판단된다.

입법청원에만 한정해서 보자면, 제11대 국회 당시 11건에 불과하던 입법청원 건수가 이후 지속적으로 증가하여 제16대 국회의 경우에는 433건에 달하고 있다.

물론 제17대 및 제18대 국회에서 입법청원이 각각 260건 및 150건으로 다소 감소 추세를 보이기는 하지만, 입법사항을 제외한 다른 청원사항과 비교해 보자면, 입법청원의 비중은 더욱 커지고 있는 상황이다. 문제는 전반적인 청원건수가 감소하고 있는 원인이 무엇이냐 하는 것인데, 이는 실제 채택률이 낮은 청원제도의 활용보다는 직접적으로 국회의원 등을 대상으로 한 입법 (로비)활동을 국민들이 선호하게 되었기 때문이라고 판단된다. 이와 같은 사실은 제17대 국회에서부터 의원발의 법률안이 매우 급격하게 증가하고 있는 현상으로부터 유추해 볼 수 있다.

위 표에서 청원의 전체 채택건수에서 볼 수 있는 바와 같이, 실제로 입법아이디어로서 입법에 반영되는 것은 극히 드물다. 이는 청원이라는 제도가 실제 입법에 있어 예외적 절차로 취급되고 있기 때문일 것이라고 판단된다. 다만, 여기서 간접적으로나마 확인할 수 있는 것은, 입법청원 건수 및 비중이 그간 지속적으로 증가하다가 최근 급격히 감소하고 있는 상황을 감안해 볼 때, 사회 내에 내재되어 있는 입법아이디어를 직접 소통할 수 있는 제도적 개선방안을 모색할 필요성이 일부 존재한다는 점이다.

2) 공청회

사회 내 입법의지의 증대를 또한 간접적으로 나타내 주는 것이 국회의 공청회 건수의 증가이다. 「국회법」 제58조 제6항에 따르면, 위원회는 제정법률안 및 전부개정법률안에 대하여는 공청회 또는 청문회를 개최하여야 한다고 규정하고 있지만, 이를 위원회의 의결로 생략할 수 있도록 규정하고 있다. 이와 더불어, 이러한 위원회 차원의 공청회뿐만 아니라 의원 개인차원에서도 개별적으로 비공식적인 공청회를 개최하는 경우가 있다. 그러나 이제까지 공청회는 다분히 형식적인 절차로 인식되어온 경향이 있으며, 그 결과 개최가 생략되는 경우가 많았다.

<표 2-5> 법률안 관련 공청회 회수

대별	제11대 (81~85)	제12대 (85~88)	제13대 (88~92)	제14대 (92~96)	제15대 (96~00)	제16대 (00~04)	제17대 (04~08)	제18대 (08~12)
회수	5	2	10	10	33	107	216	127
법안 건수	5	1	11	14	31	117	289	141

* 출처: 국회사무처, 『2012 의정자료집』, 2013. 1.

위 통계에 따르면, 국회 위원회 차원에서의 공청회 개최건수는 최근 지속적으로 증가하고 있음을 알 수 있다. 제11대 국회 때는 단 5회, 제12대 국회 때는 단 2회에 불과하던 공청회 횟수가 이후 지속적인 성장세를 거듭해 오고 있는 것을 알 수 있다. 특히 제16대 국회 이후 공청회 수가 증가하는 경향성을 보이고 있다. 그 이유는 제정법률안과 전부개정법률안의 경우, 그 중요성을 감안하여 전문가와 이해관계인 등의 의견을 폭넓게 수렴 및 반영하여 졸속입법을 방지하도록 하기 위해 제15대 국회가 공청회 개최를 의무화하였기 때문이다. 이에 더하여, 개별 의원은 물론이고 국회입법조사처나 국회예산정책처에서 개최하는 사실상 공청회로서의 성격을 가지는 세미나까지 합하면, 과거에 비하여 공청회 개최 건수는 매우 증가하고 있다고 볼 수 있다.

물론 위에서 살펴본 공청회들은 시민사회 구성원들이 주체가 되어 개최하는 것은 아니지만, 이러한 공청회가 증가하고 있다는 사실은 증가하고 있는 사회 내 입법의지를 수용하기 위해 노력한다는 사실을 보여주고자 하는 입법자들의 현실적 상황을 나타낸다고 할 것이다.

그러나 실제 국회에서 심의되는 법률안 건수에 비하면, 위와 같은 공청회 개최횟수는 매우 미약한 수준이다. 이는 실제로 법률상 규정되어 있는 공청회가 생략되는 경우가 많으며, 이러한 측면에서 실질적인 입법의견 청취로서의 의미를 가지는 공청회가 아직까지는 미약하다는 사실을 보여준다. 즉 사회 내 입법의지의 소통방식으로 공청회 제도가 존재하지만, 다분히 형식적인 수단에 지나지 않는다고 평가할 수 있겠다. 따라서 이러한 공청회 제도에 대한 개선방안도 모색할 필요성이 있다.

이상의 내용들을 종합적으로 정리해 본다면, 입법청원 및 공청회는 과거에 활용빈도가 낮은 제도였지만, 사회 내 입법의지가 증가함에 따라 그 건수가 다소간의 변동은 있지만 증가하고 있음을 보여주고 있다. 결국 입법청원이든 공청회든 입법자들이 사회 구성원들의 의견을 수렴하는 기회가 증가하고 있으며, 이는 궁극적으로 의원발의 법률안의 건수가 증가하는데 기여하고 있다고 할 수 있다.

4. 민주적 입법의 변화 방향

1) 집단적 다수의 민주주의 상황의 변화

1987년의 민주화를 기점으로, 위에서 살펴본 바와 같이 입법에 있어서도 상당한 변화가 생겼으며, 이는 최근에 들어 공고화 단계에 접어들고 있다고 판단한다. 그러나 1987년 당시의 민주주의는 사회의 다원적 가치의 반영이라기보다는 독재의 소수와 반독재의 다수간의 대립이었고, 반독재의 다수가 승리를 거둔 결과라고 할 수 있다. 결국 이는 다수를 위한 민주주의를 쟁취한 것이었다고 평가할 수 있을 것이다.

그 결과 다수는 국민 여론의 이름으로 입법자들을 통제하여 왔고, 이에 따라 다수를 위한 입법이 민주화 이후 지속적으로 이루어져 왔다. 이러한 민주화의 성과는, 최근 통계에서 파악할 수 있는 바와 같이, 급격한 법률안 발의 및 가결건수의 증가를 불러왔다. 물론 이러한 법률안 관련 통계의 증가는 단지 민주주의의 발전에만 그 원인을 두고 있는 것은 아닐 것이다. 사회적 차원에서의 전문영역의 분화와 경제성장은 물론이고, 복지국가 패러다임의 등장도 이러한 현상을 추동하는 데 상당한 역할을 해 왔음을 부인할 수 없다. 다만, 이러한 사회적 변화의 근저에는 민주주의의 쟁취와 그것의 발전이 가장 큰 역할을 해 왔다는 점에서, 오늘날 한국사회의 입법의 홍수 현상은 당시 민주화에 큰 빚을 졌다고 할 수 있다.

이제 우리사회의 민주주의는 이전과는 완연히 다른 국면을 맞이하고 있다. 헌정질서 속에서의 민주주의 정착은 다수의 민주주의는 물론이고, 과거 사회 내에서 제 목소리를 내지 못하던 상당수의 개인들은 물론이거니와 사회적 소수자들이 자유롭게 자신의 정치적 주장을 펼칠 수 있는 상황으로 발전하고 있다. 그 이면에는 사회적인 소통기술의 발전과 다원적 가치의 존재에 관한 인식이 뒷받침되어 있다.

2) 개별 주체 입법주장의 제도적 수용

그러나 현재 우리사회는 다원적 가치의 사회 내 존재사실 자체를 긍정하면서도, 이를 제도적으로 수용할 수 있는 정치적 환경은 다소 부족하다고 할 수 있다. 특히 입법의 문제에 있어 불가피하게 활용되는 다수결주의 원칙 하에서, 집단적 다수를 점하지 못한 개개인들이나 소수자들의 정치적 주장은 진지한 청취의 대상이 되지 못하는 경우가 부지기수이다. 즉 개별 주체들의 입법적 주장이 원활하게 제시 및 소통되지 못하는 현실인 것이다.

예를 들어, 앞서 살펴본 입법청원 문제와 관련하여, 청원건수가 지속적인 성장추세를 보인 바 있으나 그 건수 자체가 그다지 괄목할만한 수준은 아니며 실제 채택건수도 거의 없다는 점은, 실제 사회 내 개별 주체(개인)들이 입법을 위해 활용할 수 있는 통로가 그다지 넓지 못하다는 사실을 보여주는 것이다. 물론 제17대 국회서부터 입법청원 건수가 줄어드는 반면, 의원발의 법안 건수가 급격하게 증가한다는 사실은 국회의원들이 직접적으로 입법적 의사소통 창구로서의 역할을 일부 수행했다는 점을 보여준다.[3]

또한 법률안과 관련한 공청회 개최 횟수도 과거에 비하면 최근 수년간 상당히 증가하는 추세에 있다는 점은 확실하지만, 실제 법률안 발의 및 제출건수나 가결건수와 비교해 볼 때, 그 건수는 매우 빈약한 수준이다. 이는 달리 말하여, 입법자와 사회 내 개인들 간에 진지한 입법적

3 이러한 사실은 사회적 소수자들의 상당수를 대변하는 역할을 자임해온 소위 진보정치 인사들이 제17대 국회 때부터 본격적으로 의회에 진출하기 시작했다는 점을 통해서도 유추해볼 수 있다.

의사소통이 이루어질 수 있는 기회가 그다지 많지 않음을 나타내는 것이라고 할 수 있다.

결과적으로 집단적 다수를 점하지 못한 개별적 주체 또는 개인들은, 자신의 입법적 주장을 제시하고 이를 입법자는 물론이고 다른 시민들과 진지하게 논의할 수 있는 기회가 그다지 많지 않다. 따라서 추후 우리 입법현실의 문제점에 대응하여, 다원적 가치가 존중받고 소통되는 방향으로의 제도적 발전을 고민할 필요성이 있다.

3) 한국사회의 문화적·제도적 맥락

이러한 발전방향 및 그 실현과 관련해서, 실제 우리의 입법환경은 더욱 복잡한 논의지형을 가지고 있다. 첫째, 그것은 우리가 활용하고 있는 법제들은 기본적으로 서구의 근대법들을 계수 받은 것이기에, 이러한 법제의 이면에 전제되어 있는 서구적 가치와 우리사회의 전통적 가치들이 항상 충돌할 수 있는 여지가 충분하다. 이와 더불어, 최근 다원주의 사회로의 발전이 더욱 가속화되면서 유입되고 있는 탈근대적 성격을 가지는 가치 및 현상들도 기존의 가치들과 다분히 충돌할 가능성을 내포하고 있다.

둘째, 근대 헌법이 국가 구조적인 측면에서 전제로 하고 있는 국가-사회 이원론[4]은 비교적 최근에 들어서 상당한 변화를 맞이하고 있다. 이는 국가와 사회라는 다분히 개념적인 구분이 점차 모호해지고 있는 정치 · 행정적 상황변화와 맞물려 있다. 이러한 변화는 사회적 소통기술의 발전, 집단적 이익의 표출, 자율적 사회규범의 확산, 그리고 복지

---

4 우리 「헌법」 제37조 제2항의 기본권 제한에 관한 규정은, 국가의 사회에 대한 개입의 한계를 규정하고 있는 것으로, 그 이념적 전제가 바로 국가-사회 이원론이라고 할 수 있다.

국가의 실현 등 현대사회의 발전상황으로부터 기인하는 것이라고 할 수 있다. 물론 이러한 변화는 비단 우리사회만이 처한 변화는 아니라고도 할 수 있지만, 최근 들어 우리사회에서 중심적인 정치 담론을 형성하고 있다는 점에 주목할 필요성이 있다.

이하에서는 우리의 입법환경을 둘러싼 사회적 변화상황을 입법과 관련한 예시를 통하여 확인해 보고, 이를 통해 한국사회에서 필수적으로 논의되어야 입법의 구조적 쟁점에 대해 살펴보기로 한다.

제2절 한국의 법문화적 특수성과 가치간 충돌

1. 한국의 법문화적 특수성

1) 계수된 서구 근대법 체계의 합리성

현재 우리사회의 법체계는 서구의 그것을 상당부분 계수한 것이라는 사실은 그 누구도 부인하기 힘들다. 서구사회의 소위 근대법은 합리성, 달리 말하여 계산 또는 예측 가능성을 전제로 하고 있다는 평가를 받는다. 따라서 한국사회에서 법의 문제를 논함에 있어서는 이러한 합리성에 관한 논의가 빠지지 않고 등장하면서, 근대법 체계의 핵심적인 지향점으로 받아들여지고 있다.

이러한 현상은 입법의 영역에서도 다르지 않다. 앞서 제1장에서 언급했던 바와 같이, 상당수의 견해들은 입법학이 과학적이고 객관적인 분석에 기반하여 입법의 합리성을 증진시켜 가치간의 갈등을 최소화시키는 데 그 목적이 있다고 설명한다. 이러한 관점에서 최근의 입법학

연구들은 가장 합리적인 결과를 산출할 수 있을 것이라고 기대되는 사회과학적 방법론을 학제적 연구방법론이라는 이름으로 적극적으로 수용하고 있다.

그러나 이와 같은 다소 관념적인 상황과는 달리, 현실에서는 이러한 논리가 작동하기에는 다소 어려운 측면이 있다. 이에 대해서는 다음과 같은 설명이 가능하다.

첫째, 탈근대주의(post-modernism)적 현상들이 다원주의 또는 다문화주의적 사회로의 발전과 함께 등장하고 있어, 소위 서구사회의 근대적 합리성이라는 것도 상당한 비판에 직면하고 있다. 그 결과 법을 둘러싼 다양한 현상들을 근대적 합리성이라는 프레임에서 바라보는 것 자체에 문제점이 발생하고 있다. 즉 과거와는 달리 개별적 사회 주체들이 가지고 있는 관점을 합리성이라는 범주에서 포섭하기 힘들고, 이에 따라 법의 형성과 해석 문제에 직면하여 과거와는 달리 다양한 분쟁상황이 연출되고 있다.

둘째, 사회과학적 방법론이 가지는 과학성도, 근대 초기 상황과는 달리 상당한 의구심에 직면하고 있다. 특히 과학철학적인 측면에서 사회과학적 방법론을 통해 도출된 결과가 과연 진리에 부합하는 것인지에 대해서는, 비교적 최근 들어 지속적으로 비판적 견해가 제시되고 있다. 실제 현실에 있어서도 사회과학적 방법론을 통해 도출된 예측 결과들이 다양한 사회적 변수의 개입으로 오류가 있는 것으로 파악되는 경우가 상당하기 때문에, 이는 이론적 수준에서 사회를 바라보는 하나의 가설로 받아들여질 뿐이다.

이상과 같은 상황은 서구사회는 물론이고, 이들의 사상 및 법체계를 계수하고 있는 사회에서도 일반적으로 나타나는 현상이라고 할 수 있다. 이러한 일반적인 현상에 더하여, 한국사회에서는 서구의 근대적 합리성을 전제로 설명하기 힘든 다양한 법문화적 현상들도 존재한다. 특히 한국사회에 이식된 근대법이 내포하고 있는 서구사회의 가치와 우리사회의 전통적 가치간의 충돌은 논의의 상황을 더욱 복잡하게 만든다.

2) 한국사회 법문화의 특성

이러한 상황을 정확하게 인식하기 위해서는 현재 한국사회의 법에 관한 인시, 즉 법문화에 대한 명확한 연구가 진행되어야 할 것이다. 그러나 아직까지 이러한 법문화에 관한 법사회학적 연구가 한국사회에서 그다지 진척되지 못한 상황이다. 다만 다음에서 소개하는 바와 같은 상황적 인식과 논의들이 법학자들에 의해서 이루어져 왔다.

우리의 법체계에 대한 본격적인 연구와 인식이 시작된 초기의 한국사회 학자들은 이식된 서구의 근대 법체계와 한국사회의 법 현실 사이에서 발생하는 괴리적 상황에 집중하였다. 이와 관련하여 함병춘은 다음과 같이 비판적으로 언급한다.

> 탐구되어야 할 문화가 서구와는 대단히 다르기 때문에 비법적(algalistic)으로 특징지어질 수밖에 없다면, 통상적인 영미의 법개념 그 자체는 우리의 목적에 거의 무용할 것이다. 전통적으로 한국은 어떠한 '법'도 가지고 있지 않다는 결론은 건설적 목적에 전혀 도움이 되지 않을 것이다. 법에 대한 비교문화적 연구가, 한 문화가 다른 문화보다 우월하다는 사실을 재확인하는 자민족중심적인 것 이상이 되기 위해서 그 연구는 보편타당성을 갖추어야 한다.[5]

5 Pyong-choon Hahm, "The Traditional Patterns of Authoritive Symbols and the Judical Process in Korea: A Study in Legal Culture and Legal Development", Pyong-choon Hahm, *Korean*

함병춘은 서구의 소위 근대성이라는 잣대로 한국의 법문화를 설명할 경우 한국의 법문화가 가지는 고유한 맥락을 드러내는 데 한계가 있다는 점을 언급하고 있다. 그는 한국사회 내에서도 이제까지 지배와 피지배의 권력관계와 권력의 활용, 인간성 존중 등을 위한 전통적 논리 체계가 확립 · 유지되어 왔음을 견지하고 있는 것이다.[6] 함병춘은 당시 1960년대의 한국사회에서는 서구로부터 계수된 법체계가 제대로 작동하지 못하여, 법현실과 법규범간에 커다란 간극이 발생하고 있다고 지적한다.

위와 같은 1960년대 시대적 상황과는 달리, 2000년대의 오늘날 한국에서는 서구적인 법체계가 어느 정도 정상화된 범주에서 작동하기 시작하였으며, 혹자는 한국을 가장 모범적인 계수국가의 사례로도 평가한다. 이러한 변화는 추측건대 1970년대부터 본격화되기 시작한 경제발전과 이에 따른 서구 자본주의적 가치의 적극적 유입으로부터 기인하는 것이라고 평가할 수 있다.

그러나 한국사회에서의 서구적 법체계의 안착은 전통적인 한국인들의 법의식을 모두 바꿔놓았다고는 할 수 없을 것이다. 실제 경제생활 영역을 제외한 사회의 여타 다양한 영역에서는 전통적 가치와 근대적 가치간의 분쟁상황이 연출되곤 한다. 간혹 이러한 분쟁은 서구적인 법체계에 근간을 둔 제도화된 소송을 통해 논의되기도 하지만, 오히려 더욱 큰 갈등은 한국사회 구성원들의 내재되어 있는 법의식 속에 존재한다고 할 수 있을 것이다. 이러한 측면에서 시대적 상황이 조금 다르기는 하지만, 함병춘의 설명은 아직까지 유효한 관점을 제시하고 있다

Jurisprudence, Politics and Culture(Yonsei University Press, 1983), 7면; 김정오, 『한국의 법문화』(나남출판, 2006), 29면 재인용.

6 김정오, 앞의 책, 30면.

고 할 수 있다.

수용된 법체계와 사람들의 토착적인 사법적 가치들 간의 갈등을 최소화하는 것이 긴급한 과제이다. 한 해결책은 수용된 체계를 거부하고 전통적 체제로 돌아가는 것일 수 있다. 그러나 이러한 해결방법은 근대화를 이루려고 하는 정치지도자 측에서 볼 때 불가능한 것처럼 보인다. 더욱이 국제적 상호의존성, 특히 국제간의 무역이 급속도로 팽창하고 있기 때문에 이러한 가능성을 배제될 수밖에 없다. 또 다른 해결책은 그와 정반대의 극단으로 가는 것이며, 무모할 정도로 전통적 가치들을 뿌리째 뽑아내는 것이다. 그러나 사회적 관습은 대단히 탄력적이라는 사실이 입증되어 왔다. 그러한 조치는 단지 갈등을 심화시키게 될 것이다. 그러므로 갈등의 현실을 받아들이고 이를 최소화하기 위해 최선의 노력을 해야 할 필요가 있다.[7]

한국사회와 같이 서구적 가치가 전제된 법체계를 계수한 국가에서는 일정부분 전통적인 가치와 서구의 근대적인 가치는 공존할 수밖에 없다. 최근 신자유주의적 경향과 1997년 IMF 경제위기 이후 한국사회는 국제사회로부터 법적 측면의 규제개혁을 요구받아 왔으며, 이러한 상황 속에서 한국인들의 법의식도 상당한 변화를 경험해 왔다고 할 수 있다. 그러나 결국 한국적 전통과 서구적 근대 가치간의 갈등은 완전하게 해소될 성격의 것은 아니라고 생각한다.

7 Pyong-choon Hahm, 앞의 책, 153면.

3) 한국사회의 입법을 둘러싼 복합적 가치충돌 양상

이러한 가치간 충돌은 집적적인 당사자들 간의 사법판결 현장에서 뿐만 아니라 입법의 현장에서도 발생한다. 특히 가치간 갈등의 문제는 법원에서의 소송보다는 입법적 · 정치적 논의의 장에서 충돌 및 쟁점화 되는 사례가 빈번하다. 우리는 이를 두고 소위 "입법전쟁"이라고도 표현한다.

그러나 이러한 가치간 갈등은 위에서 언급한 한국적 전통과 서구적 근대성이 전제된 갈등만을 의미하지 않는다. 근대적인 합리성이 전제된 서구사회에서도 입법을 둘러싼 가치간의 갈등은 존재한다. 이는 곧 한국이 계수한 서구적 법체계 내부에서도 그러한 갈등상황이 발생하고 있음을 의미한다.

결과적으로 한국사회는 전통과 근대(현대), 보수와 진보, 근대와 탈근대, 시장성과 공공성 등의 가치갈등은 물론이고, 종교간, 세대간, 지역간 가치분쟁 양상이 매우 복잡하게 얽혀 있는 상황이라고 할 수 있다. 특히 이러한 가치간 갈등은 1987년 민주화 이후 사회적 자율성이 확보되기 시작하면서부터 더욱 증가하기 시작하여, 최근 들어서는 상당히 증폭되고 있는 상황이라고 할 수 있다.

2. 입법에 있어서의 가치충돌 사례

다음에서는 한국의 입법적 논의에서 실제 이루어지고 있는 가치간 갈등양상의 사례를 살펴보고자 한다. 이를 통하여 한국의 입법현장에서 발생하는 가치간 갈등양상을 확인할 수 있을 것이다. 물론 가치간 갈등과 관련한 모든 사안을 살펴보는 것은 힘들 것이고, 이와 관련한 예시적 사안들에 대해서만 살피기로 한다.

1) 간통죄 폐지 입법

한국사회에서의 가치간 갈등양상을 가장 극명하게 드러내 주는 여러 사례들 중 대표적 사례로 간통죄 폐지 입법을 예로 들 수 있을 것이다. 특히 이 사안은 유교적 관점과 근대적인 성평등적 관점의 대립이라고 할 수 있다.

간통죄 폐지와 관련해서는, 관련 법안이 제17대 국회인 2005년에 의원발의 법률안으로 발의된 바 있었다. 당시 법률안의 제안이유에는 동법안의 취지가 다음과 같이 기술되어 있다.

> 간통죄는 성적자기결정권을 무시하고 징역형이라는 법률적 제한을 함으로써 사생활 자유의 영역에 국가가 지나치게 개입하는 조항이라는 지적을 받아 왔으며, 다른 법적 제재의 존재, 제도외적 남용의 현실 그리고 오늘의 시대추이 등을 고려할 때 과잉금지의 원칙에 위배되는 가혹한 제재라 할 것임.
>
> 또한 남성에 비해 사회적·경제적으로 열악한 환경에 놓여있는 여성은 남자배우자를 고소하는 것이 현실적으로 매우 어려울 뿐만 아니라, 합의나 법적 처벌에 있어서도 남성에 비해 더욱 가혹한 법적용을 감수해야하는 등 양성평등원칙에 위배되는 불합리한 환경에 놓여있음.[8]

이와 같은 제안이유는 근대적 합리성이라는 관점에서 매우 타당한

---

8 염동연 의원 대표발의, 「형법 일부개정법률안」(의안번호: 3226), 2005. 11. 7.

주장을 펼치고 있다. 법적 제재, 제도 남용, 시대적 추이 등의 고려는 물론이고, 사회적 · 경제적으로 열악한 환경에 있는 여성들에 대한 양성평등 원칙의 고려 등은 합리적 차원에서 수긍할 수 있는 논거들이다.

그러나 실제 간통죄 폐지가 가지는 합리성에 대해서는 사회적으로 상당부분 수긍되고 있는 상황이지만, 유교적 가치에 따른 정조의무에 관한 관념은 동 법안에 대한 정서적 반발로서 존재한다고 볼 수 있다. 바로 이 지점에서 서구의 근대적 가치와 전통적 가치간의 충돌을 확인할 수 있다.

실제 동 법안에 대한 제안취지 설명과 대체토론 당시에는 간통죄 폐지에 관한 의견이 매우 다양하게 제시된 바 있다.[9] 그 결과 동 법안은 2007년 8월 8일 열린 제268회 국회(임시회) 법제사법위원회 법안심사 제1소위원회에서 논의되었으나, 사법개혁에 따른 다른「형법」개정사안과 결부하여 중장기 과제로 처리되어 실질적으로 논의되지 못하였다.[10] 다만 당시 전문위원 검토보고서는 다음과 같은 견해를 밝히고 있다.

> 간통죄는 우리나라가 유사 이래 오랜 역사 동안 형사처벌하여 온 범죄이기 때문에 이를 폐지하기 위하여는 성도덕, 결혼제도 등에 대한 국민의 의식이 간통죄의 규범력을 완전히 부정할 수 있을 정도로 변화하고 민사적 손해배상 제도가 더욱 완전하게 정립될 것이 요구되므로, 그 폐지 시점에 대하여는 신중한 검토가 필요하다고 보임.

---

9 국회사무처,「제261회 국회(임시회) 법제사법위원회회의록」제1호, 2006. 8. 21.

10 국회사무처,「제268회 국회(임시회) 국회법제사법위원회회의록(법안심사제1소위원회)」제8호, 2007. 8. 8, 36면.

다만, 형법 제정 이후 오늘날까지 간통죄에 대한 폐지론이 강력하게 제기되어 온 점을 감안할 때, 형벌을 징역형만 규정한 것은 간통죄의 비범죄화 요구를 지나치게 도외시한 측면이 있으므로, 간통죄를 유지하더라도 선택형으로써 벌금형을 함께 규정하는 방안을 검토할 필요가 있다고 보임.[11]

이와 같은 전문위원 검토보고서는 전통적인 가치와 서구적 합리성이 가지는 가치 사이의 갈등을 그대로 보여주고 있다고 볼 수 있다. 결론적으로 이러한 개정 법률안의 내용은 아직까지 한국사회의 입법에 반영되지 못하고 있다.

2) 인터넷 실명제(제한적 본인확인제) 신설 논쟁

표현의 자유 또는 언론·출판의 자유와 관련하여, 한국사회의 전통적인 가치는 다소 보수적이라고 할 수 있다. 그러나 이에 비하여, 미국을 비롯한 서구 국가들은 역사적 경험에 기반하여 이러한 표현의 자유에 관하여 상당히 관대한 태도를 견지하고 있다. 이러한 가치간 갈등은 인터넷상에서 실명제(본인확인제)에 관한 대립을 불러 일으켰다.

이 조항에 대해서는 입법화된 이후 만만치 않은 반대여론에 직면해 왔으며, 그 결과 2012년에 헌법재판소가 민간영역 인터넷 게시판 실명제 조항을 위헌으로 결정하여,[12] 민간영역 인터넷 게시판 실명제 조항이 현재 개정될 예정에 있다. 이 조항이 신설될 당시 위원회 대안으로 제시되었던 「정보통신망 이용촉진 및 정보보호 등에 관한 법률 일부개

11 법제사법위원회, 「형법 일부개정법률안(염동연의원) 검토보고」, 2006. 8, 13면.

12 헌재 2010. 2. 25. 2008헌마324, 2009헌바31(병합).

정법률안(대안)」의 제안이유는 이 조항의 신설에 대해 다음과 같이 간략하게 취지를 설명하고 있다.

> 정보통신망의 특성상 익명성 등에 따라 발생하는 역기능 현상에 대한 예방책으로 사회적 영향력이 큰 정보통신서비스제공자와 공공기관의 책임성을 확보・강화하기 위하여 제한적인 본인확인제도를 도입함[13]

당시 제출된 인터넷 실명제 법안에 대하여 제안 설명에 뒤이은 대체토론에서 제시된 반대의견의 일부를 소개하면 다음과 같다.

> 그리고 아까도 익명성을 얘기했지만 사실은 익명성이라고 하는 것이 어떤 측면에서는 우리의 사회적 관행, 교회도 큰 교회 좋아하는 이유가 익명성이 보장되기 때문에 큰 교회를 좋아하는 것 아닙니까? 그리고 익명 자체가 결국 공공질서를 어지럽힌다라고 하는 근거가 저는 없다고 봅니다.
>
> 그런데 이런 것들이 오히려 어떻게 보면 정치적인 표현의 자유라든지 양심의 자유라든지 이런 것들을 익명성을 근거로 해서 국가가 보호를 해야 될 의무가 더 강화되어야 된다는 측면으로 보는데 사실은 저는 그런 측면에서 인터넷실명제가 기본권적인 국민의 자유라고 하는 측면에 대해서 너무 쉽게 생각하는 것이 아니냐라고 하는 것, 그래서 저는 결론적으로 말씀을 드리면 게시판실명제는 조금 전에 말씀드린 정당성에 있어서도 명확하지가 않다. 그리고 근본적으로는 표현의 자유를 제한하는 측면에 있어서 위헌적 요소가 있다라고 하는 측면에서 반대한다는 말씀

13 과학기술정보통신위원장, 「정보통신망 이용촉진 및 정보보호 등에 관한 법률 일부개정법률안(대안)」, 2006. 12. 21.

을 드립니다.[14]

이상과 같은 논쟁은 기본적으로 인터넷상에서의 표현의 자유를 바라보는 관점 또는 가치관의 차이에서 비롯되는 것이라고 할 수 있다. 전통적인 가치관에서 보자면 사회적으로 무리를 일으키는 소위 악성 댓글에 대해서는 국가가 입법을 통해 통제하는 것이 바람직하다고 할 수 있을 것이다. 그러나 표현의 자유가 헌법상 수행하는 기능을 합리적으로 따져본다면, 이는 국민 기본권에 대한 과도한 제한이 될 가능성도 내포한다. 이러한 가치 논쟁은 헌법재판소의 위헌결정이 있기 전까지 지속적인 사회적 논쟁거리를 제공해 준 바 있다.

3) 차별금지법 제정 논쟁

전통적인 노동자와 사용자, 여성과 남성 등의 사안에서 발생하는 차별적 처우에 대한 구제조치는 현 시점의 제도적 관점에서 형식적으로나마 해소되어가고 있다고 할 수 있다. 이는 민주화 이후 국민들의 자유와 평등을 보장하기 위한 지속적인 노력의 성과라고도 할 수 있다.

그러나 최근 들어 다원주의적 관점과 다문화주의적 가치가 한국사회에 유입 및 발전하면서, 기존의 법적인 틀 속에서는 보호할 수 없는 차별적 처우에 대한 대응이 소수자 보호의 관점에서 제기되고 있다. 이에 최근 수년간 「차별금지법안」들이 제17대 국회 때서부터 발의되어 왔다. 제17대 국회 당시 의원발의 법률안으로 최초로 상정되었던 「차별금지법안」의 제안이유는 다음과 같이 기술되어 있다.

---

14 유승희 의원 대체토론; 국회사무처, 「제262회국회(정기회) 과학기술정보통신위원회회의록 제12호」, 2006. 11. 27, 19면.

성별, 장애, 병력, 나이, 언어, 출신국가, 출신민족, 인종, 피부색, 출신지역, 용모 등 신체조건, 혼인여부, 임신 또는 출산, 가족형태 및 가족상황, 종교, 사상 또는 정치적 의견, 전과, 성적지향, 성별정체성, 학력(學歷), 고용형태, 사회적신분 등을 이유로 한 정치적 · 경제적 · 사회적 · 문화적 생활의 모든 영역에서 합리적인 이유 없는 차별을 금지 · 예방하고 복합적으로 발생하는 차별을 효과적으로 다룰 수 있는 포괄적이고 실효성 있는 차별금지 기본법을 제정함으로써 정치 · 경제 · 사회 · 문화의 모든 영역에서 평등을 추구하는 헌법 이념을 실현하고, 실효적인 차별구제수단들을 도입하여 차별피해자의 다수인 사회적 약자에 대한 신속하고 실질적인 구제를 도모하고자 함.[15]

위와 유사한 취지를 가지는 법안들이 현재까지 국회에 발의 및 제출되고 있다. 현재 제19대 국회에서는 동일한 「차별금지법안」이라는 법명으로 유사한 내용을 가지는 3건의 법률안[16]이 의원들에 의해 발의되었다. 그러나 이 법안에 대해 차별금지 사유 중 하나로 '성적지향' 등을 법안에 포함시키는 문제와 관련하여 논란이 일자 2건의 법률안은 철회되었다. 그 결과 아직까지 동 법안에 대한 국회에서의 진지한 토론 및 심의가 이루어지지 않아 국회에서 논의된 사항들을 확인할 수 없다. 다만, 당시 법안에 대해 강하게 제기되었던 반대의견의 일부를 발췌하면 다음과 같다.

15 노회찬 의원 대표발의, 「차별금지법안」(의안번호: 8162), 2008. 1. 28. 이 법안은 국가인권위원회가 기존에 권고하였던 「차별금지법안」의 차별금지 사유(성적지향 등)를 기반으로 법무부가 법안을 마련하던 중 일부 종교관련 단체의 반발을 의식하여 일부 차별금지 사유를 삭제한 최종적인 정부 법률안을 국회에 제출하였고, 이에 대한 대응으로 시민사회단체들의 의견을 수렴하여 노회찬 의원이 대표발의 한 것이다.

16 각각 2012년에는 김재연 의원, 2013년에는 김한길, 최원식 의원들에 의해 대표발의 되었다.

이 법안들의 가장 큰 문제점은 차별의 사유가 될 수 있는 모든 것을 금지한다는 것이다. 차별을 원초적으로 금지해 평등을 추구하는 헌법 이념을 실현하고 인간존엄의 가치를 구현하기 위한 것이 입법 취지라고 한다. 그렇지만 동성애나 트랜스젠더와 같은 비정상적인 성정체성의 문제에 대해 아무 말도 안하는 것이 과연 헌법 정신에 맞는지 여부는 법안 제출자가 더 잘 알 것 아닌가.[17]

위와 같은 동 법안을 둘러싼 논란은 기본적으로 이제까지 전통적인 관점 및 가치의 견지에서 포섭되어 오지 못한 다양한 소수자들의 인권 보장에 대한 반발이라고 할 수 있다. 이는 곧 한국사회가 직면하고 있는 전통적 또는 종교적 가치와 다원주의적 가치간의 충돌을 의미한다고 볼 수 있을 것이다.

3. 한국사회 가치 갈등의 가중적 상황

이상에서 한국사회의 법문화적 특수성에 기반한 가치간 갈등의 지형에 대해 살펴보았다. 위와 같은 입법에 있어서의 가치간 갈등은 근원적으로 해결하기 힘든 측면을 가지고 있다. 형식적 측면에서 특정 가치에 입각한 입법이 잠정적으로 이루어질 수는 있지만, 궁극적으로 각각의 개별 사회 주체들은 자신의 도덕적·정치적 입장을 포기하는 경우는 드물 것이다.

17 국민일보, 「사설: 차별금지법이 담고 있는 위험성과 몰상식」, 2013년 3월 13일.

한국사회 입법에 있어 가치 갈등의 사례는 위에서 제시한 것을 제외하고도 비일비재하게 발생한다. 물론 몇몇 입법들은 가치 갈등과는 관련 없이 현실 법 집행에서의 문제점을 해소하기 위한 목적을 가지고 이루어지는 경우도 있다고 할 수 있다. 그러나 이러한 것도 사실은 입법자들 간의 가치 갈등이 존재하지 않는 경우에 그렇게 이해될 수 있는 것이다.

입법이 각자의 도덕적 · 가치적 관념에 입각한 정치행위의 결과물이라는 점을 기본 전제로 하고 있다는 사실을 인정한다면, 이와 같은 법의 문제, 특히 입법을 둘러싼 갈등은 어느 정도 당연하게 발생할 수 있는 것이라고 할 수 있다. 그러나 이러한 상황에 더하여 한국사회에서는 전통적인 가치와 서구사회의 근대적인 가치간의 충돌까지 더해지고 있다. 또한 최근에는 탈근대적인 현상의 유입과 그로 인해 발생하는 가치 지형의 변화가 일어나면서, 입법을 둘러싼 가치간의 충돌이 더욱 복잡한 양상으로 전개되고 있다.

이는 분명 한국사회와 같이 서구법을 계수한 국가들에게서 나타날 수 있는 법문화적 특수성에 기인하는 것이라고 할 수 있다. 이와 더불어, 최근의 가치간 갈등상황은 한국사회의 민주화 발전 과정에서 과거에는 다소 사회 내에 잠재되어 있던 가치적 주장들이 외부로 표출되기 시작했다는 점을 나타내는 것이기도 하다.

제3절 한국사회 입법을 둘러싼 제도적 환경

1. 국가와 사회의 관계 변화

1) 정치적 소통의 변화상황

오늘날과 같은 근대사회는 이성을 가진 인간(개인)의 자유와 권리를 국가가 보호해 준다는 이상에 입각하여 발전하여 왔다.[18] 이는 중세의 신으로부터의 탈피, 그리고 인간성에 대한 새로운 자각으로부터 출발한 것이었다. 그러나 이러한 이상과는 달리 국가나, 특정 가치 집단들의 의사 또는 의지를 중심축으로 하여 사회가 작동해 왔다는 점은 여러 역사적 사실들이 반증해 주고 있다.

이러한 역사 발전 속에서 사회 내의 개별 주체 또는 개인들이 가지는 정치적인 의사는 집단적 · 일방향적 의사소통 방식으로 인하여 경시되는 경우가 빈번히 발생하였으며, 국민들에 의하여 선출된 대표자들이 그들의 의견을 대의한다는 데 개인들은 만족할 수밖에 없었다. 즉 개개의 사회 주체들은 자신들의 정치적 의사가 대표자들에 의해 입법에 반영된다고 생각하지만, 실제로 그렇게 반영되었는지 여부는 불투명한 경우가 많고, 오히려 대표자들이 설정한 의제를 자신들이 제기한 의제라고 판단하는 경우가 많았다.

---

18 근대 정치사상의 근간은 자유주의라고 할 수 있다. 자유주의란 국가로부터 독립된 사적 영역을 규정하여, 국가의 권위를 억제하고, 개인 및 가족 그리고 경제적 삶을 중시하는 시민사회를 정치적 간섭으로부터 해방시키고자 하는 것이라 정의할 수 있다. 자유주의는 또한 모든 시민의 최대한의 이익을 보장하기 위해서는 왕권의 폐지, 정기적 선거, 국가권력의 분리 그리고 자유로운 시장이 확립되어야 한다는 주장에 기초해 있다.

그러나 현실정치 의식의 성장과 더불어 정보통신 기술, 달리 말하여 사회적 소통기술의 발전은 각각의 개인들이 의견을 공적으로 표명하고 논의할 수 있는 기반을 구축해 가고 있으며, 이를 통하여 우리는 진정한 개인 중심의 민주주의 발전, 그리고 진정한 근대 자유주의적 성격을 가지는 정치적 이상 실현에 한 걸음 다가갈 수 있게 되었다고 평가할 수 있겠다.

2) 헌법과 국가-사회 이원론

우리 헌법은 자유주의국가의 기본적 헌정구조를 그 모티브로 하고 있다. 그것은 국가와 사회를 다소 개념적 차원에서 구분하고, 통치권을 가진 국가가 자율성을 가지는 사회에 자의적으로 개입할 수 없도록 한다는 구조적 이상을 가지고 있다. 이를 국가-사회 이원론이라 부른다. 실정법적 측면에서 우리「헌법」제37조 제2항은 기본권 제한의 법리를 기술하면서 이러한 측면을 명확하게 보여주는 중요한 예시이다.

헌법 제37조 ② 국민의 모든 자유와 권리는 국가안전보장·질서유지 또는 공공복리를 위하여 필요한 경우에 한하여 법률로써 제한할 수 있으며, 제한하는 경우에도 자유와 권리의 본질적인 내용을 침해할 수 없다.

국가-사회 이원론에 있어 국가와 사회의 의미에 대해 살펴보자면 다음과 같다. 인간이 서로 협력하며 대립하는 상호작용을 하면서 관계를 맺는 곳에서는 어디서나 관습, 윤리, 성문 또는 불문의 규칙에 의해서 가족, 기업, 교회, 학교 등 사회적 조직이 형성된다. 개인은 이러한 사회적 조직에 참여하여 활동하고, 이러한 사회적 조직으로부터 영향을 받는다. 이렇게 개인을 포함한 상호협력 또는 대립되는 관계망을 '사회'라고 부를 수 있다.

이에 반하여 '국가'는 보통 사회에 배타적인 권능을 행사하는 조직으로 여겨진다. 개인은 직업단체, 교육, 정당 등 여러 가지 사회적 조직에 속해 있으며, 국가도 사회적 형성물이지만 '독점적인 권력의 소유자'라는 특성으로 인하여 사회적 조직과는 구별된다.

국가는 사회를 토대로 해서 사회구성원 개개인의 자유와 권리 및 능력이 최대한 발휘될 수 있도록 활동함으로써만 그 존립근거와 정당성인 인정되고, 국가란 존재가 없다면 사회 자체의 평화적인 유지도 불가능하다고 할 수 있다. 그러므로 국가와 사회는 서로 매우 밀접한 관계를 맺고 있다. 그러나 이 양자의 관계는 각기 상이한 헌법관과 국가관에 따라, 동일화되거나 엄격히 분리되거나 또는 상호관계를 맺으면서 구별되고 있다.

역사적으로 파악해 보자면, 국가-사회 이원론이 시초는 절대군주제 시대라고 볼 수 있다. 사회는 인간 공동생활의 자연적 기초로서 국가로부터 자유로운 개인의 생활영역을 의미한다. 이에 반하여 국가는 의식적으로 창설된 합리적이고 통일적인 질서로서 사회에 대립하면서 절대군주를 정점으로 하는 통치기구로 간주되었다. 이렇게 국가권력의 중앙 집중을 통해 사회로부터 독자적 성격을 가지는 국가 관념을 산출한 절대주의시대에 국가와 사회의 대립이 이루어졌고, 이 양자의 관계는 상호 독자적인 분리상태로 생각되었다. 그 후 인간의 자유와 평등을 부르짖고 나선 근대 시민혁명은 한편으로는 국가로부터 자유로운 생활영역을 강조하고 다른 한편으로는 시민의 정치참여를 주장함으로써, 그때까지 완전히 단절된 상태였던 국가와 사회의 관계를 일정한 교차관계로까지 인식할 수 있게 해 주었다.

3) 국가-사회 관계론의 변화

국가-사회관계론의 현대적인 논의에 있어 국가와 사회의 구분을 부정적으로 파악하는 견해들도 상당수 존재하는 것이 사실이지만, 근대 자유주의의 성립 이후 이러한 국가-사회관계론에 대한 논의는 오늘날 각 국가의 사회적 구조 또는 헌법이 설정하는 구조를 이해하는 데 중요한 개념으로 자리 잡고 있다.

이러한 헌정질서는 국가와 사회를 매개해 주는 역할을 요구하게 되고, 그것이 바로 대의민주주의의 근간이라고 할 수 있는 국회, 대통령 등의 대의제 기구이며, 그러한 대의제 기구에 대한 정치적 의사의 매개 지점은 선거와 정당이라고 할 수 있다. 결국 개인들의 정치적 의사는 선거와 정당 활동 등을 통하여 대의기구에 총화 · 전달되고, 이는 국가 공동체를 운영하는 데 중요한 요소로서 작동한다. 그러나 이러한 과정 속에서 원래의 각 개인이 가졌던 정치적 의사는 '전체 국가의 이익', '전체 국민의 이익'이라는 가치 판단의 기준에 의해 수정되는 경우가 다반사이며, 결국 대의기구를 구성하고 있는 위정자들의 주관적 판단에 국가 공동체 운영이 위임되는 결과가 발생한다. 헌법이론적 측면에서는 '추상적 국민의사'라는 표현을 통하여 이러한 측면들을 엿볼 수 있다.

그러나 비약적 발전을 거듭해 온 정보통신 기술 등 사회적 소통기술의 발전에 힘입은 새로운 정치적 의사소통 방식의 출현은 이러한 대의민주주의의 기본적인 구조적 전제를 변화시킬 수 있는 환경적 요인을 제공해 주고 있다. 대의민주주의가 발전하게 된 궁극적인 원인은 정치적 소통의 시간적 · 공간적 제약이라고 할 수 있다. 과거와 같은 일방향적 · 획일적 의사소통 체계 하에서는 모든 개인들의 정치적 의사를 묻는다는 것은 사실상 불가능할 뿐만 아니라, 엄청난 사회적 비용을 감수

해야만 하는 것이었다. 그러나 오늘날과 같은 즉자적이고 집단지성적인 쌍방향적 의사소통 체계 하에서는 과거와는 다른 대안적 민주주의 질서를 생각할 수 있게 되었다.

이러한 변화는 세부적으로는 다음과 같은 변화양상을 보여줄 수 있을 것이다. 우선, 사회 안에 존재하는 각종 조직 및 집단의 역할과 성격이 변화되고 있다는 사실에 주목할 필요가 있다. 과거의 조직이라는 것은 시간적 · 공간적 한계를 명확하게 가지는 것으로 그것의 영향력 범위는 매우 제한적인 것이있다. 그러나 새로운 정치적 의사소통 방식의 발전은 이러한 조직이 가지는 영향력의 변화를 가져오고 있다. 즉 이들은 시간적 · 공간적 한계를 넘어서는 조직력을 구축해 나가면서 국가 영역에 상당한 영향력을 미칠 수 있을 것이다.

다음으로, 위의 상황과는 정반대로 국가의 사회에 대한 영향력이 더욱 증대될 가능성이 있다. 국가는 새로운 정치적 소통방식을 통하여 과거보다 더욱 효과적인 방법으로 사회에 개입할 수 있게 되었다. 이러한 변화는 두 가지의 상반된 결과를 초래할 수 있을 것이다. 첫째, 국가의 통치를 위한 좀 더 세밀한 사회 훈육 및 감시체계를 구축할 수 있을 것이다. 둘째, 국가는 사회 내 개별 주체들과의 소통을 강화하여, 국가적 개입이 필요한 요소들을 정확하게 파악하여 한 단계 진보한 민주적 국정운영이 가능하게 될 것이다.

위와 같은 변화는 국가 영역과 사회 영역이 서로 긴밀해지고 있는 상황을 의미한다. 이러한 상황적 변화가 민주적 이상을 실현하는 데 기여한다는 것을 가정한다면, 이제 사회를 구성하고 있는 개인들의 정치적인 의사는 과거에 비해 직접적으로 국가에 반영될 수 있는 '가능성'을 가지게 될 것이며, 사회 내의 조직들도 단일한 정치적 의사와 문화를 가진다기보다는 매우 다양한 가치들을 포섭할 수 있게 될 것이다. 이는 전통적인 국가와 사회의 구분을 탈피하여, 국가-사회의 중첩적 조화, 더 나아가서는 국가와 사회의 영역의 개념적 구분이 허물어지는 현상을 발생시킬 가능성을 내포하고 있다.

2. 법과 정책의 관계 변화

현대 사회는 끊임없는 변화와 혁신을 추구하는 속성을 가지고 있다. 이러한 변화와 연관된 법규범 역시 폐쇄적인 가치체계에 따른 정태적 권리획정이나 이에 따른 국가권력의 구속 및 통제를 우선적 관심사로 여기던 것에서 탈피하여 점차 변화해 가는 상황을 수용해야할 필요성이 제기된다.

1) 근대법의 성격 변화

(1) 근대 자유주의 법의 특징

사회가 점차 다원화되면서, 사회 내에 존재하는 많은 정책적 수요들이 법률이라는 형태로 재탄생되고 있다. 그러나 이러한 상황은 그간 근대적인 법의 성격과는 다소 배치되는 측면이 있다.

웅거(Roberto Unger)는 근대 자유주의적 의미의 법 개념을 '법질서(legal order)' 또는 '법체계(legal system)'라고 부른다. 그러면서, 법질서에서의 법은 공공성(publicity), 실정성(positivity), 자율성(autonomy), 일반성(generality)을 가진다고 설명한다.[19] 여기에서 공공성과 실정성은 자유

---

19 Roberto Unger, *Low in Modern Society: Toward a Criticism of Social Theory* (Free Press, 1977); 김정오(역), 『근대사회에서의 법: 사회이론의 비판을 위하여』(삼영사, 1994), 67면.

주의 법질서가 도래하기 이전의 법체계에 관한 이념형적 형태인 '관료적 법(bureaucratic law)'도 공유하고 있는 성격이다.[20] 공공성은 사회집단과 분리되어 있는 중앙정부에 의해 법이 만들어진다는 것을 의미한다. 실정성은 형식화된 규범으로서의 법이 제정되는 것을 의미한다.[21] 따라서 자유주의 사회의 고유한 이념형적 법 유형과 관련된 기본 특성은 자율성과 일반성이라고 할 수 있다.

우선, 자유주의 법질서가 가지는 특성 중 자율성에 대해 살펴보면 다음과 같다. 자율성이라는 것은 실체적, 제도적, 방법론적 그리고 직업적 측면에서 고찰해 볼 수 있다. (i) 정부에 의해서 제정되고 집행되는 규범들이 경제적, 정치적 또는 종교적인 일련의 비법적인 신념이나 규범들을 재진술 할 수 없을 때 법은 실체적인 의미에서 자율적이다. (ii) 사법적 판단을 주요 업무로 하는 전문화된 기관들에 의해 규범들이 적용된다는 점에서 법은 제도적으로 자율적이다. (iii) 전문화된 기관들이 스스로의 행위를 정당화하는 방식들이 다른 학문이나 관행들에서 사용되는 정당화의 종류와 다르다는 측면에서 방법론적으로 자율적이다. 이러한 문제는, 특히 정책과 법의 관계와 관련하여 중요한 의미를 가지는데, 법적 추론(legal reasoning) 또는 법적 사고방식은 과학적 설명이나 도덕적, 정치적, 경제적 논의로부터 스스로를 구분 짓는 방법이나 스타일을 갖고 있음을 의미한다. (iv) 전문가집단, 즉 그 활동, 특권, 훈련에 의해 규정되는 법률 직업인이 규범들을 다루며 법기관들의 직책을 맡으며 법적 논증에 참여한다는 의미에서 직업적 자율성을 가진다.[22]

이하 이 저술에 대한 인용은 1994년 국문 번역본에 따르기로 한다.

20 Roberto Unger, 앞의 책, 65면.

21 Roberto Unger, 앞의 책, 64면.

이상에서 언급한 각각의 자율성들은 상호 의존적이다. 즉 이들이 결합될 때, 입법의 일반성과 법적용의 통일성의 이념이 특별한 의미를 갖게 된다. 이는 관료적 법과의 대비를 통해서 더욱 명확하게 보여질 수 있다. (i) 관료적 법은 시간적으로나 공간적으로 협소하게 제한된 상황들에 주어지는 명령이거나 포괄적인 성격을 갖는 규범들로 구성된다. 그러나 법질서는 입법의 일반성과 사법의 통일성이란 목적들에 매여 있기 때문에, 정치나 행정으로부터 명확하게 구분된다. 법률들은 포괄적으로 규정된 인적 혹은 행위의 범주들을 담고 있어야 하며 개인적 편견이나 계급적 편견 없이 적용되어야 한다. (ii) 관료적 법에서는 일반성이 편의의 문제에 지나지 않지만, 법체계의 문맥에서는 특별한 의미를 지닌다. 그 이유는 법의 일반성은 시민들의 형식적 평등을 확립하며, 이로써 시민들을 정부의 자의적인 통치로부터 보호하기 때문이다. 행정은 일반성을 보장할 수 있도록 입법으로부터 분리되어야 하며, 사법은 통일성을 보장하기 위하여 행정으로부터 분리되어야 한다.[23] 이는 결과적으로 근대사회에서의 법의 지배를 나타내는 특징이라고 할 수 있다.

(2) 근대 자유주의 법질서의 성격 변화

이상과 같은 법의 지배의 이념은 후기 자유주의 사회 또는 후기 자본주의 사회의 등장과 함께 위기에 봉착하게 된다. 웅거에 따르면 이러한 위기의 원인은 크게 두 가지로 요약될 수 있다. 그것은 바로 복지국가(welfare state)와 조합국가(corporate state)의 등장이다.[24]

---

22 Roberto Unger, 앞의 책, 67~68면.

23 Roberto Unger, 앞의 책, 68면.

24 Roberto Unger, 앞의 책, 230면 이하.

기본적으로 이러한 현상은, 앞서 국가-사회 관계론의 변화에 대해서 살펴보면서 확인한 바와 같이, 자유주의가 근간으로 하던 국가와 사회의 분리가 모호해져 간다는 점으로부터 기인하는 것이라고 할 수 있다. 복지국가의 경향은 말 그대로, 과거에는 국가행위의 고유범위를 넘어가는 것으로 여겨졌던 영역에 대한 정부의 공공연한 간섭과 관계된다. 즉 재분배, 규제, 계획 등의 가치에 정부가 천착하는 현상을 의미한다. 또한 조합국가 경향이라는 것은 사적 조직들이 국가와 사회의 구분을 넘어서서 과거 정부에게 주어지던 특권을 부여받는 현상을 의미한다. 이러한 경향에 대한 설명을 통하여 웅거는 법의 지배의 변화상황을 설명한다.

첫째, 복지국가 경향의 법의 지배에 대한 영향은 다음과 같다. (i) 입법, 행정, 사법에서 유연한 기준들이나 일반조항들의 사용이 급속히 증가한다.[25] (ii) 형식주의적인 법적추론의 양식으로부터 목적적 혹은 정책지향적인 양식으로, 그리고 형식적 정의에 대한 관심으로부터 절차적, 실질적 정의에 대한 관심으로 전환된다. 이러한 경향은 앞서 언급한 자유주의 법질서의 특징이라고 할 수 있는 자율성과 일반성에 변화를 불러일으킨다.

둘째, 조합국가 경향은 앞서 언급한 복지국가 경향에 비하여 좀 더 실질적인 변화를 가져온다. 이러한 경향은 관료적 법과 자유주의 법질

25 법률의 명확성원칙은 특히 행정부에 대한 법률의 수권이 수권법률에 의하여 내용, 목적, 범위에 있어서 충분히 규정되고 제한되어서, 국민이 행정청의 행위를 어느 정도 예견할 수 있어야 할 것을 요청한다. 물론, 법률의 명확성원칙은 입법자가 법률을 제정함에 있어서 일반조항이나 불확정 법적 개념을 사용하는 것을 금지하는 것은 아니다. 행정부가 다양한 과제, 각 개별적 경우마다의 특수한 상황, 법이 규율하는 현실의 변화 등에 적절하게 대처하기 위하여 입법자는 추상적이고 불확정적인 개념을 사용하지 아니할 수 없다. 헌재 2000.02.24, 98헌바37.

서의 공통된 특징이라고 할 수 있는 공공성과 실정성에 영향을 미친다. (i) 이러한 조합주의적 경향의 가장 뚜렷한 특징 중 하나는 전통적인 공법과 사법의 구분을 무너뜨리는 규범체계의 성장에 일조한다는 측면이다. 즉 행정법, 회사법, 노동법 등은 공직자의 행위나 사적거래보다는 사적인 성격을 가지고 있으면서도 공적인 특징을 가지는 구조에 적용할 수 있는 사회법 체계로 통합되어진다.[26] 그러나 이에 더하여 대기업과 같은 비국가적 조직들에 의해 형성된 규범질서와 국가법질서의 구분이 어려워진다. 이는 자유주의 법이 가지는 공적인 성격을 저해한다. (ii) 자발적으로 형성된 내부적 관행을 존중한다는 의미에서, 이러한 관행적 질서가 법자체의 실정적 성격을 저해하는 측면이 나타난다.

(3) 신자유주의와 규제완화 요구

현실 사회주의 국가의 붕괴 이후, 세계적으로 신자유주의의 경향이 가속화되고 있다. 이러한 경향성은 기존의 법학적 논의에 있어 핵심을 이루어 왔던 자유주의 및 사회국가의 논의를 넘어서는 새로운 법학적 담론을 형성해 가고 있다.

신자유주의는 기본적으로 복지국가 및 사회국가에서 경험하게 된 정부 부담의 과부하를 탈피하고자 한다. 이와 관련된 국정운영체계는 일반적으로 "신공공관리(New Public Administration: NPM)"라고 명명되어진다. 신공공관리는 신자유주의적 이념을 바탕으로 둔 행정관리시스템의 전환을 의미한다. 정부 내부에 시장적 경쟁개념을 도입하려는

---

26 이와 유사한 모티브에서 출발한 연구로는 양천수, "사법(私法) 영역에서 등장하는 전문법화 경향: 도산법을 예로 본 법사회학적 고찰", 「법과사회」 제33호, 2007 참조.

시도, 관리 자체의 효율성을 위한 민간경영기법의 도입, 정부업무에 대한 평가를 가능하게 하기 위한 조직적 · 제도적 변화, 정부 정책 및 집행에 대한 민간부문 및 시장의 참여 등이 대표적 신공공관리적 혁신기법을 나타내 준다.[27]

이러한 신공공관리는 거버넌스에 대한 논의를 동반한다. 거버넌스와 관련한 개념은 개별학문 분야의 특성과 관심영역에 따라 다양하게 해석되고 정의될 수 있겠으나, 일반적으로 경제원리와 고객주의를 중시하는 시장주의를 공공부문에 도입하여 민간에게 많은 서비스 공급을 맡기고, 정부는 신제도주의 경제학적 유인책을 이용하여 기존 산업화 시대의 정부가 했던 노젓기 방식보다는 방향잡기에 주력하는 국정관리 또는 국정운영 방식이라고 할 수 있다.[28]

27 김종철은 기업형 정부를 구축하기 위한 정부조직의 간소화와 상업화 전략은 정부사업의 민영화, 공사화, 민간위탁을 비롯한 외부계약(out-sourcing)의 확대, 책임집행기관의 창설, 공공부문 내부경제체제의 도입을 골자로 하기 때문에 전통적인 국가영역과 민간영역의 구분을 더욱 애매하게 하고 두 영역을 지배하는 행정원리와 법원리의 변화를 요구하고 있다고 설명한다. 또한 이러한 상황 변화에 있어 (신)계약국가론은 경계가 필요하다고 하면서, 고전적 자유주의적인 국가와 사회의 구별이 아닌 현대적 의미에서의 구별을 의미하는 입헌적 민주자결론(constitutionalised democratic autonomy)을 주장한다. 김종철, "관료국가에서 계약국가로?:김대중 정부의 정부혁신정책에 내포된 국가기능의 변화", 「법과 사회」 제20호, 2001, 83~84면, 91~92면.

28 이러한 거버넌스는 크게 (i) 거버넌스를 광의의 측면에서, 국가의 새로운 국정관리체계로 보고, 다양한 국정관리체계를 설명하고자 하는 논의와 (ii) 거버넌스를 좁은 개념으로 보고, 네트워크식의 국정관리체계로만 이해하려는 논의로 구분된다. (i) 해당하는 견해로는 R. A. W. Rhodes, "The New Governance: Governing without Government", *Political Studies* 44, 1996; *Understanding Governance: Policy Networks, Governance, Reflexity and Accountability*(PA: Open University Press, 1997); Guy Peters, *The Future of Governing: For Engineering Models*(University of Kansas Press, 1996); 정용덕 외(역), 『미래의 국정관리』(법문사, 1998) 등이 있으며, (ii)에 해당하는 견해로는 S. Goss, *Making Local Governance Work: Networks, Relationships and the Management of Change*(Palgrave, 2001); W. Kickert, "Public Governance in the Netherland: An Alternative to Anglo–American 'Managerialism'", *Public Administration* 75, 1997; J. Kooiman, *Governing as Governance*(Sage Publications, 2003);

결과적으로, 이러한 거버넌스 개념의 출현은 법에 대한 기존의 관념을 상당부분 변화시킬 것을 요구한다. 특히 거버넌스에 대한 논의는 기존의 복지국가적 관점에서 법이 역할 해 왔던 사회적 개입을 축소하도록 요구함으로써, 규제완화 및 탈규제에 대한 논의로 이어지고 있다. 이러한 과정 속에서 정책적 판단이 법에 개입함에 있어, 그것이 얼마나 효율적인가에 대한 판단이 필요하게 된다.

2) 법과 정책의 긴밀성 증대

이상과 같은 견지에서, 오늘날 법규범은 사회 및 국가의 동태적 통합과정을 긍정하고, 그 현실적 필요성에 부합하여 그러한 통합과정을 촉진시키는 정의 내지 공익실현을 위한 조정법으로서의 성격을 갖추어 가고 있다고 판단할 수 있다. 특히 이러한 상황은 법규범이 종래의 권리 · 의무획정적인 성격에서 탈피하여 임무부여적 · 문제해결적 성격을 강하게 띠는 결과를 가져오고 있다.

이러한 성격을 가진 법규범의 정립과 해석에 있어서는 전통적 법학에서 강조하는 가치뿐만 아니라, 효율성이나 목적달성이라는 가치도 반영할 것이 요청된다. 오늘날 법률은 정치적 결정의 매개물로 인식되고 있고, 실제로 정책은 입법을 통하여 실정법상의 용어가 되는 등 입법에 있어서 법과 정책의 긴밀성이 내포된 실정법이 출현하고 있다. 이러한 관점에서 보는 경우 법은 일종의 "정책의 표현"이라고도 할

Wayne E. Baker, "The Network Organization in Theory and Practice" in N, Nohria & G, Eccles(eds.), *Networks and Organization: Structure, Form and Action*(Harvard Business School Press, 1992) 등이 있다. 이러한 견해적 차이는 사실상 국정운영 방식이라는 측면에서 본질적인 차이점이 있는 것은 아니다. 두 견해 모두 현대사회에서 국정운영의 방식이 변화되고 있음을 보여주는 것이라고 할 수 있다.

수 있다.[29]

정책은 궁극적으로는 특정한 공공적 목표를 지향한다. 법에서 이러한 정책론적 관점을 도입하려는 것은 바로 법규범에 함축되어 있는 각종의 정책적 요소가 소기의 목표를 달성할 수 있도록 함으로써, 법규범의 실현이 보다 광범위한 공감대를 가지도록 하는 데 그 의미가 있다. 즉 종래의 사고와 같이 법규범을 초월적 국가의사의 표현으로서 강조하여 법은 법이기 때문에 당연한 권위를 가지며, 그 자신의 권위에 기인하여 당연히 적용된다는 전제는 이미 타당성을 상실하고 있다. 법규범의 기능변화에 적극적으로 대처하고 법치주의의 실현과 유지를 도모하기 위해서는 정책 자체의 관점을 법학의 입장에서 이해하고, 또한 정책에 대하여 법적 측면으로서의 지위를 부여할 필요성이 증가하고 있다. 따라서 법규범을 그 단계구조적인 위치 가운데에서가 아니라 현실의 구체적 상황에서 전개되는 특정 정책의 수단 내지 도구로 파악하지 않을 수 없는 경우가 증가하고 있다.[30]

이상과 같은 상황은 입법에 반영되는 정책결정의 효율성을 추구하는 결론에 이르게 된다. 그 결과 최근에는 정책학에서 발전한 의사결정이론을 법적으로 재구성하고, 이것을 현재의 실정법체계와 결부시켜 법제도 또는 규칙체계를 설계함으로써, 현재 사회가 직면하는 각종의 사회문제를 조정하고, 그 해결을 위한 법적 의사결정 또는 법적 정책결정을 하는 자에게 조언을 제공하는 수단으로 법정책학이 강조되고 있다.

---

29 Theo Öhlinger, “Planung der Gesetzgebung und Wissenschaft”, in Ders.(Hrsg.), *Methodik der Gesetzgebung. Legistische Richtlinien in Theorie und Praxis* (Springer-Verlag, 1982), 5면; 박영도, “입법학과 입법정책”, 「법과 정책연구」 제5집 제1호, 2005, 12면 재인용.

30 박영도, 앞의 논문, 12면.

[판례 2-1] 헌재 2008.01.10, 2007헌마1468

처분적 법률이란 일반적 · 추상적 사항을 규율하는 일반적 법률과는 달리, 직접 구체적 사건을 규율하거나 특정인에게만 적용되는 법률을 말한다. 우리 헌법은 처분적 법률에 대한 정의를 하고 있지 않음은 물론 처분적 법률의 입법을 금하는 명문의 규정이 없으나, 처분적 법률 금지의 원칙은 '법률은 일반적으로 적용되어야지 어떤 개별사건 내지 개별인에게만 적용되어서는 아니 된다는 법원칙'으로서 헌법상의 평등원칙에 근거하고 있는 것으로 풀이되고, 그 기본정신은 입법자에 대하여 기본권을 침해하는 법률은 일반적 성격을 가져야 한다는 형식을 요구함으로써 평등원칙 위반의 위험성을 입법과정에서 미리 제거하려는 데 있다. 오늘날 국민의 실질적 자유와 권리를 보장하려는 실질적 법치주의 및 사회적 법치국가의 요청에 부응하여 국가의 기능과 역할이 증대됨에 따라 일반 법률을 통하여 제대로 구현할 수 없는 국민의 생존과 복지 및 임기응변적 위기관리를 위한 필요에 의해 처분적 법률이 늘어가는 추세이나, 이는 국가적 배려를 필요로 하는 일부 국민에게 우선적 배려를 하는 것이 오히려 평등원칙의 실질적 구현이기 때문이다. 이처럼 국가가 국민의 사회적 기본권을 보장하기 위하여 처분적 법률을 제정하는 것은 합리적 범위 안에서 비교적 폭넓게 인정할 수 있을 것이다.

[판례 2-2] 헌재 1996.02.16, 96헌가2

개별사건법률은 개별사건에만 적용되는 것이므로 원칙적으로 평등원칙에 위배되는 자의적인 규정이라는 강한 의심을 불러일으킨다. 그러나 개별사건법률금지의 원칙이 법률제정에 있어서 입법자가 평등원칙을 준수할 것을 요구하는 것이기 때문에, 특정규범이 개별사건법률에 해당한다 하여 곧바로 위헌을 뜻하는 것은 아니다. 비록 특정법률 또는 법률조항이 단지 하나의 사건만을 규율하려고 한다 하더라도 이러한 차별적 규율이 합리적인 이유로 정당화될 수 있는 경우에는 합헌적일 수 있다. 따라서 개별사건법률의 위헌 여부는, 그 형식만으로 가려지는 것이 아니라, 나아가 평등의 원칙이 추구하는 실질적 내용이 정당한지 아닌지를 따져야 비로소 가려진다.

3. 입법지원기구의 역할과 위상 변화

1) 입법지원기구의 역할

입법적 판단의 대상 영역이 다원적으로 분화되어가고 각 영역별로 전문화가 급속히 진행되면서, 이러한 입법행위를 지원할 수 있는 전문적인 기관이 필요하게 되었으며, 국회는 물론이고 행정부에도 이러한 입법지원기구가 존재한다. 과거 입법지원기구의 기본적 역할은 의견수렴 과정을 거쳐 성립된 입법대안을 효과적인 입법기술을 통하여 법제화하는 측면에 집중해 왔다. 실제로 비교적 오랜 역사를 가지는 국회사무처 법제실과 행정부의 법제처 등은 사실상 이러한 기능에 초점을 맞추고 있는 것이다. 그러나 앞서 살펴본 바와 같은 한국사회의 입법적 환경의 변화는 입법지원기구의 기존 역할과 위상 강화를 촉진하고 있다.

첫째, 국회에 발의 및 제출되어지는 법률안들이 증가한다는 사실은 기존에는 사회 영역에 내재되어 있던 다양한 가치들이 제도화된 입법절차를 통하여 공식적으로 표출되고 있음을 의미한다. 이러한 현상은 한국사회의 민주화는 물론이고, 다소 이원적인 기존의 국가-사회 관계론의 변화를 함축하고 있는 것이다. 이러한 측면에서 입법지원기구들은 이러한 사회 내의 다양한 가치들과 그들 상호간의 관계를 정확하게 파악하고, 이에 기반하여 입법자들이 입법적 대안을 바람직한 방향으로 수립할 수 있도록 지원해야 한다.

둘째, 과거에는 이론적 차원에서 다소 분리된 개념으로 존재하던 법과 정책이 상호 적극적으로 결합하는 양상을 보이면서, 정책학 영역의 논의와 마찬가지로 법(령)의 실효성 및 효율성을 다소 과학적 기법에 기반하여 검토할 필요성이 있다. 이는 입법지원기구들로 하여금 입법대안과 관련한 법적 정합성은 물론이고, 더 나아가 제반 사회적 사실들에 대한 실증적인 분석을 수행하도록 요구하고 있다.

다음에서는 이상과 같은 입법지원기구의 위상 변화와 관련하여, 현재 제도화되어 있는 입법지원기구의 역할 및 그 변화 상황에 대해 확인해 보고자 한다. 다만, 이하에서는 행정부의 입법지원기구, 대표적으로 법제처에 관한 논의는 제외하기로 한다. 그 이유는, 법제처가 그간 정부입법을 사실상 총괄 및 주도하는 기관으로 그 역할이 매우 중요한 것은 사실이지만, 기본적으로는 관련 정부부처의 정책적 목표를 실현하기 위한 입법을 지원하는 데 그 기본적 역할이 한정되어 있다는 측면에서, 다양한 사회 내 가치간 갈등 상황 속에서 입법자들의 바람직한 입법대안 형성을 지원하기 위한 국회의 입법지원기구들과 성격이 다르기 때문이다.

2) 국회의 입법지원기구 개관

국회의 입법지원기구로는 국회사무처, 국회도서관, 국회예산정책처, 국회입법조사처가 있다. 물론 각 의원실 별로 보좌진들이 있기는 하지만, 여기에서는 기관 차원에서 의원들의 입법 전문성을 지원하는 기관들을 중심으로 논하기로 한다. 우선 이들 기관간의 업무에 대해 개괄적으로 도표화하여 살펴보면 다음과 같다.

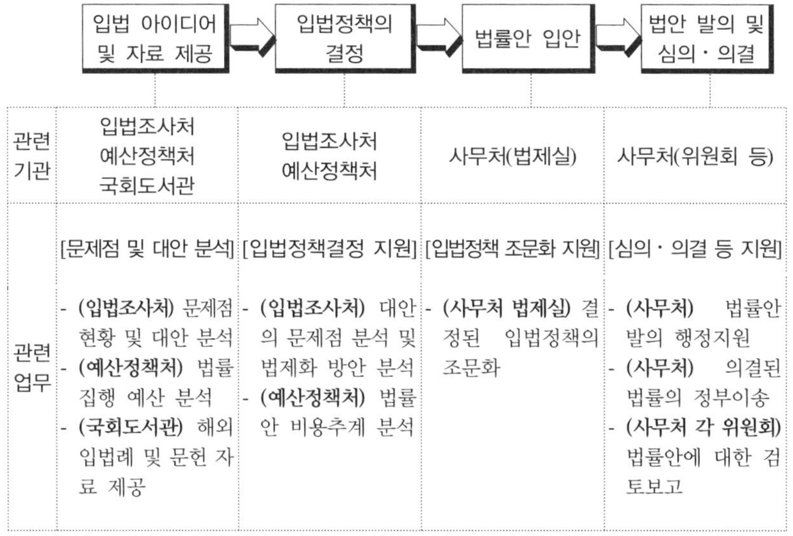

관련 기관	입법조사처 예산정책처 국회도서관	입법조사처 예산정책처	사무처(법제실)	사무처(위원회 등)
관련 업무	[문제점 및 대안 분석] - **(입법조사처)** 문제점 현황 및 대안 분석 - **(예산정책처)** 법률 집행 예산 분석 - **(국회도서관)** 해외 입법례 및 문헌 자료 제공	[입법정책결정 지원] - **(입법조사처)** 대안의 문제점 분석 및 법제화 방안 분석 - **(예산정책처)** 법률안 비용추계 분석	[입법정책 조문화 지원] - **(사무처 법제실)** 결정된 입법정책의 조문화	[심의·의결 등 지원] - **(사무처)** 법률안 발의 행정지원 - **(사무처)** 의결된 법률의 정부이송 - **(사무처 각 위원회)** 법률안에 대한 검토보고

<그림 2-1> 입법 단계별 입법지원기구의 역할

(1) 국회사무처

국회사무처법 제2조 (직무) 사무처는 의장의 지휘·감독을 받아 국회 및 국회의원의 입법활동과 국회의 행정업무에 관련된 다음 각호의 사무를 처리한다.

1. 법률안, 청원 등의 접수·처리
2. 국회의 법안심사, 예산결산심사, 국정감사 및 조사, 국가정책평가 등의 지원
3. 국회의 본회의 및 위원회회의에 관한 지원
4. 국회의원의 의정활동지원

(이하생략)

국회사무처는 국회의 입법·예산결산심사 등의 활동을 지원하고 행정사무를 처리하기 위한 목적으로 개설되었다.

국회사무처의 하위 조직 중 국회의원들의 입법을 실질적으로 지원하고 있는 것은 법제실이다. 법제실은 의원들의 법률안 초안 작성과 관련하여 직접적인 지원 및 보좌를 하고 있다. 주로 이 조직은 법안에 대한 구상이 완성된 단계에 도달했을 때, 이러한 내용을 법률안 형태로 작성하는 기능을 수행한다.

이와 더불어, 각 위원회 지원조직은 의회의 운영이 위원회 중심으로 이루어지고 있는 현 상황을 감안해 볼 때 국회의원들의 입법 활동을 가장 역동적으로 지원하는 조직이라고 할 수 있다.

(2) 국회도서관

국회도서관법 제2조 (직무) ① 도서관은 도서관자료 및 문헌정보의 수집·정리·보존·제공과 참고회답 등의 도서관봉사를 행함으로써 국회의 입법활동을 지원한다.

② 도서관은 전자도서관구축 및 운영에 관한 사무를 처리한다.

③ 도서관은 제1항의 직무수행에 지장이 없는 범위 안에서 국회 이외의 국가기관, 지방자치단체, 기타 공공단체, 교육·연구기관 및 공중에 대하여 도서관봉사를 제공할 수 있다.

④ 도서관은 도서관사무에 관한 감사업무 기타 의장이 지정하는 사무를 처리한다.

⑤ 제3항의 규정에 의한 도서관봉사의 대상과 내용은 규칙으로 정한다.

국회도서관은 국회의원들에게 법률 제정 및 의정 활동을 위한 자료의 수집 · 제공을 기본 목적으로 한다. 이는 국회의원 개개인들이 수집할 수 있는 자료의 양적 · 질적 한계를 극복하여 효과적인 입법준비 및 입안이 가능하도록 하며, 입법 집행 결과를 수집 · 정리하여 추후 입법을 위한 자료로 제공한다.

(3) 국회예산정책처

국회예산정책처법 제3조 (직무) 예산정책처는 국가의 예산결산 · 기금 및 재정운용과 관련된 다음 각호의 사무를 처리한다.

1. 예산안 · 결산 · 기금운용계획안 및 기금결산에 대한 연구 및 분석
2. 예산 또는 기금상의 조치가 수반되는 법률안 등 의안에 대한 소요비용의 추계
3. 국가재정운용 및 거시경제동향의 분석 및 전망
4. 국가의 주요 사업에 대한 분석 · 평가 및 중 · 장기재정소요 분석
5. 국회의 위원회(이하 "위원회"라 한다) 또는 국회의원이 요구하는 사항의 조사 및 분석

국회예산정책처는 법률안에 수반되는 예산분석과 재정영향에 대한 전문적인 조사 · 평가를 주요한 업무로 한다. 이러한 업무 수행을 통하여 의원 법률안은 물론이고 정부 법률안에 대한 계량적인 평가를 가능하게 하여 법률안의 집행비용과 효과를 객관적으로 수치화할 수 있도록 한다. 또한 예산정책처의 비용추계분석은 제출된 법률안에 관한 실효성의 예측 수준을 높여주었을 뿐만 아니라, 법안 발의의 과잉 현상을 방지하는 역할을 하고 있다.

(4) 국회입법조사처

> **국회입법조사처법 제3조 (직무)** 입법조사처는 입법 및 정책과 관련된 다음 각 호의 사무를 처리한다.
> 1. 국회의 위원회(이하 "위원회"라 한다) 또는 국회의원이 요구하는 사항의 조사·분석 및 회답
> 2. 입법 및 정책 관련 조사·연구 및 정보의 제공
> 3. 입법 및 정책 관련 자료의 수집·관리 및 보급
> 4. 국회의원연구단체에 대한 정보의 제공
> 5. 외국의 입법동향의 분석 및 정보의 제공

국회입법조사처는 입법 및 정책에 관련된 사항을 중립적·전문적으로 조사·연구하여 그 결과를 다양한 방식으로 국회의 위원회와 국회의원에게 제공함으로써 국회의 입법 및 정책개발 역량을 강화하는 역할을 하고 있다.

국회입법조사처의 직접적인 역할은 입법을 준비하는 각 의원들에게 해당 법안의 논거가 될 수 있는 각종 학술적, 이론적, 실무적 근거자료를 제공해 주는 것이라고 할 수 있다. 이 조직의 가장 중추적인 역할은 법률의 제·개정안을 준비하는 단계에서 이와 관련된 분석결과를 제공해 주는 데 있다.

3) 입법지원기구의 역할

이상에서 설명한 각각의 입법지원기구의 역할에 대하여, 이하에서는 그 변화방향에 대하여 간략하게 언급하기로 한다.

(1) 행정부 견제를 위한 전문성 확보

헌법상 국회는 입법권을 가진다는 점에서 행정부 및 사법부와는 다른 특성을 가진다. 이에 더하여, 국회는 행정부에 대한 견제기관으로서의 기능을 수행한다. 따라서 국회의 입법 및 의정활동 업무는 행정부에 대한 견제를 통하여 균형점을 확보해야 한다는 헌법적 의미를 가지고 있다.

이러한 측면에서 보자면, 세계적 추세라고 할 수 있는 행정국가화 경향에 대응하여 국회의 입법 및 의정활동은 행정부 수준의 전문성을 확보할 수 있어야 할 것이다. 그러나 행정부의 경우 국회와는 비교되지 않을 정도의 정부부처와 인력들을 보유하고 있으며, 특히 각 부처별로 산하 연구기관 및 연구인력들을 보유하고 있어 국회의 입법지원기구 차원에서 이들의 전문성을 온전히 따라잡기에는 무리가 따른다.

결국 국회의 입법지원기구들의 전문성은 행정부의 그것과 결코 같은 것일 수 없다. 그러나 기본적으로는 행정부의 입법대안에 대하여, 그러한 대안이 적절한 것인지를 검토할 수 있는 정도의 전문성 정도는 보유하여야 할 것이다. 이러한 맥락에서, 국회 차원에서 전문성을 확보하기 위한 노력을 경주해 왔다. 각 의원 및 위원회의 입법지원 업무를 효과적으로 수행하기 위하여 효과적인 지원체계를 구축해 왔다. 또한 국회예산정책처 및 국회입법조사처 등을 주축으로 외부 민간 전문가들을 채용하여, 국회 입법지원의 전문성을 확보해 나가고 있다.

그러나 이러한 노력에도 불구하고, 아직까지 행정부를 견제할 수 있을만한 수준의 전문성을 확보했다고 보기는 힘든 것으로 판단된다. 대표적인 예로, 행정부의 입법대안에 대해 검토하면서 대부분의 자료를 행정부의 것을 토대로 검토하는 경우가 매우 빈번하다. 따라서 추후 국회입법지원기구의 전문성을 확보하기 위한 노력을 지속적으로 경주할 필요가 있다.

(2) 가치간 갈등의 조화를 위한 현장 전문성 확보

앞서서도 간략하게 언급한 바 있지만, 현대 한국사회 입법의 가장 큰 쟁점은 다양한 가치간 갈등을 어떻게 조화시킬 수 있을 것인가의 문제이다. 이는 특히 정부발의 입법이 아니라, 입법자 또는 의원이 독자적으로 법안을 발의하는 경우 더욱 중요하게 고려하여야 할 사항이라고 할 수 있다. 그 이유는 일반적으로 정부입법의 경우 주로 행정부의 정책적 목표를 실현하기 위한 입법행위를 수행하고 있어, 상대적으로 사회 내 가치간 갈등에 대해서는 그다지 민감하지 않은 경우가 많기 때문이다.

이러한 측면에서 국회의 입법지원기구들의 역할은 매우 중요해졌다. 종국적인 사회적 문제해결을 위해서는 사회 내에 존재하는 다양한 입법대안의 가치적 전제들을 세밀하게 파악하고 분석할 수 있는 현장 전문성이 필요하다. 이를 통하여 입법자들에게 실현 가능성을 가지는 다양한 입법아이디어들은 물론이고, 가치간 갈등의 조율 방안도 제시해 줄 수 있어야 할 것이다.

물론 각 입법자들이 가지는 정치적 배경과 가치관에 따라 입법지원기구들이 제시해 주는 입법대안을 활용할지 여부는 그들의 선택에 따른 것이라고 할 수 있다. 그러나 적어도 어떠한 대안이 가능한지, 그리고 그것의 찬반의견들로는 어떠한 것들이 있는지에 대해서 전문성을 바탕으로 정확한 정보를 입법자들에게 제시하는 것이 입법지원기구의 기본적인 소임이라고 할 수 있다.

이러한 측면에서 입법대안의 초기 단계의 아이디어를 제공하는 대표적인 입법지원기구인 국회입법조사처의 역할은 매우 중요하다. 국회입법조사처의 경우 다수의 전문가들을 확보하여 이러한 요청에 대응하고 있는 상황이다. 물론 정확한 상관관계는 분석해 보아야 하겠지만, 2007년 국회입법조사처 개설을 전후하여 의원발의 입법이 폭발적으로 증가하고 있는 상황은, 바로 이러한 현장 전문성을 바탕으로 한 입법지원이 이루어지고 있다는 점을 보여주고 있다는 것이 일반적인 평가이다.

그러나 이러한 입법지원기구의 전문성 확보의 노력에도 불구하고, 실제 사회 현장에서의 문제점과 갈등상황을 조사·분석하기 위한 인력이 턱 없이 부족한 상황이다. 또한 입법지원 활동의 업무 체계성 측면도 상당부분 개선이 필요하다. 실제 각 의원실에서는 입법적 대안 마련을 위하여 경쟁적으로 조사·분석을 요구하고 있는데, 상당부분 중복되거나 불필요한 사항들까지 요청하는 경우가 있어 입법지원 업무의 효율성을 저해하고 있다.

(3) 효과적인 입법지원을 위한 입법지원기구 간 업무체계 조정

효율적인 입법지원 업무를 위해서는 이러한 업무를 분담하여 수행하는 입법지원기구간의 업무체계를 조정할 필요성이 있다. 현재 국회 내에 존재하는 모든 입법지원기구들이 당초 국회 조직 및 업무분장을 설계할 당시에 포함되어 있던 것은 아니다. 오히려 한국사회의 발전과 더불어 국회의 기능이 변화하게 되었고, 이에 따라 국회 내 입법지원기구들이 추가되어 온 양상이다. 그 결과 사실상 국회 내 입법지원기구의 업무체계는 실질적으로 중첩되는 경우가 상당하다.

기본적으로 입법지원기구들의 주된 업무는 입법 및 정책과 관련한 사항의 조사·분석 업무라고 할 수 있는데, 각 업무의 영역이 형식적 표현상으로만 구별이 가능할 뿐 실제 업무 수행에 있어서 구분하기

힘든 경우가 많다. 각 기구별 검토보고서, 조사회답서, 분석보고서 등은 상당부분에서 유사한 기능을 수행한다고 할 수 있다.

또한 단순한 입법기술 및 실무적 차원의 입법지원의 경우에도, 정확한 법문의 작성을 위해서는 관련 입법 내용의 헌법 적합성 및 법적 체계성에 대한 검토가 요구되는데, 이는 성안된 법률안을 검토하는 다른 입법지원기구의 역할과도 중복된다. 예를 들어, 법률안 초안 작성 단계에서의 법제실 업무와 위원회 검토보고 업무간의 중복이 있을 수 있다.

따라서 국회 내 입법지원기구들이 가지는 전문성을 충분히 발휘하기 위해서는 국회 전체 차원의 업무체계를 조정해야 할 필요성이 있다. 이 과정에서 중요한 것은 입법지원기구의 역할에 대한 고민이다.

제4절 한국사회 입법의 구조적 쟁점

이상의 논의를 통하여 한국사회의 입법 환경의 변화상황을 확인해 보았다. 이러한 입법을 둘러싼 환경은 추후 한국의 입법학 연구에 있어 참조해야 할 시사점을 제공해 준다. 이를 정리하면 다음과 같다.

1. 새로운 민주주의에 대비하는 입법

한국사회의 민주주의는 1987년 민주화 이후 지속적인 발전을 거듭해 공고화 단계에 접어들고 있으며, 이는 집단적 다수를 위한 민주주의라고 할 수 있다. 이제까지 한국사회의 민주주의 발전은 그 자체로

괄목할만한 것이었다고 평가할 수 있을 것이다. 그러나 제도적 차원에서 입법의지의 발현 통로를 찾지 못한 소수적 가치들이 새로운 방안을 모색하고 있는 상황이다.

따라서 추후 한국사회의 입법 문제를 고민함에 있어서는 이러한 소수적 가치 또는 개인적 주체성을 어떻게 제도적으로 포용해 나갈 수 있을 것인지를 고민할 필요성이 있다. 이제까지와 마찬가지로 집단적 다수를 점한 정치적 주장들을 중심적인 논의 대상으로 하는 입법의 현실 구조는 또 다른 가치적 배제 현상을 발생시킬 것이다.

2. 가치간 갈등을 조화시킬 수 있는 입법

한국사회는 서구사회에 비하여 법을 둘러싼 가치간 갈등이 더욱 복잡한 양상으로 전개되고 있다. 그것은 전통적인 가치와 우리 법체계 내에 내재되어 있는 서구사회의 근대적 가치간의 갈등양상, 그리고 탈근대적 문화현상 등 소수자적 가치의 등장으로 인하여 그 지형이 복잡해지고 있기 때문이다.

이러한 상황에서의 입법 문제는 항상 극단적인 갈등상황을 연출하곤 하는데, 실제 한국사회 입법의 제도적 현실은 이러한 가치간 갈등상황을 적절하게 조화시키기 힘든 상황이라고 할 수 있다. 물론 종국적으로 불가피하게 의회에서의 다수결을 통하여 그러한 갈등을 종식시키는 형태를 취하지만, 궁극적인 가치간 갈등은 사회 내에 상시적으로 내포되어 있을 수밖에 없다.

3. 제도적 환경 변화에 대응하는 입법

한국사회 입법과 관련한 제도적 환경의 변화는 크게 국가와 사회의 개념적 구분이 모호해지는 국가-사회 관계론적 변화 양상, 법과 정책의 긴밀한 결합 양상, 국회입법지원기구의 역할 증대 필요성 등을 주요하게 논할 수 있다.

물론 입법의 문제는 기본적으로 관련된 법안을 발의하고 심의 · 의결하는 입법자들의 의식과 행위에 따라 상당부분의 문제점들이 개선될 수 있는 것으로 보이지만, 제도적 환경의 변화를 고려하지 못한 입법자들의 노력은 항상 실패할 가능성이 높다고 할 수 있다.

이러한 제도적 환경의 변화는 궁극적으로 기존과는 다소 차별성을 가지는 입법 전문성을 요구하고 있다고 할 수 있는데, 그러한 전문성은 입법대안 형성을 위하여 사회 내의 가치간 갈등 지형을 정확하게 파악할 수 있는 능력과 입법 대안의 정책적 효과성을 설득력 있게 제시하고 평가할 수 있는 능력이라고 할 수 있다.

제3장

입법논증론의 논의 배경

제3장
입법논증론의 논의 배경

이번 장 이하에서는 입법학 이론 구성에 있어 가장 중심적인 위치를 차지하는 입법논증과 관련한 논의를 살펴본다. 제1장에서는, 기존의 입법학 논의가 가치간 갈등 또는 불일치의 문제를 해소하기 위하여 실증주의적 · 사회과학적인 객관성과 과학성을 지나치게 강조하고 있어 연구의 방향설정 자체를 변화시켜야 할 필요성이 있다고 주장하였다. 제2장에서는 현대 한국사회에서의 입법환경의 변화를 살펴보았는데, 그 중에서도 한국사회는 서구사회와 달리 입법의 문제를 둘러싼 가치간 갈등이 더욱 복잡한 양상으로 전개되고 있음을 살펴보았다.

필자는 입법학 연구의 궁극적인 현대적 쟁점은 이러한 가치적인 갈등을 어떠한 방식으로 해소해야 하는지에 대한 규제적 이상(規制的 理想)의 설정 문제로 귀결된다고 판단한다. 이러한 전제 위에서 이번 장은 문제의 지형을 기존 법이론 등의 논의에서 확인하면서, 추후 논하게 되는 입법논증론의 이론적 측면에서의 논의 배경을 명확히 하고자 한다.[1]

제1절 입법을 바라보는 전통적 관점

서구를 중심으로 한 법철학의 역사에 있어 가장 중심적인 논쟁거리는 바로 자연법론과 법실증주의의 대립적 관념의 표출이었다. 자연법론은 법이라는 것이 어떤 도덕적 기준이나 판단과 관련해서만 적절히 이해될 수 있다는 입장을 의미한다. 우리가 법이라고 인정하고 존중하는 것은 자연적 도덕질서(natural moral order), 즉 인간이 만든 기준이나 원칙이 아니고 객관적 도덕질서에 연관되거나 근거하고 있다는 견해이다. 자연법론의 견지에서 인간의 관행이나 제도는 이와 같은 상위의 기준에 비추어 측정되어야 하고, 만일 인간이 만든 특정한 제정법, 즉 헌법, 법률, 행정명령 등이 이러한 기준에 합치되지 못할 경우 법의 성격을 부여받지 못한다는 것이다.[2]

법실증주의는 이와 반대로 법은 권력에 의해 강제되는 명령이나 규칙의 체계로 이해하는 것이 옳다는 것이다. 법실증주의자에게 법이란 일정한 방식으로 실정화된 것을 의미한다. 법이란 자연적인 것이 아니라 인위적인 인간의 산물이라고 본다. 이 점에서 법실증주의자들은 어느 법규가 법으로서 자격을 갖추려면 도덕적으로 참되거나 옳은 것과 반드시 연관을 가져야 하는 것은 아니라고 말한다. 즉 현실에 존재하는 법이 반드시 꼭 있어야 할 법과 부합해야 하는 것은 아니라는 것이다.[3]

---

1 이 장의 제1절과 제2절은 필자의 연구 협력자인 빈트겐스(Luc J. Wintgens)의 관점과 논의를 상당부분 수용하였으며, 제3절과 제4절은 각각 필자의 박사학위 논문 "제2장 1.1. 통약불가능성과 입법이론" 및 "제6장 1.2.2. 의회에서의 의사결정 방식"을 수정・보완하여 반영하였음을 밝힌다.

2 오병선, "현대의 자연법론과 법실증주의의 수렴경향", 「법철학연구」 제1권, 1998, 31면.

일반적으로 논해지고 있는 바와 같이, 입법에 관하여 체계적인 이론이 없다는 것은 실정법과 자연법의 연관성에 의하여 설명할 수 있고, 이와 반대로 이 양자가 아무런 관련성을 가지지 않는다는 점에서도 설명이 가능하다. 우선, 전자의 입장에서 본다면 근대의 자연법은 논리적으로 올바르게 추론된 경우에만 실정법으로 입법된다고 할 수 있다. 반면, 후자의 입장에서 본다면 자연법은 실정법과 단절되어 있으므로, 실정법이라는 것은 민주적으로 정당화된 주권을 가지는 입법기관에 의해서만 만들어지면 되는 것이다. 전자의 경우 법을 만든다는 것은 자연법과 관련된 지식(knowledge)의 문제이지만, 후자의 경우에는 입법기관의 의지(will) 및 결정(decision)과 관련된 문제이다.[4]

1. 자연법론

'자연법론'적 견지에서 규범을 만든다는 것은 선재하는 객관적인 도덕질서에 대한 인식, 즉 지식의 문제이고, 그 결과 입법은 자연법적 원리들을 단순하게 적용하는 것이라고 볼 수 있다. 달리 말하자면, 자연법 지식은 실정적인 법적 규칙의 창출을 결정짓는다. 자연법은 이러한 측면에서 실정법에 앞서 존재하는 것이며, 그러한 실정법의 인식론적 토대를 제공해 주는 것이다. 입법자의 결정을 통하여 그러한 자연법은 실정법으로서의 가치를 획득한다. 따라서 실정법은 자연법적 규칙

3 오병선, 앞의 논문, 32면.

4 Luc J. Wintgens, "Legislation as an Object of Study of Legal Theory: Legisprudence", Luc J. Wintgens(ed.), *Legisprudence: A New Theoretical Approach to Legislation*(Hart Publishing, 2002), 10면.

들이 입법자에 의해서 '적용(application)'되어진 것으로 여겨진다. 이를 '적용적 사고방식(application attitude)'이라고 부른다. 아르니오(Aulis Aarnio)는 다음과 같이 이야기 한다.

> 자연법의 합리주의적인 성격으로 인하여, 입법(lawgiving)에 있어서의 목적의 문제는 생기지 않는다. 목적적으로 행동하는 법의 창출자로서의 입법자가 가지는 아이디어는 자연법의 원칙(doctrine)에는 드러나 있지 않다. 법의 적용이라는 것은 지식의 문제로서 여겨진다.[5]

아르니오는 지식과 규칙들의 적용에 대해 지적하고 있다. 그러나 이러한 적용 문제는 사법(司法)적인 규범 설정에만 적용되어야 한다고 생각할 필요는 없으며, 또한 입법자에게는 적용될 수 없다고 생각할 필요도 없다. 즉 고전적 자연법론자의 입장에서 본다면, 규칙 창출(입법)은 인간 의지의 개입을 통하여 그것이 법적 형식을 부여받는 자연법적 지식의 문제라고 할 수 있을 것이다. 그러나 이러한 법적 형식의 부여는 그들의 입장에서 법의 부차적인 측면에 지나지 않을 것이다.

이런 식으로 본다면, 인식론적인 이유에서 볼 때 자연법 이론과 구분되는 입법에 대한 이론은 필요 없다는 결과에 이르게 된다. 자연법적 지식은 그 자체로서도 올바른 법적 규칙을 세상에 공표하는 데 충분한 것이라고 판단하게 된다.

5 Aulis Aarnio, "Towards a theory of Legislation and its Role in Social Change", Aulis Aarnio, *Philosophical Perspectives in Jurisprudence: Acta Philosophica Fennica*(Philosophical Society of Finland, 1983), 247면.

2. 법실증주의

아르니오는 자연법적 관념이라는 것은 자연법적 요소의 존재를 완전히 부정하는 '극단적인 법실증주의'와 그다지 다르지 않다는 점을 강조한다.[6] 비록 실체적인 자연법에 대한 신봉은 사라졌다고 할지라도, 논리적 추론이라는 방식으로 적용되어지는 법적 규칙의 폐쇄적 총체(closed whole)로서의 체계(system)라는 관념을 실증주의자들이 고수하고 있다고 그는 주장한다.[7] 결과적으로, 규칙 창출의 자연법적 모델과 권력분립의 원칙에 근간을 둔 비자연법적 모델간에 매우 깊은 사고구조상의 유사성이 존재하는 것이라고 할 수 있다. 법질서를 폐쇄적이면서도 자족적인 통합체로 가정하기 위해서,[8] 그것의 자연법적 토대로부터 법의 정당화를 분리시키는 것으로 충분한 것이 된다. 그렇게 되면, 자유주의 국가의 특성이라고 할 수 있는 법체계의 형식적 정당화는 단지 '주권을 가진 입법자'라는 관념으로 귀결되어 근거를 두게 된다.

'자연법 모델'에 있어서 법형성이라는 것은 입법자의 인식적인(인지주의적; cognitive) 측면에 서 있는 것이지만, '극단적 법실증주의'에 있어서 이러한 문제는 법을 확인・적용하는 사법부의 영역으로 귀결된다. 자연법 이론이 존재하지 않는 상황에서, 입법자에 의한 규칙 창출과

---

6 이하에서는 이러한 극단적 법실증주의에 대한 관점을 법실증주의의 견해로 대체하여 이해하고자 한다. 그 이유는 사실상 근대적인 실정법이 정립된 이후 법실증주의적 사고는 우리의 법적 판단 속에 일정부분 이미 전제되어 있다고 할 수 있기 때문이다. 따라서 여기에서는 그 비판의 대상을 극단적인 법실증주의로 한다.

7 Aulis Aarnio, "Form and Content in Law: Dimensions and Definitions of Legal Positivism", Aulis Aarnio, 앞의 책, 91면.

8 Aulis Aarnio, "Form and Content in Law", Aulis Aarnio, 앞의 책, 82면.

관련된 인식적 측면은 더 이상 고려의 대상이 아니다. 그 이유는 입법자가 주권자가 되었기 때문이다. 권력분립 원리에 따르면, 입법자의 규칙 창출은 주권적 행위로 간주되어진다. 동시에 이전에는 자연법과 연관되어 있던 '적용'이라는 관념은 이제 판사에게로 떠밀려 내려간다. 원래는 자연법에 대한 입법자의 태도였던 규칙에의 '적용적 사고방식'은 이제 판사의 입장이 되는 것이다.

달리 말하자면, 입법 행위에 앞서서 자연법에 대한 지식을 알아야 한다는 입법자의 입장은 이제 주권적 입법자가 산출해 내는 법적 규칙들을 적용하는 판사에 의해 취해지는 입장이 된 것이다. 그러나 '적용적 사고방식'은 본질적으로 자연법적인 것이고, 그것은 더 이상 입법자가 아닌 판사에게 적용되는 것이다. 그 이유는 실정법의 정당화 요소로서의 '자연법'의 상실과 이를 대신하는 '주권'이라는 관념으로 인한 것이다.

위와 같은 자연법론 및 법실증주의적 사고방식의 변화 필요성은 '리걸리즘(legalism)'[9]에 관한 설명에 기반하여 논의될 수 있다.

---

9 이러한 legalism이라는 단어는 율법주의(律法主義), 법률주의(法律主義) 등으로 번역되는 경우가 있으나, 이러한 번역어는 본래 단어의 취지를 살리지 못한다고 판단하여, "리걸리즘"이라는 번역어를 사용하기로 한다. 이러한 리걸리즘에 대한 개괄적인 설명은 다나카 시게아키, 박병식(역), 『현대법이론』(동국대학교출판부, 2007), 68면 이하를 참조할 것.

제2절 리걸리즘과 그 한계

1. 리걸리즘

리걸리즘은 도덕적 행동을 단순한 '규칙 따르기'(rule following)의 문제로 치환하는 현상을 의미하며, 또한 도덕적 관계를 규칙들에 의해서 결정되어지는 의무와 권리들로 구성되게 만드는 윤리적 태도를 의미한다.[10] 그 규칙이라는 것이 어디에서 나온 것인지와 관계없이, 그것이 규칙 따르기에 수반되는 동의(agreement)를 규정하고 있다는 관점에 입각해 볼 때, 그것은 윤리적인 태도에서 자연법론과 양립가능하다. 반코브스키(Zenon Bankowski)는 다음과 같이 언급하였다.

> 우리는 자연법 이론이 리걸리즘의 범위나 대의를 벗어나는 것이 아니라는 것을 알 수 있다. 중요한 것은 규칙들이고, 그러한 것들이 어떻게 만들어진 것인가는 중요하지 않다. 리걸리즘의 입장에서는 자연법의 힘은 자연법이 만들어내는 규칙들에 있는 것이지 자연, 즉 그러한 규칙들을 만들어낸다고 하는 신 또는 실천이성에 있는 것은 아니다.[11]

리걸리즘의 사고방식에 의하면, 규칙들에 관한 이론이 그다지 필요한 것은 아니다. 오직 중요한 것은 규칙 그 자체이기 때문이다. 리걸리즘은 규칙에 기반 하여 사물을 바라보는 방식을 의미한다. 리걸리즘은

---

10 Judith Shklar, *Legalism: Law, Morals and Political Trials*(Harvard University Press, 1986), 1면.

11 Zenon Bankowski, "Don't Think About It?: Legalism and Legality", *Rechtstheorie*(Beiheft, 1993), 47면.

자연법론과 양립할 수는 있지만 반드시 그래야만 하는 것은 아니다. 이는 단지 일정부분 리걸리즘과 자연법론의 목적이 같고, 그러한 것들이 결합된다면 이 두 가지가 가지는 효과도 커진다는 것을 의미할 뿐이다. 반코브스키는 이에 대하여 다음과 같이 언급한다.

> 리걸리즘은 법과 가치 사이의 연관관계를 크게 부정하지는 않는다. 단지 그것을 숨기고 눈에 보이지 않게 할 뿐이다. 리걸리즘은 규칙 이외의 모든 것들을 부정할 정도로 규칙을 중시하기 때문에, 규칙들은 우연한 것이 아니게 된다. 규칙들이 보편적인 도덕을 지배하게 된다.[12]

그 결과 반코브스키는 리걸리즘의 세 가지 측면을 구체화 시킨다. (i) 규칙들은 우연적인(contingent) 것이 아니다. (ii) 규칙 이외의 영역에는 규범성이 존재하지 않는다(규범체계의 포괄성). (iii) 규칙과 가치사이의 관계는 은폐되어 있다. 이러한 점들은 리걸리즘과 자연법론이 상치되지 않고 서로 양립할 수 있음을 보여주는 것이다. 그러나 리걸리즘이 완전히 그 효력을 발휘하기 위해 자연법론과의 연관성 하에서만 작동할 필요는 없다. 사실 리걸리즘의 입장에서는 규칙이 어디로부터 나온 것인가는 중요하지 않다. 따라서 리걸리즘은 실증주의와도 잘 어울릴 수 있다.

규칙들이 우연적인 것이 아니라는 생각, 또는 규칙들은 만들어지는 것이 아니라는 생각에 도달하게 되는 기반적 사고인, 규칙과 가치의 숨겨진 연관성이라는 측면에서 반코브스키가 언급한 세 가지 측면은 서로 연결되는 것이다. 그 결과 이러한 생각은 리걸리즘의 보호 하에

---

12 Zenon Bankowski, 앞의 논문, 47면.

있는 법적 체계의 포괄성이라는 관념과 연결된다. 그 이유는 그러한 체계 밖에는 어떠한 규칙도 존재하지 않기 때문이다. 법과 법이 아닌 것 사이에는 명확한 경계선이 그어져 있기 때문에,[13] 법적 체계를 둘러싸고 있는 주변부는 법적 체계 그 자체와 어떠한 연관성도 가지지 않는다. 그러나 만일 법과 가치 사이에 어떠한 연관성이 존재한다고 한다면, 그러한 연관성은 법의 자연법화 경향에 의해 은폐되어지는 것이라고 할 수 있다.

리걸리즘에 대한 비판으로, 법의 도구주의직(instrumentalistic) 입장에 대해 생각해 볼 수 있다. 즉 법이라는 것은 만들어지는 것이고, 가치는 그 규칙(법)에 의해서만 현실화된다는 것을 우리는 도구주의적인 것이라고 부를 수 있다. 그러나 결국 이러한 도구주의적 관념 하에서도 위에서의 논의와 유사하게 법을 정당화하기 위하여 자연법이 원용된다. 더욱 자세히 보자면, 실정법이 자연법을 구체화한 것(실정법의 자연법화 경향; a naturalisation tendency of positive law)으로 생각하는 것이다. 만일 그렇다면, 법이라는 것이 아무리 주권을 가진 입법자에 의하여 만들어진 것이라고 할지라도, 이미 그 자체로서 충분히 정당화된 것이라고 할 수 있는 상황이 된다.[14] 이러한 생각은 법이 현실을 반영하고 있는 것이라는 표상주의(representationalism)와 연관되어져 있다. 캠벨(Campbell)은 이런 생각을 다음과 같이 표현한다.

> 기본적으로 이러한 생각은 법을 주어진 것으로 수용하는 태도로부터 나온 것이다. 이는 결국 법에 포함되어 있는 규정들과 법률들은 어떤

13 Judith Shklar, 앞의 책, 2~3면.

14 Luc J. Wintgens, 앞의 논문, 13면.

의미에서는 현실 세계를 묘사하는 것이라고 하는 강력한 가정에 의존하게 되는 사고에 귀착되게 된다.[15]

이러한 표상주의 이론 하에서는 입법이라는 것이 존재할 수 없으며, 오늘날에도 법이론의 주류적인 이데올로기는 표상주의 이론에서 완전히 벗어나 있지 않은 상황이라고 볼 수 있다. 입법이론이 존재하지 않는 상황과 법학을 사법 판결 단계의 학문으로 한정하는 것은, 법을 법 규범의 완전한 체제로 한정하는 사고방식에 의하여 설명된다. 이는 다소 도구주의적인 생각에서 입법기관의 생각을 실제 무대에서 숨기는 허위 인식론적인 리걸리즘 사상에 바탕을 두고 있는 것이다.

2. 리걸리즘의 한계

이상과 같은 상황 속에서는, 합법성(legality) 그 자체는 법적 규칙의 형식적인 요소이며, 따라서 규칙이 법으로서의 성질을 가지기 위한 필요충분조건이 되는 것이다. 한편으로는 합법성은 규칙의 규범적인 성격, 즉 구속력 있는 성질을 지니며(필요조건), 다른 한편으로는 그것이 충분조건으로 인정되기만 하면, 규칙이 공식적인 것으로 존재하기 위하여 다른 요건이 필요하지 않게 된다. 따라서 이러한 형식적인 측면만 충족하면 된다는 사고 하에서 오늘날 문제되는 입법의 인플레이션이 발생하는 것이라고 할 수 있다.

---

15 C. M. Campbell, "Campbell: Legal Thought and Juristic Values", *1 Brit. J.L. & Soc'y 13*(1974).

이러한 상황 속에서 입법기관의 입법행위는 궁극적으로 오직 헌법에 의하여만 제약을 받는다. 법제도가 입법에 대한 위헌심사 제도만 마련하면 입법을 통제할 수 있는 것이다. 그러나 여기서 다시, 이러한 통제는 입법기관의 행위가 합헌성을 가진다는 가정에 기반을 두고 있기 때문에 리걸리즘이 대두된다. 즉, 입법기관은 헌법을 올바르게 적용하였다고 추정 받는다(법률의 합헌성 추정). 이런 형태의 위헌법률심판에서는 명백히 헌법을 위반하는 경우에만 문제시될 뿐이다.

결론적으로 이상과 같은 리걸리즘적 사고방식 하에서는 입법의 문제는 결국 형식적인 합법성의 조건만 충족하면 어떠한 입법이든 가능한 것이 된다. 즉 사실상 입법이론이라는 것은 필요 없는 것이 되고 만다. 이러한 경향성은 결국 다음과 같은 것들로 귀착된다. 잘 정비된 법조문을 만들기 위하여 입법기술(법률안 초안을 작성하는 기술 등)을 효율적으로 활용하는 것, 모순이 없는 법들을 만들기 위해 의무론적 논리(deontic logic)를 사용하는 것, 법사회학적 연구기법을 활용하는 것 등이 있다.

이런 접근방법들은 대부분 판사와 입법기관 양자에 의하여 이루어지는 규칙의 적용 및 창출에 있어 리걸리즘적인 형식에 집착한 나머지 법의 정당성(또는 민주성)이라는 측면을 상당부분 경시하고 있기 때문에, 사실적인 부분에서의 분석방법이나 입법을 통한 사안해결에만 집중하고 규범적인 분석은 수행하고 있지 못하다. 결과적으로 입법기관은 법을 만드는 데에 있어서 합법성의 원칙만을 존중하면 충분한 것이 되어버린 것이다.

그러나 강조되어야 할 점은, 기본적으로 이러한 리걸리즘적인 사고를 완전히 벗어날 수는 없다는 점이다. 만일 리걸리즘적 사고를 경시하게 된다면, 법의 이념 중 한 요소인 법적 안정성을 저해하게 될 것이기 때문이다.[16] 따라서 이러한 리걸리즘적인 사고에, 법이 가지는 민주성과 정당성을 접목시킬 수 있는 이론적 논의가 추가적으로 필요한 상황이다.

제3절 가치간 갈등(불일치)에 관한 법이론적 논의

입법에 있어 법의 민주성과 정당성을 제고하기 위해서는, 다양한 가치간 갈등 또는 불일치의 문제를 어떻게 해결해야 하는지에 대한 검토가 필수적으로 선행되어야 한다. 그 이유는 민주성과 정당성의 실현은 종국적으로 각기 개별적인 사회 내 가치들이 어떠한 방식으로 포용되고 배제되고 있는 것인지의 문제와 연결되기 때문이다.

가치간 갈등의 문제는 도덕철학적 차원에서 불일치(disagreement)라고 표현되어지는데, 이러한 문제는 입법적 판단에 있어 유일하면서도 객관적인 기준을 불가능하게 만드는 핵심적인 원인이라고 할 수 있다.[17] 이는 실제 입법을 행함에 있어 마주치게 되는 난관 중 하나이다. 결국 객관성 문제는 당해 입법이 정당화될 수 있는 것인지 여부로 귀결된다. 객관적이어서 민주적으로 정당한 입법을 행한다는 것은 폭넓은 '도덕적 일치(동의)'를 전제로 한다는 견해가 기존 정치철학의 지배적

16 이러한 측면에서 빈트겐스는 약한 리걸리즘을 주장하고 있다. 이에 대해서는 Luc J. Wintgens, 앞의 논문, 20면을 참조할 것.

17 이러한 통약불가능성의 문제는 한국사회에서 전통적인 가치관과 근대적 가치관 사이의 분열로 인해 더욱 복잡한 양상을 보이고 있다고 할 수 있다. 이러한 문제에 대한 심층적인 분석으로는, 김정오, "한국사회의 규범질서의 혼란과 정서적 갈등", 「사회과학연구」 제4권, 1995를 참조할 것.

인 태도이다. 그러나 이러한 도덕적 일치가 전제로 되지 않는다면, 결국 입법적 판단의 전제가 되는 각각의 기준들이 왜 구속력을 가지는지 설명이 필요하다.[18]

이와 관련하여 법실증주의의 견해에 따르면, 구속력과 타당성은 법을 창출해내는(law-generating) '특정의 계기'에 기반하여 설명되어진다. 즉 입법적 판단이라는 것은 올바른 방식으로 진행되어야 하며, 또한 올바른 제도에 의해 권위가 부여되어야 한다. 그러한 입법적 판단의 절차, 관행, 그리고 권위들은 또한 오직 법에 의해서 올바른 것으로 정해지게 된다. 그 결과 기존의 법실증주의적 관점에 대해 왈드런(Jeremy Waldron)이 비판하는 바와 같이, "규범은 그것의 내용 때문이 아니라, 그것의 원천(source)으로 인하여 법이 되는 것이다."[19] 법실증주의자들은 이러한 자기준거적 폐쇄성(self-referential closure)이 가지는 역설 속에서 타당성을 만들어 내기 위해 다소 '불확실한 속성'들을 하나의 계기로서 제시한다.[20] 이와 관련한 대표적인 법이론가로는 하트(H. L. A. Hart)와 라즈(Joseph Raz)가 있다.

1. 하트

하트에게 있어 입법의 문제와 관련성을 가지는 것은 변경의 규칙(rules of change)과 승인의 규칙(rule of recognition)이다.[21] 특히 변경의 규

18 Jürgen Habermas, "On Law and Disagreement. Some Comments on Interpretative Pluralism", *Ratio Juris* 16(2), 2003, 187면.

19 Jeremy Waldron, *Law and Disagreement*(Oxford University Press, 1999), 33면.

20 Jürgen Habermas, 앞의 논문, 189면.

칙[22]은 구체적인 입법과 직결되는 것으로 1차적 규칙체계(의무의 규칙)의 정적 특성에 관한 구제책을 의미한다. 그러나 이러한 변경의 규칙만으로는 입법의 전 과정을 설명하기에는 역부족이라고 할 수 있다.[23] 따라서 그는 이러한 '변경의 규칙'이 궁극적으로 '승인의 규칙'과 연결되는 경우에 입법으로 정립한다고 판단한다.

승인의 규칙은 1차적 규칙 체계의 불확정성에 대한 구제책으로 제시되는 것이다. 이것은 특정한 법 또는 규칙이 사회적 강제력을 가지는 집단적 규칙으로서 확정적으로 수용되는 표지 또는 요건을 의미하는 것이다. 그러한 승인의 규칙의 존재는 매우 다양한 형태를 취할 수 있다.[24] 승인의 규칙은 근대 법체계에 있어 최종적으로 법원(法源)을 확인시켜주며, 법의 효력 판단의 기준으로 역할을 한다고 하트는 설명한다. 이러한 측면에서 변경의 규칙과 승인의 규칙의 결합은 입법의 문제를 설명해 주고 있다. 다음에서와 같은 하트의 언급은 논의의 실마리를 제공해 준다.

---

21 하트는 법적 규칙은 도덕적 규칙과 같이 의무에 관련된 것이지만, 도덕적 규칙과는 달리 제1차적 규칙(primary rules)와 제2차적 규칙(secondary rules)으로 세분되고 이 두 가지 규칙의 상호관계에 의존하는 체계적 특성을 가지고 있다고 설명한다. 제1차적 규칙이란 사람에게 의무를 부과하는 것으로 불법행위나 범죄행위를 금지하는 규칙, 즉 '의무의 규칙'(rules of obligation)이다. 제2차적 규칙이란 사람에게 어떤 행위를 할 수 있도록 권한을 부여하는 규칙인데, 이에는 판결의 규칙(rules of adjudication), 변경의 규칙(rules of change), 승인의 규칙(rule of recognition)이 있다.

22 이러한 변경의 규칙은 집단이나 그 집단 내의 어떠한 계층의 행위에 대한 새로운 일차적 규칙을 도입하고, 낡은 규칙을 폐지하는 권한을 개인이나 집단에 부여하는 것을 의미한다. H. L. A. Hart, *The concept of law*(Clarendon Press, 1961); 오병선(역), 『법의 개념』(아카넷, 2001), 95면. 이하 이 저술에 대한 인용은 1961년 영문판에 따르기로 한다.

23 H. L. A. Hart, 앞의 책, 95~96면.

24 H. L. A. Hart, 앞의 책, 94면.

따라서 법체계가 존재한다고 하는 주장은 야누스의 얼굴처럼 보통 시민에 의한 복종이라는 측면과 공무담당자들이 이차적 규칙을 공식적 행동에 관한 비판적인 공통의 표준으로 수락하고 있다는 측면의 양면성을 가진다.[25]

이상과 같은 하트의 설명에 따르면, '변경의 규칙'과 '승인의 규칙'을 포함하는 2차적 규칙의 내용결정 주체는 '공무담당자들'이다. 이에 대하여 그린(Leslie Green)은 "하트에게 있어, 법에 필수적으로 요구되는 유일한 합의는 엘리트들의 합의"라고 언급한다.[26] 이는 다시 말하면, 하트에게 있어서는 엘리트들의 합의가 법을 규정하는 것이라고 할 수 있다. 결국 시민들은 그러한 규칙들을 받아들일 수는 있지만, 결코 그것의 내용을 결정할 수는 없는 것이다.[27] 이러한 하트의 입장은 그가 추구하는 기술주의(記述主義; descriptivism)와 연관이 있는 것으로 판단된다. 그는 후기(post script)에서 다음과 같이 언급한다.

나의 설명은 도덕적으로 중립적이고, 정당화 목표가 없다는 점에서 기술적(記述的)이다. 즉 그것은 법에 대한 나의 일반적 설명에 나타나는 형식과 구조가 도덕적인 근거나 다른 근거로 정당화되거나 권유되지 않는다는 점을 말한다. 물론 이에 대한 명확한 이해가 법을 유용하게 도덕

25 H. L. A. Hart, 앞의 책, 116~117면.

26 Leslie Green, "The Concept of Law Revisited", *Michigan Law Review* 94(6), 1996, 1702면.

27 하트 이후에도 실증주의 계열의 학자들은 이와 유사한 견해들을 피력해 왔다. 이와 관련해서는 다음의 글들을 참조할 것. Jules Coleman, "Negative and Positive Positivism", *The Journal of Legal Studies* 11(1), 1982; Scott J. Shapiro, "Law, Plans, and Practical Reason", *Legal Theory* 8(4), 2002; Andrei Marmor, "Legal Conventionalism", *Legal Theory* 4(4), 1998.

적으로 비판하는 데에 중요한 예비사항이라고 할 수는 있을 것이다.[28]

하트가 이러한 관점을 가지는 이유는 규칙 자체 또는 규칙 일반에 대한 설명을 일종의 '관행'(practice)과 연관시켜 판단하기 때문이다. 이에 대해서는 라즈와 드워킨의 지적이 존재한다. 우선 라즈는 관행적 측면에서의 규칙에 대한 설명이 가지는 문제점을 다음과 같이 정리한다. (i) 관행설은 실행되지 않은 규칙들을 설명하지 못한다. (ii) 관행설은 또한 사회적 규칙과 널리 받아들여진 근거를 구별하지 못한다. (iii) 규칙의 본질을 관행으로 보게 됨으로써 규칙의 규범적 성격을 소거하게 된다.[29] 하트의 '관행으로서의 법'에 관한 드워킨의 비판은 라즈가 지적한 문제점 중 첫 번째와 세 번째 문제를 지적하고 있다고 할 수 있다.[30] 드워킨은 이러한 관행적 측면에서의 법에 대한 설명을 규약주의(conventionalism)라고 부른다. 드워킨의 설명에 따르면, 규약주의란 법적 관행(legal practice)에 대한 최상의 해석은 법적 규약들을 존중하고 집행하는 문제라고 보는 입장이다.[31]

결론적으로 이러한 관행주의 이론에 서게 되면, 사실상 도덕적 불일치를 가지는 각 개인들의 입법적 의사가 어떻게 입법적 판단에 영향을 주게 되는지에 대한 역동적인 관점이 사라지게 된다. 즉 가치간 불일치

---

28 H. L. A. Hart, 앞의 책, 240면.

29 Joseph Raz, *Practical Reason and Norms*(Princeton University Press, 1975), 53면; 박준석, "하트(H.L.A. Hart)와 라즈(Joseph Raz)의 법철학", 이화여대「법학논집」제11권 제2호, 2007, 52면 재인용.

30 박준석, 앞의 논문, 52면.

31 Ronald Dworkin, *Law's Empire*(Harvard University Press, 1997); 장영민(역),『법의 제국』(아카넷, 2004), 114~115면, 120~124면. 이하 이 저술에 대한 인용은 1997년 영문판에 따르기로 한다.

에 대한 고려 없이 그것이 단지 관행적으로 법원(法源)으로 승인되고 있기 때문에 당해 입법의 결과를 따르게 되는 것이라고 설명되어질 가능성이 높다.

2. 라즈

또 다른 법실증주의적 견해를 가진 라즈는 법을 권위적인 성격을 가지는 사회제도(authoritative social institution)로 규정한다.[32] 즉 법이 수명자에게 지시할 수 있는 정당한 도덕적 권위임을 주장할 수 있는 것은 수명자가 고려할 수 있는 모든 행위근거(도덕적 고려요소)를 미리 고려해 결론을 내려놓았기 때문이다. 따라서 더 이상 법을 그것이 이미 논의된 바 있는 도덕적 고려요소에서 찾을 것이 아니라, 법원(sources of law; 法源)에서 찾아야 한다고 주장한다.[33]

법에 관한 라즈의 이러한 견해에 따르면, 결국 법은 그것의 내용과는 상관없이 법이 가지는 권위 그 자체로 정당화된다. 실제로 라즈는 법체계에 대한 핵심으로서 입법부를 고려하는 것은 실수라고 한다.[34] 이러한 라즈의 견해는 법을 승인하는 공동체(recognitional community)로서 하트와 같이 공무담당자를 언급하는 것이 아니라, 이보다 좀 더 나아가서

32 라즈의 설명에 따르면, 권위에 대한 호소는 그러한 권위의 지시(directives)를 따르는 것이 좋은 근거를 따르게 될 가능성을 높여주는 경우 전형적으로 정당화된다. 이것은 라즈가 주장하는 '규범적 정당화 테제'(normal justification thesis)의 주된 요점이다. Joseph Raz, *The Morality of Freedom*(Clarendon Press, 1986), 53면.

33 조홍식, "경제학적 논증의 법적 지위", 서울대 「법학」 제48권 제4호, 2007, 154면.

34 Joseph Raz(1975), 앞의 책, 129~131면.

'법관'을 언급한다. 그는 "법은 법원에 의해서 승인되고 시행되어지는 규칙들로 구성된다"는 살몬드(Salmond)의 주장을 받아들인다.[35]

> 살몬드의 주요 주장내용은 건전한 것이다. 모든 법이 입법기관에 의해 창출되는 것은 아니다. 비록 법창출 방법이라는 측면에서 입법기관이 가지는 중요성은 근대법체계의 특성이라고 할 수 있지만, 그것이 모든 법적 체계의 공통된 특징이 아닐 뿐만 아니라, 다른 법창출의 방법이 존재하지 않는 것도 아니다. 반면에, 모든 법체계들은 그 체계가 가지는 모든 법들을 승인하는 법적용기관을 제도화하고 있다.[36]

이와 같이, 라즈는 법체계의 내용 결정과 관련하여 다음과 같은 관념을 제안한다. 즉 "법체계는 그것이 구성한 주된 법적용기관에 의해 승인된 모든 법들을 포함하는 것이다." 여기서 주된 법적용기관은 개괄적으로 말하자면 법원이라고 할 수 있다.[37]

결론적으로, 라즈의 이론에서 법의 실체적 내용은 법관의 법 적용결과에 나타나는 것이라고 할 수 있다. 이러한 관점에서는 사실상 법이 제정되는 역동적인 과정, 즉 불일치의 문제들을 포괄할 수 없게 된다. 입법적 판단에 있어 가치간 불일치에 대한 고려는 권위의 출현으로 해소되는 것처럼 보이게 만든다.

---

35 Joseph Raz, *The Concept of Legal System: An Introduction to the Theory of Legal System* (Oxford University Press, 1980), 190면.

36 Joseph Raz(1980), 앞의 책, 191면.

37 Joseph Raz(1980), 앞의 책, 192면; 또한 이와 유사한 주장은 라즈의 다른 문헌에도 나타난다. Joseph Raz, *The Authority of Law: Essays on Law and Morality*(Oxford University Press, 1979), 78~121면. 특히 이 책의 92면에서는 승인 공동체에 대한 하트의 모호성을 논의하고 있다. 그는 공무담당자의 행위에 근거한 규칙이라는 것은 "법적용 공무담당자"를 의미하는 것이라고 하트의 진술을 분석한다.

3. 드워킨

이상과 같은 현대적인 법실증주의에 대해 비판적인 드워킨(Ronald Dworkin)의 견해는 그들과는 다른 특성을 가진다. 법실증주의와는 달리, 사회 내에 존재하는 가치간 갈등 또는 불일치의 문제를 다소 적극적으로 고려하는 특성이 있다. 즉 통합성(integrity)[38]이라는 용어를 통하여 불일치의 문제를 그의 법 관념 속에 포함시킬 수 있는 기반을 마련하고 있다. 그러나 그의 이론에서도 역시 입법적 판단의 전제가 되는 통합성이라는 기준을 판단할 권한을 최종적으로 누가 가지는지가 문제시된다.

드워킨의 법이론에서 핵심적 내용은 바로 "통합성으로서의 법(law as Integrity)"이라는 용어로 대신할 수 있다. 통합성이라는 것은 기본적으로 정치적 · 도덕적인 측면에서의 논의이다. 따라서 이러한 통합성의 개념은 현재 논하고 있는 주제인 도덕적 불일치의 문제와 직결된 내용들을 논하고 있다. 그가 통합성에 대한 설명에서 "정치권력에 대한 도덕적 정당화를 증진해 주는 일종의 평등을 확립"한다는 표현[39]은, 도덕적 불일치를 조화시키는 방안으로 이러한 통합성의 문제를 고려하고 있음을 보여준다. 통합성이라는 것은 비단 사법의 문제뿐만 아니라, 입법의 문제에도 적용된다. 다음은 드워킨의 설명이다.

---

38 integrity이라는 용어는 완전성, 통일성, 고결성, 진실성 등의 번역이 가능하지만, 본 논문에서는 법학 분야의 일반적인 번역례에 따라 "통합성"이라고 번역하기로 한다. 이러한 번역에 대한 좀 더 세부적인 논의에 대해서는 김도균, "우리 대법원 법해석론의 전환: 로널드 드워킨의 눈으로 읽기 - 법의 통일성(Law's Integrity)을 향하여", 「법철학연구」 제13권 제1호, 2010; 최봉철, "서평: 드워킨의 법의 제국", 「법철학연구」 제8권 제2호, 2005를 참조할 것.

39 Ronald Dworkin(1997), 앞의 책, 96면.

통합성의 요구는 두 가지의 더 실천적인 원리로 구분하는 것이 유용할 것이다. 첫째는 입법에서의 통합성의 원리로서, 입법을 통해서 법을 창조하는 사람들에게 그 법을 원칙적으로 일관하게 할 것을 요구한다. 둘째, 사법에서의 통합성의 원리로서, 법이 무엇인가를 판단할 책임을 지고 있는 사람들에게 그런 식으로 법을 정확하게 보고 시행할 것을 요구한다.[40]

드워킨은 이러한 입법의 원리에서의 통합성의 요구가 이미 정치제도의 일부를 이루고 있기 때문에, 우리가 가진 정치제도에 대한 충실한 해석을 하기 위해서는 통합성의 입법 원리를 도외시하여서는 안 된다고 설명한다.[41] 이러한 관점은 분명 위에서 언급한 법실증주의의 견해와 차별성을 가지는 것이다.

그러나 이러한 입법이 위헌인지 여부가 문제시 되는 경우에, 이를 궁극적으로 누가 판단하게 되는 것인가? 즉 입법의 의미(또는 위헌성 여부)를 최종적으로 확정하는 기능은 누가 행하는 것인가? 드워킨은 법원의 사법심사(judicial review)[42]가 좋은 통치체계를 만드는 데 기여할 수 있다고 주장한다. 그 이유는 그것이 보다 나은 또는 더욱 공정한

---

40 Ronald Dworkin(1997), 앞의 책, 167면.

41 이러한 통합성의 원리에 대한 롤스의 정당화 작업은 Ronald Dworkin(1997), 앞의 책, 제6장 참조.

42 미국에서의 '사법심사'는 우리나라에서의 '위헌법률심판'과 유사한 의미로 사용된다고 할 수 있다. 다만 영국의 경우에는 사법심사는 과거에는 주로 행정소송을 의미하는 것이었다. 그러나 최근에는 유럽인권헌장(the European Convention on Human Rights)을 국내로 계수하는 인권법(the Human Rights Act 1998)의 제정으로, 위헌법률심판과 유사한 의미로 사법심사라는 용어가 사용되고 있다. 이러한 사법심사와 관련된 영국의 입헌주의적 특수성에 대해서는 김종철, "영국 입헌주의의 본질과 특색", 「공법연구」 제30집 제1호, 2001을 참조할 것. 이하 본 논문에서 사용되는 '사법심사'라는 용어는 기본적으로 '위헌법률심판'의 의미를 가진다.

결과에 도달할 수 있게 해주기 때문이라고 한다. 특히 드워킨은 다음과 같이 주장한다. "미국은 (사법적으로 강화된 헌법을 가지고 있기 때문에) 좀 더 공정한 사회다. 즉 헌법상 권리를 다수결주의적 기관들의 양심에 맡겨두는 것보다 더 나은 것이다."[43] 여기에서 추가적으로 확인해야 할 사항은, 드워킨이 이러한 주장을 펼치기 위해서는 정의에 관해 사회적으로 일정부분 공유된 관념이 존재한다는 사실을 가정할 수밖에 없다는 점이다.

결과적으로 도덕적 문제, 특히 가치간 불일치 문제와 결부된 헌법적 논쟁들을 해결하는 데 있어 법원이 어떤 방법을 사용하는지의 문제로 귀결된다. 이와 관련하여 드워킨은 다음과 같이 대답한다. "그러한 문제들을 판단함에 있어 절차 지향적 기준을 넘어서서 결과 지향적 기준을 사용하는 것 외에 다른 대안을 찾을 수 없다." 드워킨에게 있어 절차 지향적 기준들은 예측되는 결과에 의하여 평가 받아야 한다는 것이다. 이는 다시 말하면, 가장 좋은 제도적 구조(즉, 가장 좋은 통치 절차)는 가장 좋은 대답을 생산해 낼 것이 예측되는 것이어야 한다는 것이다.[44] 이러한 결과에 대한 관심은 그가 "도덕적 해석(moral reading)"이라고 부르는 해석이론으로 전환된다. 도덕적 해석이라는 것은, 특히 판사와 같은 사람들이 헌법상의 추상적인 조항들을 해석함에 있어, 정치적 품위와 정의에 대하여 이끌어내는 도덕적 원리들에 대한 이해에 기반하여 그러한 조항들을 해석하고 적용해야 한다는 것을 말한다.[45] 이에 따르면, 헌법상 추상적 조항들에 대한 올바른 해석은 도덕적

43 Ronald Dworkin(1997), 앞의 책, 356면.

44 Ronald Dworkin, *Freedom's Law: The Moral Reading of the American Constitution*(Oxford University Press, 1996), 34면.

45 Ronald Dworkin(1996), 앞의 책, 2면.

원리들에 따라 가장 좋은 결과를 도출해 낼 수 있어야 한다. 그렇다면 도덕적 원리에 따른 해석의 권한은 누구에게 주어지는 것인가가 문제시 된다. 드워킨은 결국 앞서 언급한 바와 같이, 사법심사를 긍정하면서 그 권한을 판사들에게 귀결시키고 있다.

이상과 같은 드워킨의 이론은 사실 현대적 법실증주의 이론들에 비하여 도덕적 불일치를 고려에 두고 있는 것은 분명해 보인다. 그러나 사법심사와 관련한 그의 주장에서 볼 수 있는 바와 같이 결과 지향적 기준을 추구함으로 인하여 이미 공유된 관념을 전제로 함을 알 수 있다. 그리고 이러한 공유된 관념을 확인하는 것은 종국적으로 사법심사를 행하는 판사에게 주어진다. 이러한 드워킨의 논의는 앞서 언급한 법실증주의 이론들과는 다소 차이가 있는 것이기는 하지만, 결과적으로는 가치간 불일치를 전제로 한 역동적인 입법의 과정은 일정부분 관심에서 벗어나 있다.

4. 리걸리즘 한계 극복과 법원의 사법판결

종합하자면, 기존의 주류적인 법이론들은 대부분 법원의 판결 문제에 집중하고 있으며, 입법의 문제는 다소 부차적인 문제로 귀결시키고 있다. 달리 말하자면, 법을 둘러싼 가치간 갈등 또는 불일치의 해소를 법원의 사법판결에 기초하여 해소하고자 하는 것이라고 할 수 있다.

그러나 앞서 리걸리즘에 관한 논의에서 언급한 바와 같이, 기존의 리걸리즘의 범주 내에서 법의 민주성과 정당성을 확보하는 데 있어 법원의 판결 또는 판사의 결정이 과연 그러한 역할을 수행할 수 있는 것인지에 대해서는 재차 고민해 봐야 할 필요성이 있다.

따라서 이하에서는 이러한 입법 영역에서의 의사결정과 사법 영역에서의 의사결정 방식의 차별성에 기초하여, 기존 법이론의 접근방식이 타당한 것인지에 대하여 분석해 보고자 한다.

제4절 입법과 사법의 불일치 해소방식

입법적 판단과 사법판결의 불일치 해소방식을 본격적으로 비교하기 위하여, 먼저 입법부의 의사결정과 사법부의 의사결정 방식의 특성을 비교·분석해 보면 다음과 같다.

1. 집단성 vs. 개별성

의회에서의 의사결정은 집단적인 성격을 가지고 있다. 입법부와 사법부는 그 의사결정 주체 문제에 있어 가장 중요한 차별성을 가진다. 즉 입법적 판단과 사법적 판단을 행하는 주체인 입법자와 판사의 지위는 상당한 차이를 가지는 것이다. 이러한 주체의 문제는 의사결정의 결과가 제시되는 방식과 관련한 차이에서 확인할 수 있다. 사법판결의 경우 판결문을 통하여 자신의 의사결정을 정당화 한다. 문제는 이러한 정당화를 위한 논증은 개별 판사들의 이름을 걸고 이루어진다는 점이다. 그것은 다수의 법정의견이건 이에 반대하는 소수의견이건 간에, 판결에 참여하는 개개 판사들의 의견이 판결문에 표명된다. 이는 곧

사법판결에서의 의사결정이 판사의 개인적 판단에 귀착되는 경향성을 보여주는 것이라고 할 수 있다.[46] 그러나 입법적 의사결정의 경우, 실제 입법의지를 표명하는 입법내용에 관한 주장이 입법절차 속에서 개진되는 것은 사실이지만, 이러한 주장의 내용은, 당연한 이야기이지만, 그대로 입법부의 의사결정으로 귀결되는 것이 아니라 심의와 표결을 거쳐 의회의 의사결정으로 확정된다. 또한 이러한 심의 또는 표결과정을 거치면서, 본래 제안자가 의도했던 바와는 다른 내용의 입법이 이루어질 가능성도 있다.[47]

2. 추상성 vs. 구체성

의회에서의 의사결정은 추상적인 성격을 가진다. 사법판결은 기본적으로 원고적격을 갖춘 분쟁의 당사자들이 당해 분쟁을 종식시키기 위한 목적으로 법원에게 판결을 구하는 것이다. 이렇게 본다면 법원의

46 특히 이와 관련하여 언급할 수 있는 것은 「법원조직법」 제15조가 대표적이다. 이 조항에서는 "대법원 재판서에는 합의에 관여한 모든 대법관의 의견을 표시하여야 한다"고 규정되어 있다.

47 이는 특정의 입법적 주장을 펼치는 이들이 그들과 다른 주장을 제기하는 이들과 자신의 주장을 조금씩 양보하면서 발생될 수 있는 문제이다. 이는 정치적 결탁(logrolling)이라고 할 수 있는데, 이러한 현상은 오히려 현실 정치 과정 속에서 자연스럽게 발생하는 현상이라고 할 수 있다. 이에 대한 설명으로는 조홍식, 『사법통치의 정당성과 한계』(박영사, 2010), 205면. 또한 이러한 문제는 '도덕적 조정 문제'(moral coordination problem)로도 설명이 가능하다. 도덕적 불일치로 인한 불확정성의 문제가 발생하는 경우, 이러한 문제를 해결할 수 있는 실마리가 제공되는 경우 자신이 가지고 있는 입법적 주장의 실체적 가치를 따지기 보다는 오히려 이러한 실마리에 따르는 것이 낫다는 것이다. 이러한 문제와 관련하여 참조할 문헌으로는 Joseph Raz, *The Morality of Freedom* (Clarendon Press, 1986), 49면; John Finnis, "Law as Co-ordination", *Ratio Juris* 2(1), 1989, 97~104면.

입장에서는 승/패, 합법/불법의 구분 중 하나의 결론을 선택해 줄 수밖에 없다.[48] 즉 사법판결의 의사결정적 특징은 일도양단의 성격을 가지는 것이다. 그 원인은 이러한 의사결정이 구체적인 분쟁과 결부되어 있다는 점에서 기인하는 것이라고 할 수 있다. 그러나 입법적인 의사결정은 위와 같은 사법판결의 일도양단적인 성격과는 다소 차이가 있다. 이는 기본적으로 입법의 문제가 구체적 · 현실적 분쟁의 종식이라는 것과는 일정부분 괴리되어 있거나, 간접적인 영향밖에 줄 수 없기 때문이다. 그 결과 입법부의 의사결정은 상당한 판단의 여지(재량)를 남겨두고 있다.[49] 입법적 판단은 구체적인 분쟁의 종식을 목적으로 한다기보다는, 당해 분쟁에 적용될 수 있는 일반적·추상적 내용을 가지는 원칙적인 내용들을 확정할 뿐이라는 특징을 가지고 있다.

48 이러한 법원의 일도양단식 의사결정 방식에 대해서는 조홍식, 앞의 책, 202면 이하 참조. 이와 더불어 이러한 법원의 의사결정은 기본적으로 데리다(Jacques Derrida)가 제시하고 있는 법적 판단이 가지는 세 가지의 난관과 관련이 있다고 할 수 있다. 이러한 난관은 (i) 법칙의 정지(epoche of the rule), (ii) 결정 불가능성의 유령(the ghost of the undecidable), (iii) 지식의 지평을 방해하는 긴급성(the urgency that obstructs the horizon of knowledge)으로 제시된다. 이는 궁극적으로는 사법판결이라는 것이 특정한 유형의 강제성 또는 폭력성과 연결될 수밖에 없음을 나타내고 있는 것이라고 판단된다. 이러한 데리다의 논의에 대한 소개는, 최봉철, “해체적 정의와 법적 판단”, 「법과사회」 제11호, 1999을 참조할 것.

49 또한 이러한 추상성은 위임입법의 문제와도 연관이 되어 있다. 현대사회의 복잡성은 의회에서 모든 입법을 종결시키지 못하게 한다는 평가가 가능하다. 특히 이러한 현상은 행정국가화 경향과 밀접한 관련성을 가진다. 따라서 의회에서의 입법은 실질적으로 ‘골격입법’으로서의 성격을 가지는 경우가 다수 존재한다고 할 수 있다.

3. 비구속성 vs. 구속성

의회에서의 의사결정은 비구속적인 성격을 가진다. 사법판결의 경우 기존 선례(先例)에 대하여 구속성을 가진다는 점은 규범적으로나 사실적으로나 인정된다. 이러한 구속성이라는 것은 법적 안정성을 확보하는 데에 기여하고 있다고 평가할 수 있다. 그런데 의사결정이라는 측면에서 보자면, 이러한 구속성은 판사들의 판단 또는 의사결정의 부담을 어느 정도 덜어주는 역할을 한다. 판결하기 어려운 사안 등의 문제에 있어, 판사들은 법원에 대한 기존의 해석과 이를 구체적으로 밝힌 선례에 의탁하여 그러한 부담을 상당부분 덜어낼 수 있다. 그러나 입법판단의 경우는 이와 다른 특성을 가진다. 입법부의 입법적 의사결정을 구속하는 규범적 요소는 모든 국가기관의 행위규범인 헌법이라고 할 수 있다. 그러나 입법적 의사결정에 있어 이러한 헌법규범을 제외한 다른 규범적 구속요인을 찾기는 힘들다.[50] 즉 입법적 의사결정은 사법부의 의사결정과 비교해 볼 때, 비구속성이라는 성격을 가진다고 할 수 있다.

---

50 이와 관련하여 언급될 수 있는 것은 합헌성 추정의 원칙이다. "국민의 대표자인 입법자가 제정한 법률은 되도록 합헌성이 추정되어야 하며, 법률이 헌법에 조화하여 해석될 수 있는 경우에는 위헌으로 판단되어서는 안 된다는 것은 그간 헌법재판소가 위헌성 심사에서 중시해 온 대원칙이었다." 헌재 2006. 6. 29, 2005헌마165. 또한 이와 유사한 맥락에서 언급할 수 있는 것이 법률의 합헌적 해석이다. 헌법재판소는 "법률의 합헌적 해석은 헌법의 최고규범성에서 나오는 법질서의 통일성에 바탕을 두고, 법률이 헌법에 조화하여 해석될 수 있는 경우에는 위헌으로 판단하여서는 안 된다는 것을 뜻하는 것으로서 권력분립과 입법권을 존중하는 정신에 그 뿌리를 두고 있다"고 한다. 헌재 1989. 7. 14, 88헌가5.

4. 비종국성 vs. 종국성

의회에서의 의사결정은 비종국적인 성격을 가진다. 반면, 사법판결에서의 의사결정은 종국적인 성격을 가지는데, 이는 분쟁의 해결에 있어 사법판결이 법적 안정성에 기여하기 위해서는 반드시 요구되는 특성이라고 할 것이다. 그 결과 이러한 의사결정은, 그것이 최종적으로 확정되고 나면, 추후에 이를 수정할 수 있는 방안이 다소 폐쇄되어 있다. 그러나 입법적 의사결정은, 특정한 입법적 주장이 법률로써 확정된다고 할지라도, 추후 이러한 법률은 다시금 의회에서 논해질 수 있는 성격을 가지고 있다. 물론 의사진행의 효율성을 위하여 동일 회기 내에 제안되었던 법률안에 대해서 다시금 논의하는 것은 일정한 규제가 따르는 것이기는 하지만,[51] 그렇다고 하여 동일한 사안을 논하는 것이 금지되어 있는 것은 아니다.

5. 입법적 의사결정의 특징

이상과 같은 측면에서 보자면, 의회에서의 의사결정이라는 것은 기본적으로 사법적인 의사결정에 비하여, 매우 개방적인 성격을 가진다고 볼 수 있다. 이상에서 정리한 (i) 집단성, (ii) 추상성, (iii) 비구속성, (iv) 비종국성이라는 입법적 의사결정의 특징은 기본적으로 불일치 해

51 이와 관련된 것이 일사부재의(一事不再議) 원칙이다. 이는 특정 안건이 한 번 국회에서 부결되면 그 회기 중에는 다시 동일한 안건에 대하여 발의 또는 제출하지 못하는 것을 말한다(「국회법」 제92조).

소가능성보다는 그것의 지속가능성을 상당부분 염두에 둔 것이다.

제5절 입법논증론의 필요성

1. 사법판결과 결과주의

법의 적용 및 해석에 초점을 맞추고 있는 사법판결은 그간 발전해 온 전통적인 해석법학의 전제 위에 서 있다. 해석법학적인 사고는 다분히 법의 적용에 중심을 두고 있는 것이어서 사법판결을 통해 도출되는 '결과'에 초점을 맞출 수밖에 없다. 이는 당해 분쟁 사안에 있어 실체적 진실이라고 판단되는 결과를 판결을 통해 제시함으로써 종국적으로 분쟁을 종식시키고자 하는 목적을 가지고 있는 것이다.

그런데 문제는 법관의 판결이 과연 불일치를 보이는 사회 내의 실체적인 가치들을 모두 충족(불일치의 해소)시킬 수 있는가 하는 점이다. 필자의 입장에서 보자면, 이러한 불일치의 해소는 궁극적으로 불가능하다. 그 이유는 사법판결은 공동체 운영을 위한 분쟁해결의 필요성과 급박성을 기본 전제로 하고 있어, 이를 통한 법적 판단은 일정부분 강제적으로 불일치를 종식시키고자 하는 성격을 가지고 있기 때문이다.

다만 그러한 강제성을 다소 세련된 방식으로 감축시키고자 하는 노력의 일환으로, 판결을 제시하는 판사는 자신이 그러한 결정에 이르게 된 논거들을 제시하여 재판 당사자들을 설득할 필요성이 있고, 이것이 바로 판결 절차에서의 법적논증의 필요성을 나타내는 것이다. 결과적으로 사법판결은 판사들이 실체적 진실이라고 판단한 논거들과 결과를 제시함으로써 불일치를 해결하고자 하는 속성을 가지고 있는 것이다.

2. 입법적 판단에서의 민주성 강화

이상과 같은 사법판결이 가지는 불일치 해소의 한계는 사법판결의 전제가 되는 법(률)을 형성하는 입법의 문제로 눈을 돌리게 한다. 법의 해석 및 적용의 문제에 있어 그러한 적용의 결과가 일정부분 강제적인 성격을 가질 수밖에 없는 것이라면, 입법 단계에서 그러한 강제성을 감축시킬 가능성이 존재하지는 않을까?

어쩌면 법적 판단이 가지는 강제성은 궁극적으로 해소될 수 없는 것이며, 달리 말하자면 사법뿐만 아니라 입법을 포괄하는 법적 판단에 있어 배제되는 도덕적 · 가치적 실체는 항상 존재할 수밖에 없다고 할 수 있다. 그러나 앞서 살펴본 입법적 의사결정 방식의 특성들, 즉 (i) 집단성, (ii) 추상성, (iii) 비구속성, (iv) 비종국성이라는 측면에서 보자면, 입법적 판단은 사법판결에 비하여 불일치 문제를 대하는 방식에 있어서 차이점이 존재한다.

입법적 의사결정은, 사법판결에서와 같은 '결과'의 문제보다는, 불일치를 보이는 사회 내의 의견들이 논의되고 가급적 반영될 수 있는 '절차'의 문제를 더욱 중시한다. '집단성'이라는 특성은 불일치를 보이는 가치들이 입법에 반영될 수 있는 가능성을 보여주는 것이고, '추상성'이라는 것은 분쟁해결의 필요성과 급박성으로부터 입법적 판단이

다소 거리를 둘 수 있는 여지를 나타내며, '비구속성'과 '비종국성'이라는 것은 추후 언제든지 그러한 판단이 변경될 수 있다는 측면에서 사법판결에 비하여 법적 판단의 강제성을 일정부분 감축시킬 수 있는 가능성이 있다. 이를 민주주의와 법치주의의 대립관계에 대응하여 설명하면 다음과 같이 기술되어질 수 있다.

> 해석법학(사법판결)은 법치주의적 측면을 상대적으로 강조하는 반면, 입법학(입법판단)은 민주주의적 측면을 상대적으로 강조하여, 궁극적으로는 이들 간의 균형이 이루어지게 할 필요성이 있다.

사법판결의 전제가 되는 해석법학에 있어서는 판결을 통하여 제시되는 결과 또는 실체적 진실 판단방식이 그 중심 연구대상이라고 할 수 있다. 반면, 입법학의 경우 바람직한 법은 어떠한 과정과 방식으로 형성되는지의 문제에 초점을 맞추게 된다. 따라서 입법학 연구는 전통적인 해석법학과 비교해 볼 때 '절차'의 문제에 상대적으로 더 많은 관심을 기울일 수밖에 없다.

바로 이러한 절차의 강조는 이하에서 설명할 입법논증론과 직결된다. 절차를 중시 여긴다는 점은, 입법적 판단의 민주성과 관련하여, 단순히 입법과정에 관한 실정적 규칙들을 준수했는지 여부를 의미하는 것이 아니라, 각기 다른 가치적 전제를 가진 입법적 주장들이 배제되지 않은 상태에서 진지하게 제시되고 토론될 수 있는지 여부를 의미하는 것이다.

[판례 3-1] 헌재 1997.01.16, 90헌마110

헌법재판소와 입법자는 헌법이 부여한 기능에 있어서 서로 다르다. 입법자는 헌법의 한계 내에서 정치적 결정을 통하여 공동체를 형성하는데 중심적 역할을 하고, 이에 대하여 헌법재판소는 헌법에서 입법자의 형성권의 한계를 유출해 냄으로써, 입법자의 정치적 형성의 헌법적 한계를 제시한다. 즉 입법자는 입법활동을 통하여 헌법을 구체화하고 실현하는데 있어서 포괄적, 주도적, 형성적으로 기능하나, 헌법재판소는 그의 사법적 성격에 내재된 한계 때문에 매우 한정된 특정대상에 관련하여 헌법재판의 형태로 부분적, 사후적, 통제적 역할을 하게 된다.

헌법재판소와 입법자는 모두 헌법에 기속되나, 그 기속의 성질은 서로 다르다. 헌법은 입법자와 같이 적극적으로 형성적 활동을 하는 국가기관에게는 행위의 지침이자 한계인 행위규범을 의미하나, 헌법재판소에게는 다른 국가기관의 행위의 합헌성을 심사하는 기준으로서의 재판규범 즉 통제규범을 의미한다.

제4장

입법논증의 이론적 기초

제4장
입법논증의 이론적 기초

제3장의 논의를 통하여 입법을 바라보는 전통적 관점 및 주요 법이론에서의 논의를 살펴보았다. 결국 가치간의 불일치 문제와 관련하여 그간의 논의들은 이에 대한 진지한 고려를 수행해 오지 못했다는 것이 필자의 판단이다. 이제까지의 법이론들은 가치간의 불일치 문제를 해결하는 데 있어 사법판결과 같은 결과주의적 사고에 천착함으로써 문제의 본질을 벗어나고 있다고 평가할 수 있겠다. 즉 입법에 관한 논의에서 합법성을 강조하는 리걸리즘적 사고가 팽배해지고 있다.

따라서 이번 장에서는 입법의 문제를 분석하는 데 있어, 그간의 법이론적 논의의 한계를 극복하기 위한 대안 구성을 위한 입법논증론의 이론적 기초에 대해 살펴본다. 즉 입법논증의 개념, 입법논증의 고려요소, 그리고 입법논증에서의 근거설정 방식에 대한 논의들을 면밀하게 살펴보기로 한다.[1]

1 이 장의 내용은 필자의 박사학위 논문 "제2장 3. 입법논증의 방식과 입법절차" 및 "제6장

제1절 입법논증의 개념

앞서 입법적 판단은 전통적인 해석법학과 비교해 볼 때, 상대적으로 절차의 문제에 중점을 둔다고 언급한 바 있다. 입법절차의 문제는 결국 입법절차가 어떻게 구성되어야 하는지의 문제, 그리고 그러한 절차를 통하여 주장되어지는 내용에는 어떠한 것들이 있어야 하는지의 문제와 밀접한 관련을 가진다. 이는 결국 바람직한 방식으로 구성된 입법절차를 통하여, 자신의 입법 주장을 논증[2]할 수 있어야 한다는 것을 의미한다. 이와 관련한 것이 바로 "입법논증"이라는 것이다.

입법논증론은 입법자가 특정의 입법내용을 주장할 때 그것이 타당한 것임을 설득하는 논거와 그 활용을 연구하는 분야이다. 이는 다른 입법학 세부 연구영역들의 분석 및 구성을 위한 이론적 전제로서 기능하기도 한다.

사실 입법논증이라는 것은 입법학 연구에 있어서도 그다지 보편화된 논의는 아니다.[3] 국내의 경우 일부 학자들에 의해 "입법변론"이라는

2. 입법논증에서의 근거설정 문제"를 수정・보완하여 반영하였음을 밝힌다.

2 여기서 "논증"(argumentation 또는 reasoning)과 "증명"을 구분해야 할 필요성이 있다. 증명이라고 하는 것은 수학 또는 자연과학에서 하나의 주장(가설, 이론)이 진리임을 보일 때 사용되는 단어이지만, 논증이라는 것은 하나의 판단이 각자의 입장에서 올바르다고 하는 것을 근거지우는 경우에 사용되는 말이다. 따라서 이러한 '논증'이라는 용어의 경우 증명에서와 같은 객관적인 진리의 개념과는 다소 차이점이 있는 개념이라고 할 수 있다. 김성룡, 『법적 논증론(I)』(준커뮤니케이션즈, 2009), 17면.

3 세계적으로도 입법학의 한 분야로서의 입법논증에 대한 관심은 아직까지 그다지 크지 않은 상황이다. 최근 이와 관련하여 출간된 의미 있는 연구들로는 다음과 같은 것들이 있다. Daniel Oliver-Lalana, "Legitimacy through Rationality: Parliamentary Argumentation

용어로 주장된 바 있다.[4] 이들의 논의는 사법판결과 입법의 구조적 유사성에 기반하고 있다. 사실적인 영역에서의 문제를 확인하고, 이를 규범적인 언어 또는 체계 속에서 판단할 수 있는 기준을 적용 · 정립한다는 견지에서 사법판결과 입법은 상당한 유사성을 가지고 있다.[5] 따라서 사법판결에 있어서의 변론의 개념을 입법의 영역에 도입하고자 한 것이라고 볼 수 있다.

---

as Rational Justification of Law", Luc J. Wintgens(ed.) *The Theory and Practice of Legislation: Essays in Legisprudence*(Ashgate, 2005); Manuel Atienza, "Reasoning and Legislation", Luc J. Wintgens(ed.) *The Theory and Practice of Legislation: Essays in Legisprudence* (Ashgate, 2005); Daniel Oliver-Lalana, "Towards a Theory of Legislative Argument", *Legisprudence* 4(1), 2010; Jan Sieckmann, "Legislative Argumentation and Democratic Legitimation", *Legisprudence* 4(1), 2010; H. José Plug, "Institutional Boundaries on the Evaluation of Argumentation in Legislative Discussions", *Legisprudence* 4(1), 2010; Gema Marcilla, "Balancing as a Guide to Legislative Reasoning", *Legisprudence* 4(1), 2010.

4 최대권, "입법학연구: 입법변론을 중심으로", 서울대「법학」제31권 제1호, 1990; 최대권 외,『사회변화와 입법』(도서출판 오름, 2008), 20면 이하 참조. 이하 본 논문에서는 "입법변론"이라는 용어를 대신하여 "입법논증"이라는 용어를 사용하기로 한다. 입법변론이라는 용어는 대단히 간명하게 그것이 가지는 취지를 보여주고 있기는 하지만, 다소 사법판결에서의 변론과 혼동되어 원래의 취지와 동떨어진 이해를 불러일으킬 수 있기에 "입법논증"이라는 단어를 사용하기로 한다. 또한 이에 대해 간단히 소개하고 있는 논문으로는 정태욱, "절차적 정의에 관한 연구: 법절차에 관한 정의철학적 기초", 서울대학교 박사학위논문, 1995, 136면 이하.

5 이러한 유사성에 대한 지적은 빈트겐스(Luc J. Wintgens)의 논의에도 나타난다. 그는 기존의 리걸리즘에 대한 이해를, 하트의 내적/외적 관점에 관한 논의에 적용시켜, 사법판단 및 입법판단은 약한 리걸리즘을 취해야 한다고 주장한다. Luc J. Wintgens, "Legislation as an Object of Study of Legal Theory: Legisprudence", Luc J. Wintgens(ed.), *Legisprudence: A New Theoretical Approach to Legislation*(Hart Publishing, 2002), 10면 이하.

1. 법적논증과 입법논증의 유사성

다음에서는 입법논증이 기존의 법이론 영역에서 논의되어 오던 법적논증과 어떠한 차이점을 가지는지를 살펴보고자 한다.

법적논증 이론은 고전적인 자연법론과 법실증주의의 해묵은 대립을 넘어선다는 의미가 있다. 즉 "그러한 법이 어떻게 인식되고 실현되는가?"라는 법인식론적 방향으로 법철학적 논의들이 선회한 결과이다.[6] 특히 최근 들어 법적논증 이론이 주목받게 된 이유는 사회의 민주화와 관련성을 가진다. 권위적인 사회에서 법적 결정은 법률에 근거한다는 사실에 의해 정당화되는 것이라고 할 수 있었지만, 민주적인 사회에서는 국가의 정책적인 결정이 국민의 동의를 받아야 하는 것과 마찬가지로, 법적 결정도 단순히 법률에 따른 것이라는 형식적인 합법성만으로는 결코 정당화될 수 없다.[7] 따라서 법적결정이 정당화되기 위해서는 제시되는 법적 근거가 청중(수범자)들에게 합리적이고 설득력이 있을 것이 요구된다. 바로 이 지점에서 법적논증 이론이 필요하게 된 것이다.[8]

이러한 측면에서 법적논증 이론은 전통적인 법학방법론과 차별성을 가진다. 전통적인 법학방법론의 입장에서 법의 적용 및 해석과정은

6 김영환, "법의 논증적 구조와 해석학적 법이해", 『현대법철학의 흐름』(법문사, 1996), 128면; 법적논증에 관한 개괄적인 내용으로는 Eveline T. Feteris, *Fundamentals of Legal Argumentation: A Survey of Theories on the Justification of Judicial Decisions*(Kluwer Academic Publishers, 1999)를 참조할 것.

7 법적논증의 요청은 이미 국내의 현행법에도 명문으로 구체화 되어있다. 「형사소송법」 제361조의5 제11호, 「민사소송법」 제426조 1항 제6호, 그리고 간접적으로 「형사소송법」 제361조의 제14호, 「형사소송법」 제383조 제4호 등이 그것이다. 김성룡, 앞의 책, 12면.

8 김영환, 앞의 논문, 129~130면.

법적 삼단논법을 의미한다. 이러한 법적 삼단논법은 대전제인 규범, 소전제인 생활사태, 그리고 이 둘 간의 포섭에 의한 결론으로 판결이 이루어진다고 보는 입장이다. 전통적인 법학방법론은 법의 적용을 법관의 법인식 행위로 파악하기 때문에, 판결을 근거 짓는다는 것은 곧 법관이 입법자가 마련해 놓은 법의 의미를 인식해 가는 과정을 그대로 제시한다는 의미만을 지닐 뿐이다.[9]

위에서 언급한 바와 같이, 입법적 판단이라는 것은 사법판결과 기본적으로 유사한 논의 구조를 가지고 있다. 기본적으로는 규범적(내적) 관점을 견지하고, 이를 바탕으로 사실적(외적) 관점 요소를 끌어들인다는 점에서 사법판결과 입법판단은 유사성을 가진다. 사실적 차원에서 발생한 문제점들을 규범적 언어로 표현 및 판단하는 구조를 양자 모두 가지고 있다.

이러한 관점에서 본다면, 입법논증이라는 것도, 당연한 이야기일 수도 있지만, 법의 문제에 근원을 두고 있는 것이다. 즉 법과 관련한 설득적 추론이라는 측면에서, 실정법을 제정하는 법규범적(legal-normative) 판단이라고 할 수 있다.[10] 즉 외적 관점에서 발견되는 사실들을 규범적인 언어로 변경시키기 위한 입법적 주장을 펼친다는 점에서 법규범적 판단의 성격을 가지는 것이다.

이러한 입법논증 자체도 법적 규율을 받는다. 「헌법」이라든지, 아니면 이러한 헌법적 내용에 기반을 둔 각종 입법절차를 규정해 놓은 법률들(실질적 의미의 헌법)의 적용을 받는다. 즉 입법자들에게는 이러한 규정들이 행위의 준거기준으로 작동하는 것이다.

---

9 김영환, 앞의 논문, 131면.

10 Daniel Oliver-Lalana(2005), 앞의 논문, 245면.

2. 법적논증과 입법논증의 차별성

그렇다면 입법논증이 법적논증과의 관계에서 가지는 차이점은 무엇인가? 사법판결의 구조와 입법판단의 구조가 법규범적 판단이라는 측면에서 유사성을 가진다고 할지라도, 이러한 양자간에는 차별성이 존재한다. 따라서 그 구체적인 차이점이 무엇인지 살펴보아야 할 것이다. 이들 논증간의 차이점은 다소 제도적인 측면에 각각 그 초점이 맞추어져 있다.

첫째, 놀(Peter Noll)의 논의에 따르면, 입법과정에는 재판과정과는 달리 어떠한 증거절차도 존재하지 않으며, 다투어지고 있는 사실에 대하여 어떠한 입증의무도,[11] 입법상 결정에 대한 어떠한 이유구비강제(Bergündungswang)도 존재하지 않는다.[12]

둘째, 법원의 법적용은 구체적인 사건이 야기되면서부터 그 특정의 다툼을 해결하는 데 중점을 두는 수동적인 활동인데 비해, 법제정은 구체적인 사건과 관계없이 일반적인 원칙을 정하는 것을 그 목적으로 한다. 따라서 사법과정에서는 개념적・논리적 사고방법이 우선하나, 입법과정은 목적성・기술성이 우선한다는 점에서 양자는 그 성격을 달리한다.[13]

---

11 이러한 입법자의 의무와 관련하여, 최윤철은 독일연방헌법재판소의 견해를 제시하면서, 입법자의 법률관찰 의무와 법률 개선 및 교정의무를 제기하고 있다. 이에 대해서는 최윤철, "입법자의 법률관찰의무", 「토지공법연구」 제21집, 2004; 최윤철, "독일에 있어서의 "입법자의 법률개선의무"에 관한 논의", 「공법연구」 제31집 제3호, 2003; 최윤철, "입법자의 법률상 하자제거의무", 「법조」 통권 561호, 2003, 그리고, 홍완식, "입법자의 법률개선의무에 관한 연구", 「공법연구」 제31집 제2호, 2002 참조.

12 Peter Noll, *Gesetzgebungslehre*(Westdeutscher Verlag GmbH), 1973, 46면, 94면

13 박영도, 『입법학입문』(한국법제연구원, 208), 249면.

셋째, 사법과정은 현재 존재하는 법(률)을 적용하여 사건을 재판하는 것, 즉 판결을 하는 당사자인 판사가 사용하는 행위의 판단기준은 법률인데 비해, 입법과정은 이와 달리 정면으로 그 법을 제정하는 행위라는 점, 그리고 입법자에게 행위 준거기준으로 등장하는 것은 헌법 또는 더 넓게는 입헌주의 원리라는 점에서 입법과정은 사법과정보다 광범위한 형성의 자유를 지니고 있다.

결과적으로, 사법판결과 입법적 판단이 구조적으로 유사성을 가진다는 점에서 법적논증의 상당부분 내용들을 입법논증에도 활용할 수 있지만, 이상과 같은 차별성으로 인하여, 입법논증은 법적논증과 또 다른 차별적 특성을 보유한다.[14]

제2절 입법논증에서의 고려요소

다음에서는, 입법논증에 있어서 고려하여야 할 요소들에 대하여 살펴보도록 한다. 논증이론의 역사적 발전에 있어, 현대의 논증이론을 부활시켰다고 평가받는 두 학자, 툴민(Stephen Toulmin)과 페를만(Chaïm

14 이와 관련하여 알렉시(Robert Alexy)는 다음과 같이 언급한다. "법적논증의 합리성은, 그것이 법률에 의해 규정되는 범위 내에서, 언제나 입법의 합리성과 관련되어 있다. 법적 결정의 무제한적 합리성은 입법의 합리성을 전제로 한다. 그런데 입법의 합리성은 당해 사회에서 실천적인 문제들이 합리적으로 해결되고 있음을 전제로 한다. 이러한 합리성을 포괄하는 법적논증 대화 이론에 도달하려면 일반적인 합리적 논증대화 이론을 그 일부로 포함하는 규범적 사회이론으로 확대되어야 할 것이다." Robert Alexy, *Theorie der juristischen Argumentation: die Theorie des rationalen Diskurses als Theorie der juristischen Begründung. 2. Aufl.*(Frankfurt a.M., 1991); 변종필 · 최희수 · 박달현(역), 『법적논증이론: 법적 근거제시 이론으로서의 합리적 논증대화 이론』(고려대학교출판부, 2007), 399면. 이하 이 저술에 대한 인용은 2007년 국문 번역본에 따르기로 한다.

Perelman)의 이론[15]을 논의에 필요한 범위 내에서 살펴보기로 한다. 이들 두 학자는 논의의 출발 지점을 법정에서의 논증으로 삼고 있다는 특징이 있으며, 하버마스의 이론적 전제를 바탕으로 하는 알렉시(Robert Alexy) 등의 논증이론 발전에 상당부분 영향을 미친 것으로 평가된다.[16]

다음에서는 현대적인 '신수사학'이라는 이름으로 대변되는 이들 두 학자의 수사학적 논증에 대한 설명에 바탕하여, 입법논증에서 활용될 수 있는 요소들을 도출해 보도록 하겠다. 특히 툴민의 경우 논증의 내용 및 과정과 관련된 '논증모델'에 대하여, 그리고 페를만의 경우 논증 및 설득의 대상과 관련한 '보편청중'의 개념을 더욱 구체적으로 살펴보기로 한다. 이를 통하여 입법논증에 필요한 요소들을 개괄적으로 확인해 볼 수 있을 것이다.[17]

1. 논증모델

다음에 살펴보게 될 페를만이 데카르트적 합리주의와는 반대되는 개념으로서 필연성과 대비되는 개연성을 중시하고, 사실과 대비되는

15 이러한 평가에 대해서는 Philippe Breton & Gilles Gauthier, *Histoire des théories de l'argumentation*(Éditions La Découverte, 2000); 장혜영(역), 『논증의 역사』(커뮤니케이션북스, 2006), 39면 이하 참조. 여기에서의 인용은 2006년 국문 번역본에 따른 것이다.

16 Eveline T. Feteris, "A Survey of 25 Years of Research on Legal Argumentation", *Argumentation* 11(3), 1997, 357면 참조.

17 지면 관계상, 이들 이론에 대한 세부적인 논쟁들에 대해서는 구체적으로 다루지 않기로 한다. 여기에서는 다만 그들의 이론을 통하여 입법논증의 개괄적 내용과 구조를 파악하는 데 중점을 두기로 한다.

의견의 중요성을 강조했다고 한다면, 툴민은 아리스토텔레스로부터 카르납(Rudolf Carnap)에 이르는 논리실증주의와 반대되는 지점에 위치한다. 또한 추후 논하게 될 페를만에게 있어 논증은 수학적 증명과는 구분되는 합리성에 속한다고 한다면, 툴민에게 있어 논증은 삼단논법보다 복잡한 일반적 추론의 한 형태이다.18

툴민의 의도는 근본적으로 논리의 형식화에 대해 문제를 제기하려는 데 있다. 논리를 변형시켜 형식적 학문에서 실천적 학문으로, 이상화된 논리에서 실제 작용하는 논리로 전환하려는 것이다. 그는 다양한 논증 영역 전체에 공통으로 적용할 수 있는 방식, 즉 논증평가에 대한 보편적인 기준이 되는 영역을 찾고자 한다. 그리고 그가 비록 논증에 공통적으로 적용할 수 있는 체계화된 유형적 모델을 제시하고 있기는 하지만 형식논리가 모든 것을 독점하는 것에 반대한다. 즉 형식논리학의 완결성이나 불변성을 주장하려는 입장에 반대하여, 오히려 논증이 보다 정치한 구분이나 범주에 의해 보충될 필요가 있다는 것이다. 그래서 툴민은 많은 상이한 것들을 대전제 속에 포괄하고, 다양한 논증들을 연역 논증과 귀납 논증으로 단순히 분류해 온 기존의 형식논리학에 대항하여 논리의 혁신과 개선을 모색한다.19

툴민 이론에서의 핵심적인 위치를 차지하고 있는 것은 '논증 모델'이다. 툴민의 논증모델의 강점은 논증이 어떻게 구성되고 사용되는지를 보여주고, 논증에서 강조되거나 누락된 부분을 명시적으로 보여줌으로써 논증구조를 파악하고 평가할 수 있게 해준다는 점에 있다. 논증의 수사적 분석은 "주장, 근거, 보증을 분리해 내서, 어떤 종류의 보증

18 오형엽, "현대문학비평과 논증의 수사학", 「어문논집」 제56권, 2007, 333면.

19 오형엽, 앞의 논문, 342면.

이 명시적으로 드러나 있으며, 어떤 보증이 숨어있는지를 밝혀내는 것"[20]이기 때문이다.

첫째, 논증은 기본적으로 주장(C), 근거(D), 보증(W)의 세 가지 요소로 이루어진다. "주장(C)"이란 화자가 주장하고자 하는 가장 폭 넓고 포괄적인 진술로, 그 안에 갈등의 요소가 내재되어 있는, 가장 추상적인 수준이 높은 진술을 의미한다. "근거(D)"란 주장보다 한 단계 낮은 추상적 수준에서 이루어지는 것으로, 주장에 대한 의문을 풀어주는 가장 직접적인 근거, 사실 또는 증거를 제시함으로써 논리적인 토대를 제시하는 역할을 한다. 일반적으로 주장과 근거는 '그러므로'(therefore)라는 말로 연결되는 것이 보통이다. "보증(W)"은 툴민의 논증모델에 있어 핵심적인 역할을 하는 것으로, "주장과 근거 사이를 잇는 일반적이고 가정적인 진술"을 말한다. "보증(W)"은 주장의 기초로서 특정한 근거들의 사용을 정당화 시켜주는 일반적인 진술 혹은 주장을 말한다. 이러한 보증은 주장과 근거 사이에 존재하는 연결고리 역할을 한다.

툴민에 따르면 보증(W)은 상당부분 감추어져 있다고 한다. 일상적으로 자연스레 그냥 넘어간다는 의미이다. 대부분 '근거(D)'와 '주장(C)'을 연결하는 '보증(W)'이, 일상생활 속에서 근거와 구별되지 않고 사용되기 때문이다. 그러나 사실상 논증에서는 이 부분이 핵심이다. 상대방의 논증에 대한 비판과 반론의 많은 부분은 바로 주장과 근거의 연결고리가 제대로 되어 있는지를 밝히는 것과 관련이 있기 때문이다. 보증은 화자와 청중사이를 연결하기 위한 시도이기 때문에 보증이 공유되지 않거나 보증 사이에 갈등이 존재할 때 청중은 질문을 하거나 주장에 대하여 동의하지 않는다. 따라서 논증에서 보증을 공유한다는 것은

20 Roderick P. Hart, *Modern Rhetorical Criticism*(Allyn and Bacon, 1997), 99면.

논증의 성공, 즉 설득력 확보와 관련하여 매우 중요하다.[21] 특히 이러한 보증은 문화의존적이다. 가치나 신념이 문화에 따라 매우 다르고, 이들에 관련된 보증은 문화마다 다르기 때문이다. 바로 이 지점에서 형식논리학에서의 보증을 다루는 것과의 차이점이 존재한다.

둘째, 실제 논증을 펼쳐가는 과정에서 필요한 구성요소는 지지(B), 한정어(Q), 반론(R)의 세 가지 요소가 있다. "지지(B)"는 보증을 지지하는 세부적인 근거를 제공하는 것으로, 보증에서 표현된 내용을 보다 분명하게 해 주는 역할을 한다. 즉 보증을 보강하는 역할을 한다. "한정어(Q)"는 논증의 정도를 가늠하게 해 주는 것으로서, '반드시', '아마도' 등의 수식어를 의미한다. "반론(R)"은 화자의 주장이 참이 아닐 수 있는 특정한 제한요소를 의미하는 것으로서, 자신의 주장을 약화시키는 주장이나 근거를 의미한다. 이를 도식으로 나타내면 <그림 4-1>과 같다.[22]

툴민의 논증모델은 형식논리학의 한계[23]를 넘어설 수 있는 가능성을 가지고 있다. 즉 그는 이러한 형식논리학의 '수학적' 한계를 지적하

21 오준영 · 김유신, "Toulmin의 논증의 옹호와 교육적 적용에 대한 탐색", 「범한철학」 제55집, 2009, 396면.

22 김지원, 『정책분석론』(한국방송통신대학교 출판부, 2002), 14면 이하 참조 · 변형; 이 도식은 제3장 이후의 분석에서 지속적으로 활용되는데, 이후에는 기본적으로는 특정 개인이 행하는 입법의지의 논증에 그 자체에 초점을 맞춘다는 견지에서, 그 논의 대상을 근거(D), 주장(C), 보증(W), 지지(B)로 축소할 예정이다.

23 일반적으로 응용논리학자들이 지적하는 형식논리학의 문제점은 다음과 같다. 첫째, 전통적 논증구조는 결과 중심적이기 때문에 찬성자와 반대자간의 역동적 담론과정을 담아낼 수 없다는 것이다. 제시된 근거에 대한 의문과, 답변에 대한 2차 의문을 구조에 포함시키지 못할 뿐만 아니라, 논증의 과정을 다루지 않고 있어 실천적 논증의 특성을 반영하고 있지 못하다는 것이다. 둘째, 형식논리학은 논증의 개념을 너무 좁게 잡는다는 것이다. 논증을 엄격하게 '명제들의 집합'이라고 정의 내리면, 논리적 함축이나 추리가 도대체 포함되지 않는다. 이는 논증이라는 것이 기본적으로 일종의 언어행위로서 담화나 문자를 통한 설득, 즉 의사소통적 활동의 일환이라는 일반 상식과도 배치되는 것이다. 오영석 · 고창택, "정책논증의 구조에 관한 고찰", 「한국행정논집」 제21권 제1호, 2009, 296면.

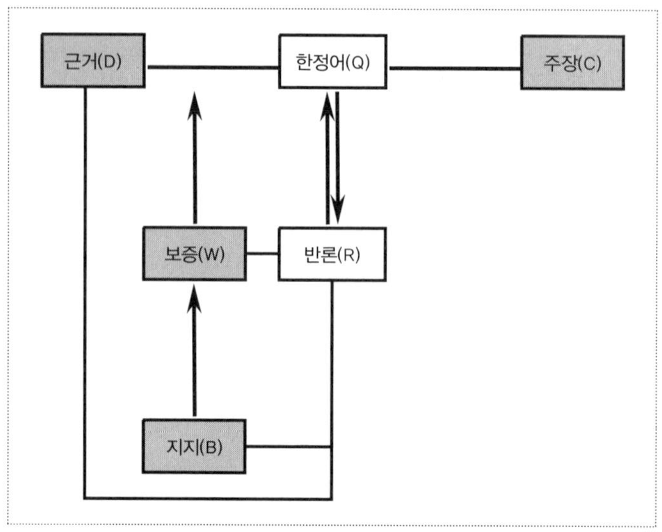

<그림 4-1> 툴민의 논증모델의 구조와 과정

고, 전제와 결론간의 평면적 관계를 지양하여 일상의 담론까지 포함할 수 있는 입체적 논증구조를 제시하고 있는 것이다. 이러한 내용을 더 풀어서 설명하자면, 특정 입법적 내용을 주장하는 찬성자가 "~를 근거로 ~를 주장합니다"라고 했을 때, 반대자가 "이 근거는 어디에서 나왔습니까?"라고 물으면, 이때 찬성자가 제시하는 이유가 '보증(W)'이라는 것이다. 이 과정을 반복하여 반대자가 보증(W)의 이유를 묻고 찬성자가 에에 답하면 이 답한 부분이 '지지(B)'에 해당한다는 것이다. 즉 이러한 툴민의 논증모델은 형식논리학과는 달리 실제 논증 또는 정당화 과정을 담아낼 수 있는 특성을 가진다.[24,25]

24 Stephen E. Toulmin, Richard D. Rieke & Allan Janik, *An Introduction to Reasoning* (Macmillam, 1984), 38면, 46면, 62면, 86면.

25 그러나 이러한 툴민의 논증모델에 대해서는, 이 구조 또한 대화적 담론에 그대로 적용하기에는 한계가 있다고 많은 학자들이 지적한다. James B. Freeman, *Dialectics and the Macrostructure of Argument: A Theory of Argument Structure*(Foris Publications, 1991);

2. 보편청중

페를만[26]은 수사학의 중요한 목표 중 하나였던 논증 또는 설득의 문제를 현대적으로 재해석하여 '논증의 수사학'을 부각시킨 학자이다. 페를만은 모든 논의가 청중을 조건으로 전개되며, 그 심리적 조건들과 사회적 조건들을 고려해야 한다고 주장한다. 이러한 조건들을 무시한 채로 모든 맥락으로부터 독립적인 자명한 진리를 추구하는 형식논리를 비판하고, 형식논리학에 인간적 요소를 불어넣어 이른바 '수사학적 논리학'을 지향한다. 이는 법이론적 논의가 전통적인 삼단논법을 중심으로 하는 법학방법론의 논의로부터 탈피하여 법적논증이론으로 발전·변화하는 맥락과 유사한 것이다.[27]

페를만은 신수사학을 조직화된 특정의 정치적 공동체에서 진보적이고 인간적인 것을 지향할 책무를 가지는 민주적으로 구성된 권력에 의해서만 행사될 수 있는 하나의 도구로 본다. 여기서 우리는 신수사학의 정치적 역할을 확인할 수 있다.[28]

Jane Macoubrie, "Logical Argument Structures in Decision-Making", *Argumentation* 17(3), 2003; Douglas N. Walton, *Argumentation Schemes for Presumptive Reasoning*(Erlbaum, 1996) 등. 가장 결정적인 이유는 "근거(D)", "보증(W)", "지지(B)"가 서로 구분이 잘 되지 않는다는 점이다. 대화의 순차적 반박과정에서 구분될 수 있는 것은 분명하지만, 오히려 논증의 내용들을 구체화함에 있어서는 저해가 될 수 있는 요인들이라고 보는 것이다.

26 페를만의 이론에 대한 총괄적인 이해는 Mieczyslaw Maneli, *Perelman's New Rhetoric as Philosophy and Methodology for the Next Century*(Kluwer Academic Publishers, 1994); 손장권·김상희(역), 『페렐만의 신수사학: 새로운 세기의 철학과 방법론』(고려대학교출판부, 2006)을 참조할 것.

27 다음에서는 특히 그의 보편청중 개념에 관한 논의에 초점을 맞추기로 한다. 페를만의 법적논증에 관한 일반적인 설명으로는 하재홍, "법적논증의 기초: 대법원 판결과 페렐만의 신수사학", 「법철학연구」 제13권 제2호, 2010을 참조할 것.

28 Mieczyslaw Maneli, 앞의 책, 90~98면.

수사학적 논증은 청중을 대상으로 하여 이루어진다.[29] 페를만은 다양한 청중의 양상을 포괄하여, 연설가 자신이 논증을 통해 영향을 끼치고자 하는 사람들의 전체를 청중으로 규정한다. 이러한 청중의 개념은 고전적인 수사학자인 아리스토텔레스와 비교하여 볼 때, 그 범위라는 측면에서 더욱 일반화되어 있음을 알 수 있다. 즉 아리스토텔레스의 청중은 눈으로 확인되는 물리적 인간에 한정되며 그들의 능력에도 한계가 있음에 반하여, 페를만의 신수사학에서의 청중은 내적 대화를 하는 개인에서부터 각종 그룹 그리고 인류전체가 될 수도 있다. 그리고 능력이라는 면에 있어서도 복잡한 추론을 따르는 것 자체가 불가능한 일반인에서부터 매우 전문적인 지식인들까지를 포괄한다.[30]

이러한 논의를 통하여 페를만은 "보편청중"[31]을 이야기한다. 예를 들면, 법적 정의의 판단을 일반적인 논증이론으로 다루게 될 경우 발생할 수 있는 논리적 기준의 명료성 문제와 논증 평가에 대한 기준을 제공할 수 없다는 한계가 발생하는데, 이러한 문제점들을 극복하기 위하여 도입한 것이 바로 보편청중의 개념이다. 그러나 그가 보편청중을 구성하는 체계적인 방법을 제시한 것은 아니다. 오히려 체계적인 방법을 제시하는 것은 보편청중을 향한 논증을 기존의 실증주의적인 논리학이 추구하는 바와 같은 엄격한 '객관적 사실' 또는 '명증한 진리'

29 James Crosswhite, *The Rhetoric of Reason: Writing and the Attractions of Argument* (University of Wisconsin Press, 1996); 오형엽(역), 『이성의 수사학: 글쓰기와 논증의 매력』(고려대학교 출판부, 2001), 169면. 이하 이 저술에 대한 인용은 2001년 국문 번역본에 따르기로 한다.

30 김혜숙, "변증법적 논증이론과 수사학: 페렐만의 신수사학을 중심으로", 「독일어문학」 제26집, 2004, 261면.

31 이러한 보편청중의 개념이 그 자체로 사회 내에 존재하는 '모든' 사람들을 의미하는 것은 아니라는 점을 유의하여야 한다.

의 증명과 동일시하는 것일 수 있기 때문이라고 판단된다.[32] 결과적으로 페를만은 전통적인 형이상학의 절대자들을 포기할 필요가 있음을 주장하며, 절대자가 부재한다고 해서 이를 광기와 비이성의 근거로 보는 또 다른 절대주의를 거부한다.[33]

페를만은 특정청중과 보편청중의 개념적 구분을 통하여, 보편청중이라는 개념이 가지는 기능을 이해할 수 있게 해 준다. '특정청중'은 특정한 시간 및 장소에서 특정의 성격을 지닌 특정 집단을 의미하며, '보편칭중'은 그러한 특정함을 초월한 좀 더 광범위한 대상을 의미한다.[34] 그 결과 이러한 대상적 차이점에 따라, 논증은 하나의 특정청중에 맞추어 나타나는 성공적인 설득의 효과만을 추구하는 논증과 특정청중을 대상으로 하면서도 보편청중을 고려함으로써 더 큰 설득력과 타당성을 추구하는 논증을 구분하게 되는 것(정도의 문제)이다. 결국 수사학적 논증의 보편성은 청중의 특징에 의해 결정된다는 의미이다. 즉 보편청중의 동의가 기준으로 설정된다. 그러나 페를만이 취하고 있는 입장에서 볼 때, 보편청중의 동의는 실제로 얻을 수 있는 성격의 것은

32 김상희, "법적 정의와 보편청중: 페를만의 신논증이론을 중심으로", 「수사학」 제9집, 2008, 210면. 이러한 보편청중의 개념에 바탕을 둔 페를만의 신수사학적 논증이론의 함의는 다음과 같이 요약해 볼 수 있다. (i) 모든 논증행위의 목표는 다른 사람의 지지를 얻는 것이기 때문에, 청중에 기초하여 전개된다. (ii) 청중의 지지는 언제나 "정도의 문제"이기 때문에, 논증에는 참과 거짓이 아니라, 설득력이라는 측면에서 더 나은 논증과 덜 나은 논증이 있을 뿐이다. (iii) 논증행위는 사회적으로 존재하는 다양한 주장들을 공정하고 정당한 방식으로 조화시키려는 시도인 것이다. 이러한 측면에서 절차의 중요성이 제기된다. 오형엽, 앞의 논문, 337~338면.

33 James Crosswhite, 앞의 책, 31면.

34 따라서 신수사학의 청중은 명시적인 청중과 암묵적인 청중으로 구분된다. 즉 명시적인 청중은 직접적인 설득의 대상이 되는 특정청중이며, 암묵적인 청중은 판단능력과 이성을 갖춘 인류 구성원들로 이루어지는 보편청중으로서 이상적인 설득의 대상으로 설정할 수 있는 개념이다. 김혜숙, 앞의 논문, 261면.

아니다. 따라서 이러한 동의라는 기준은 객관적인 사실의 문제가 아니라 설득력의 문제인 것이다.

결과적으로, 페를만으로부터 도출해 낼 수 있는 입법논증의 요소는 기본적으로 설득 대상으로서의 보편청중 및 이와 관련한 절차의 문제이다. 결국 그의 논의는 특정인의 주장을 객관적인 사실에 기반하여 평가한다는 점에서가 아니라, 논증을 통해 지속적인 설득의 과정을 거친다는 점에서 중요성이 있는 것이다.

제3절 입법논증에서의 최종적 근거설정 시도

입법논증이라는 개념에 대하여, 실제 입법의 현실에 있어 과연 논증이라는 것이 이루어질 수 있는가? 입법에 있어서의 주장은 합리적인 틀 속에서 이루어지는 것이 아니기 때문에 입법논증이라는 것은 불가능하다는 등의 논의가 가능할 수도 있다.[35] 그러나 논증의 문제는 합리적 차원에만 한정되어 이루어지는 증명과는 다른 문제이다. 합리적이고도 객관적·외부적인 차원의 기준 또는 정답을 찾아 그것을 다소 확정적으로 정당화시키려고 하는 증명과는 달리, 당해 주장의 정당성

---

35 젤만(Kurt Seelmann)은 이러한 일반적인 견해가 가지는 문제점을 지적하고 있다. 입법의 전 과정에서는 법사회학적 고려뿐만 아니라 법철학적 고려도 개입되지 않을 수 없는데, 법사회학이 입법과정에 개입하는 경우는 존재하지만, 법철학이 명시적으로 개입하는 경우는 아직 없다고 한다. 그는 이러한 문제의 원인을 입법과 결부된 가치평가의 문제가 대개 '정치적' 문제로 여겨지고, 따라서 합리적 논증을 통해 접근할 수 없다고 생각하는 데 있는 것 같다고 언급한다. Kurt Seelmann, *Rechtsphilosophie, 4. Aufl.*(Verlag C. H. Beck, 2007); 윤재왕(역), 『법철학』(세창출판사, 2010), 146면. 이하 이 저술에 대한 인용은 2010년 국문 번역본에 따르기로 한다.

을 확보해 줄 수 있는 근거를 어떻게 설정할 수 있는지와 관련된 문제가 바로 논증인 것이다. 이러한 측면에서 법적논증이라는 것이 법철학적 연구에서 이루어지는 것과 마찬가지로, 입법논증이라는 것도 다소 법철학적인 측면 또는 입법철학적인 측면에서 논의되어지는 것이라고 할 수 있다. 입법논증의 문제를 다룸에 있어 이론적 차원에서 가장 문제시 되는 점은 과연 모종의 입법적 주장을 위한 논증에서, 그러한 논증의 타당성을 보증해 줄 '최종적인 근거설정'은 가능한가의 문제이다.

1. 근거설정과 무한퇴행의 문제

현실적인 입법절차 운용에 있어 궁극적인 문제 지점은 당해 법안과 관련한 논의들을 최종적으로 종결짓는 문제, 달리 말하자면 이하에서 언급하게 될 무한퇴행 방지의 문제라고 할 수 있다. 이는 전통적으로 규범의 '최종적 근거설정(Letztbegründung; ultimate justification)'이라는 이름으로 논의되어 왔다.

규범의 근거설정의 문제와 관련해서 이미 상당수의 메타윤리이론들이 제기된 바 있다. 이러한 메타윤리 이론들은 규범의 비실정적 정당성 기준의 설정과 관련하여, 이를 합리적으로 근거 지을 수 있는 가능성을 모색하려는 이론적 시도에 있어 그다지 기대를 충족시켜주지 못했다는 평가를 받는다. 비인지주의의 경우 이미 그 개념 자체가 정당성 기준을 인식할 수 있는 가능성을 부인하고 있으며, 자연주의에서는 가치평가 차원이 존재하지 않고, 직관주의에서는 비록 가치평가의 차원은 인정하지만 그 내용을 논증을 통해 밝힐 수 있는 가능성이 존재하지 않기 때문이다.[36] 그러나 이러한 문제를 단순히 지나칠 수는 없는 것이다. 따라서 이에 대한 고찰이 필요하다.

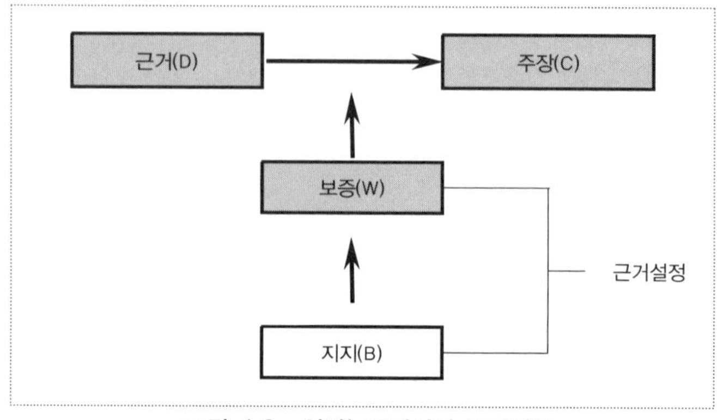

<그림 4-2> 입법논증에서의 근거설정

규범의 근거설정의 문제는 앞서 제시한 툴민의 논증모델을 통하여 살펴보면 다음과 같다. 즉 특정한 입법적 주장(C)을 하기 위해서는 이를 뒷받침하여 그 타당성을 제공해 줄 수 있을 만한 보증(W)이 존재하여야 한다. 그리고 이러한 보증에 대하여 의문이 제기될 때, 그것은 지지(B)에 의해서 그 타당성이 확보된다. 그러나 문제는 이러한 근거설정이 지속적으로 반복될 수 있다는 가능성이다. 이렇게 되면 특정 주장의 내용을 근거지을 수 있는 타당성의 원천을 찾기란 힘들어진다. 이러한 측면에서 완전한 근거설정이라는 이상을 끝까지 추구한다면 결국 무한퇴행(regress ad infinitum)의 논리에 빠지게 된다.

36 Kurt Seelmann, 앞의 책, 210면.

한스 알버트(Hans Albert)는 이러한 문제점을 '뮌히하우젠-트릴레마' 라고 표현한다. 즉 모든 근거설정의 문제에 있어서는 이러한 문제점을 피할 수 있는 세 가지 가능성[37]이 존재하지만, 결국은 늪에 빠진 사람이 자신의 상투를 붙잡고 빠져 나오려는 것과 다름없는 상황에 처한다는 것이다.[38]

2. 무한퇴행 극복의 시도: 원초적 입장과 이상적 담화상황

이상과 같은 뮌히하우젠-트릴레마와 관련하여, 오늘날 가장 설득력 있는 견해로 평판을 얻어가고 있는 이론적 부류는 절차주의 이론[39]이다. 가장 대표적인 절차주의 이론가들로는 롤즈(John Rawls)와 하버마스(Jürgen Habermas)를 들 수 있다. 이들의 절차주의 이론에 있어, 관념적 차원에서 중립적 영역으로 설정되는 '원초적 입장'과 '이상적 담화상황'은 바로 위에서 언급한 최종적 근거설정의 문제와 관련성을 가진다.

우선 롤즈의 경우 그가 주장하는 입법절차에서의 논증은 기본적으로 '공적 이성'을 근간으로 하여 이루어진다.[40] 즉 이러한 공적 이성은

37 이러한 세 가지의 가능성은 (i) 무한퇴행, (ii) 논리적 순환, (iii) 근거설정 절차의 단절이다.

38 Kurt Seelmann, 앞의 책, 213면.

39 필자의 박사학위 논문에서는 롤즈의 경우 "실체 기반형 절차주의"로, 하버마스의 경우는 "절차 중심형 절차주의"로 명명한 바 있다. 이는 롤즈와 하버마스의 절차주의 이론이 가지는 특성에 따른 분류이다.

40 공적 이성이란, 집합체(collective body)로서 법률을 제정하고 헌법을 수정할 때에 시민 서로에 대해 정치적이고 강제적인 최종 권력을 행사하는 시민들의 이성이다. John Rawls, "Introduction to the Paperback Edition", in John Rawls, *Political liberalism*(Columbia

위에서 언급한 근거설정의 문제에 있어 핵심적인 역할을 한다. 그런데 문제는 이러한 공적 이성이라는 것은 헌법적 합의를 전제로 하는 것이고,[41] 이러한 헌법적 합의는 '정의의 원리'[42]에 바탕하는 것이며, 또한 이러한 정의의 원리는 '원초적 입장'에서의 계약론적 합의에 기반을 둔다. 이러한 측면에서 본다면, 근거설정의 문제와 관련한 '공적 이성'이라는 개념은 '원초적 입장'이라는 중립적 설정[43]을 전제로 이루어진다.

하버마스의 경우도 이와 유사하다. 하버마스에 따르면 지지(B)와 보증(W)의 가교 역할을 하는 것은 바로 '보편화가능성의 원칙(U)'이다.[44]

University Press, 1996); 장동진(역), 『정치적 자유주의』(동명사, 1998), 214면. 이하에서 이 저술에 대한 인용은 1996년 영문판에 따르기로 한다.

41 실제로 롤즈는 헌법정치(constitutional politics)와 일상정치(normal politics)를 구분하는 애커만의 이원민주주의론에 입각하여 논의를 전개한다. John Rawls(1996), 앞의 책, 233면. 일상정치는 이미 확립된 입헌체제 하에서 전개되는 정치를 의미하며, 헌법정치는 건국이나 혁명과 같은 예외적인 시기에 발생하는 것으로 정부체계 전체를 논의의 대상으로 삼게 되는 정치를 의미한다. 이에 대한 애커만의 설명은 Bruce Ackermann, *We the People: Foundation Vol. 1*(Harvard University Press, 1991), 3~35면 참조.

42 (i) 정의의 제1원리: 각자는 다른 사람들의 유사한 자유의 체계와 양립할 수 있는 평등한 기본적 자유의 가장 광범위한 체계에 대하여 평등한 권리를 가져야 한다. (ii) 정의의 제2원리: 사회적 · 경제적 불평등은 다음과 같은 두 조건을 만족시켜야 한다. (a) 모든 사람들의 이익이 되리라는 것이 합당하게 기대되고, (b) 모든 사람들에게 개방된 직위와 직책이 결부되도록 편성되어야 한다. John Rawls, *A Theory of Justice*(Oxford University Press, 1999); 황경식(역), 『정의론』(이학사, 2003), 53면. 이하 이 저술에 대한 인용은 1999년 영문판에 따른다.

43 특히 그가 제시하고 있는 무지의 베일(veil of ignorance)과 자유롭고 평등한 인간에 대한 가정이 이를 나타낸다.

44 하버마스는 보편화 가능성의 원칙(U)를 다음과 같이 설명한다. "(U) 어떤 규범이 타당한 것은 사람들이 각자의 이익의 충족을 위하여 일반적으로 그것에 따라 행동할 경우 발생할 결과의 부작용이 모든 사람들에 의해 비강제적으로 받아들여질 수 있을 경우이다." 이러한 도덕적 원칙은 정언명령과 유사한 것으로서, 모든 사람들의 이해가 균등하게 고려되는 한에서만 어떤 규범이 정당화 될 수 있음을 천명한다. 이 원칙은 모든 사람들의 이해를 고려한다는 점에서 보편주의적이다. Kenneth Baynes, *The Normative Grounds of Social*

이론적 담론에서는 관찰을 통한 귀납법칙이 들어갈 자리에, 실천적 담론에서는 보편화가능성의 원칙이 기능한다는 것이다. 이러한 원칙을 통해 보증(W)에는 부분적이고 일반화하기 어려운 이해관계를 담고 있는 근거들은 배제된다.[45] 그런데 이러한 '보편화가능성의 원칙'은 기본적으로 '이상적 담화상황'이라는 가정으로부터 출발한다.[46] 이러한 원칙도 마찬가지로 중립적 상황설정을 통하여 이루어지는 것이라고 할 수 있다. 그러한 중립성은 언어 자체가 기지고 있는 부인할 수 없는 규범적 속성으로 설정된다.[47]

이상과 같은 측면에서, 롤즈와 하버마스가 각각 제시하는 '원초적 입장'과 '이상적 담화상황'은 논증이 이루어지는 절차 속에서 근거설정의 문제, 즉 뮌히하우젠-트릴레마의 종식과 관련을 가진다. 이 지점에서 롤즈와 하버마스는 상당한 이론적 유사성을 가진다. 또한 이러한

Criticism: Kant, Rawls, Habermas(State University of New York Press, 1992), 149면.

45 Ulfrid Neumann, *Juristische Argumentationslehre*(Wissenschaftliche Buchgesellschaft, 1986); 윤재왕(역), 『법과 논증이론』(세창출판사, 2009), 115면 이하(여기에서의 인용은 2009년 국문 번역본에 따른 것이다); 김성룡, 앞의 책, 167면 등.

46 이상적 담화상황이란 말할 수 있고 행동할 수 있는 모든 주체들이 진지하게 하나의 논증에 참여하고자 한다면 반드시 갖추어야만 할 일반적이고 불가피한 의사소통의 전제조건들을 구체적으로 표현하는 것이다. Jürgen Habermas, *Die Neue Unübersichtlichkeit: Kleine Politische Schriften V*(Suhrkamp, 1985); 이진우 · 박미애(역), 『새로운 불투명성』(문예출판사, 1995), 262면. 여기에서의 인용은 1995년 국문 번역본에 따른 것이다. 하버마스는 이러한 전제조건들, 즉 '논증의 화용론적(pragmatic) 전제조건들'이 행위의 규범을 정당화하는 것을 의미하는 개념인 '의사소통적 행위'의 이념에 내재된 개념들과 결합될 경우, 논증의 화용론적 전제조건들로부터 '보편화 원칙'이 도출될 수 있다고 본다. Kenneth Baynes, *The Normative Grounds of Social Criticism: Kant, Rawls, Habermas* (State University of New York Press, 1992), 78면.

47 하버마스는 아펠이 제안한 이른바 '수행적 모순'(performative contradiction) 개념을 도입한다. 수행적 모순이란 "나는 지금 거짓말을 하고 있다"와 같은 진술에서 나타나는 것처럼, 진술행위가 진술의 명제적 내용과 모순되는 경우를 일컫는 개념이다. 물론 이러한 수행적 모순을 범하는 언어행위는 금지되어야 한다.

측면에서 두 학자 모두 합리적 합의의 불가능성을 받아들이지 않는 것이라고 볼 수 있다. 이들의 논리는 정치적 결정이라는 것은 단순한 잠정협정이 아니라 평등한 자들 사이의 자유로운 이성적 자유로부터 나오는 동의의 도덕적 행태로 이해한다.[48]

제4절 최종적 근거설정 가능성의 비판적 검토

1. 실체 기반형 절차주의 검토

롤즈가 말하는 절차의 공정성 문제는 '원초적 입장'이 계약의 초기 조건으로 중립적인가 하는 문제로 환원된다. 즉 원초적 입장은 어떠한 가치관이나 세계관 등에 대해서도 편파적이지 않은 중립성을 구현하고 있는가의 문제이다. 원초적 입장은 '순수절차적 정의'[49]를 구현하고

48 심의의 절차가 중립성, 평등, 개방성, 강제의 부재를 확보한다고 가정하면, 그러한 절차를 통해 모든 참가자들이 동의할 수 있는 보편화된 이익을 위한 심의가 가능할 것이고, 따라서 정당한 결과를 만들어 낼 것이다. 롤즈의 경우 중심적 쟁점을 정의라고 생각한다는 측면에서, 하버마스의 경우만이 정당성의 문제를 매우 강조하는 것처럼 보이지만, 사실 하버마스와 롤즈 양자 사이에는 이 문제에 관한 근본적인 차이가 없다. 실제로 롤즈는 '자유주의적 정당성 원칙'을 하버마스의 견해와 일치하는 방향으로 정의한다. 즉 롤즈는 "시민들에게 합당하고 합리적인 것으로 받아들여질 수 있는 원칙과 이상의 견지에서 시민들이 승인할 것이라고 합리적으로 기대되는 헌법의 본질적 요건들에 따라 정치권력이 행사되는 한에서만 그것의 실행은 적절하다"고 언급한다. John Rawls(1996), 앞의 책, 217면. 따라서 보편적 정당화 원칙에 주어지는 이러한 규범적 힘은 하버마스의 이론과 유사하다고 할 수 있으며, 따라서 롤즈의 정치적 구성주의 담론을 하버마스의 담론 윤리의 언어로 재구성할 수 있는 가능성이 제기되기도 한다. Rainer Forst, "Book Reviews", *Constellations* 1(1), 1994, 169면; Joshua Cohen, "Democracy and Liberty", Jon Elster(ed.), *Deliberative Democracy*(Cambridge University Press, 1998) 등 참조.

있다. 순수절차적 정의가 표현하고 있는 것은 공정성이며, 또한 이러한 공정성 개념은 상호 승인을 통해 아무도 불평을 하지 않는 상태를 의미한다고 할 수 있고, 그러한 의미에서 중립성을 의미한다. 롤즈가 의미하는 바대로, 상호 승인을 공정성의 중요한 요소로 이해한다면, 중립성은 최소한 공정성의 핵심 가치이다.

그 결과 어떠한 실체적 내용도 포함하지 않은 형식적 절차를 구성하는 것이 순수절차적 정의의 중요한 요소이다. 그런데 이 절차를 통해 합의된 결과는 실체적이다. 즉 롤즈가 도출한 정의의 원리 자체는 실체적 내용을 담고 있다. 이것은 정의의 원리를 선택하는 절차가 그 결과와 결합되어 있기 때문인데, 롤즈는 결과와 완전히 독립된 절차는 가능하지 않다고 말한다.[50] 이러한 측면에서 제기될 수 있는 문제가 중립성이다. 따라서 특정한 가치를 담고 있는 결과를 고려하여 절차를 구성하는 것이 과연 중립적일 수 있는 것인지가 문제된다. 이와 관련하여, 롤즈는 다음과 같이 언급한다.

> 공정으로서의 정의는 절차적으로 중립적이지 않다. 분명히 그 정의의 원리들은 실질적이고, 절차적 가치들보다 훨씬 많은 것을 표현한다. 그리고 원초적 입장에서 표상되는 사회관과 인간관 역시 그렇다. 그것은 정치관으로서의 중첩적 합의의 초점이 되는 것을 목표로 한다. …… 다원주의

---

49 결과의 공정성을 판단하는 데 있어 공정한 절차를 따르는 것 이외에 독립적인 기준이 없을 때 성립한다. 우리가 사용하고 있는 문제의 절차가 그 절차에 의하여 가시화되는 결과와는 무관하고, '내재적' 기준에 의하여 공정하다고 판단될 때, 그리고 절차로부터 어떠한 결과가 가시화되어도 절차 자체의 공정성이 훼손되지 않는다고 믿는다면, 이것이 바로 순수절차적 정의의 의미를 가지게 된다.

50 John Rawls, "Political Liberalism: Reply to Habermas", *The Journal of Philosophy* 92(3), 1995, 170~173면.

의 사실이 주어지면, 그것은 공통의 근거 - 또는 중립적 근거, 이 표현을 더 선호한다면 - 를 추구한다. 이 공통 근거가 중첩적 합의의 초점으로서 정치관 자체이다. 그러나 그렇게 공통 근거는 절차적으로 중립적 근거는 아니다.[51]

이상과 같은 롤즈의 견해에 따른다면, 중립성의 문제는 다음과 같은 두 가지로 구분된다.

(i) 절차적 중립성: 절차가 어떤 도덕 가치에도 호소하지 않고 정당화될 수 있는 경우, 또는 공평성, 일관성, 기회 균등 등의 최소한 중립적 가치에 호소해서 정당화되는 경우[52]

(ii) 목표의 중립성: 제도나 정책들이 시민에게 일반적으로 지지될 수 있는 경우로, 어떤 특정한 포괄적 교리에만 우호적이도록 기획되지 않은 경우[53]

결과적으로 롤즈는 공정으로서의 정의가 '목표의 중립성'은 충족시키지만, '절차의 중립성'은 충족시키지 못한다는 사실을 인정한다.[54] 롤즈가 의미하는 목표의 중립성은 정의의 원리들이 목표로 하는 바이다. 그래서 정의의 원리들이 어떤 특정한 포괄적 교리에 유리하도록 사회 구조를 설계하지 않을 때 중립적이라고 여겨질 수 있다. 따라서 이것은 합의의 결과로 나타나는 '정치적 정의관이 지녀야 하는 속성'

---

51 John Rawls(1996), 앞의 책, 192면.

52 John Rawls(1996), 앞의 책, 191면.

53 John Rawls(1996), 앞의 책, 192~193면.

54 John Rawls(1996), 앞의 책, 192면.

으로서의 중립성이다. 즉, 위에서의 구별처럼 이것은 정치적 정의관이 선택되는 과정이나 절차에 대한 중립성의 문제가 아니다. 따라서 공정으로서의 정의가 롤즈가 말하는 '목표'에서의 중립성을 충족시킨다 하더라도, 그 '절차 또는 과정'에 대해서는 여전히 중립성의 문제가 제기된다. 그 결과 공정으로서의 정의라는 관념이 절차의 공정성으로부터 결과의 공정성을 보장받는다는 순수절차적 정의 관념을 함의하는 한, 정의의 원리들이 선택되는 '절차에 대한 중립성' 역시 보장되어야 할 것이다.

정의의 원리에 이르는 과정에 대해, 즉 원초적 입장의 전제들과 그로부터의 추론 과정 등이 타자에게 정당화될 수 있을 때 우리는 절차까지도 중립적이라고 말할 수 있을 것이다. 이러한 중립성은 목표의 중립성과는 다른 층위의 중립성으로, 라모어(Charles E. Lamore)는 그것을 "정치적 중립성의 중립적 정당화"(a neutral justification of political neutrality)라고 부른다.[55] 따라서 원초적 입장이 도덕적 내용을 담고 있음에도 불구하고 순수절차적 정의를 구현하는 것이라고 이야기 하려면, 그것은 재차 중립적 정당화 과정을 거쳐야 할 것이다. 그러나 이러한 중립적 정당화는 분명 도덕적으로 중립적인 것은 아니다. 그 이유는 정당화 과정에 참여하는 사람들의 자율성이 일종의 고차적인 선으로 간주되고 있기 때문이다.[56] 뮤홀과 스위프트(Stephen Muhall & Adam Swift)에 따르면, 이러한 도덕 내용에 대한 비판은 찰스 테일러와 같은 공동체주의자의 비판과 유사하다. 그들은 롤즈가 좋음에 대한 옳음의 우선성을 주장하

55 Charles E. Lamore, *Patterns of Moral Complexity*(Cambridge University Press, 1987), 53면.

56 중립적 정당화와 순수절차적 정의는 공통적으로 공정한 절차를 의미하는 것이기 때문에, 중립적 정당화는 순수절차적 정의와 관련이 된다. 그리고 이 점은 공정성이 공동의 승인을 함축한다는 점에서 중립성과 관련된다는 사실이 분명해진다.

면서 사실은 자율성을 고차적 선으로 간주하는 자유주의적 토대 위에서 있다고 비판한다.[57]

이상과 같은 의미에서 본다면, 중립적 의미에서의 순수절차적 정의는 현실적으로 실현 불가능한 것이라는 판단이 가능하다.[58] 실체적 내용을 지닌 계약의 초기 상황으로서의 원초적 입장은 그 정당화에 실패한 것으로 보인다. 이는 달리 말하자면, 원초적 입장은 수용가능성(acceptability)의 지점에서 문제를 가지고 있는 것이다. 네이글(Thomas Nagel)은, 공정으로서의 정의는 자율성에 대한 존중을 근본적 입장으로 삼는데, 원초적 입장은 자율성에 대한 존중을 정당화하지 못한다고 말한다. 그것은 자율성에 관한 실제의 동의에 의해서만 이루어지기 때문이다. 게다가 그는 원초적 입장이 다른 원리들이나 다른 제도를 선택할 근거들을 원천 봉쇄하기 때문에, 정의의 원리에 이르는 추론을 정당화시키는 힘을 상실한다고 비판한다.[59] 결과적으로 최종적 근거설정의 가능성은 몰각되고 만다.

---

57 Stephen Muhall & Adam Swift, *Liberals and Communitarians*(Blackwell Publishers, 1992); 김해성 · 조영달(역), 『자유주의와 공동체주의』(도서출판 한울, 2001), 124~125면. 여기에서의 인용은 1992년 영문판을 따르기로 한다. 자율성을 고차적 선으로 간주하는 입장은 다른 가치들을 고차적 선으로 간주하는 가치관들에 대해 중립적일 수 없다는 비판을 받는 것이다. 다만 그렇다고 해서 다른 가치들을 고차적 선으로 간주하는 가치관이 자율성의 가치를 부정한다는 것을 의미하지는 않는다.

58 이러한 측면에서, 보만(James Bohman)은 롤즈의 절차주의는 '비순수 절차주의'(impure proceduralism)라고 부른다. 이에 대해서는 James Bohman, *Public Deliberation*(MIT Press, 1996), 7면.

59 Thomas Nagel, "Rawls on Justice", *The Philosophical Review* 82(2), 1973, 224~225면.

2. 절차 중심적 절차주의 검토

하버마스의 기획이 기본적으로 칸트의 전반적인 문제의식 및 해결방안을 계승하고 있다는 점은 주지의 사실이다. 그가 지적하는 현대사회에서의 사실성과 타당성간의 긴장관계도 개인주의와 다원주의가 만연해 있는 현실 속에서 객관적인 규범의 상실이라는 근대적인 문제의식에서 비롯된다. 합리화된 세계 속에서 더 이상 윤리의 객관적 원천을 자연의 질서나, 공동체의 질서, 행복에의 희구, 신의 의지 또는 도덕적 감정 등과 같은 외부에서 찾을 수 없다고 했을 때, 이를 주체 자신의 실천이성을 통해서 찾아내려고 했던 것이 바로 칸트이다. 칸트에게 있어 실천이성은 감성적 규정근거들, 충동, 욕구와 열정, 쾌와 불쾌의 감각과 독립하여 행위를 선택하는 능력을 의미한다. 이는 이미 주어진 자연법칙에 따라 행위하는 능력이 아니라, 법칙을 파악하고 이 법칙을 최고의 원리로 받아들여서 그에 따라서 행위하는 능력인 것이다. 그리고 이러한 법칙을 판단하는 최고의 기준이 정언명법(Categorial Imperative)이다. 결과적으로 칸트는 도덕적으로 행동하는 데 필요한 절대적이고 불변하는 기준을 주체의 내부 깊은 곳에서부터 찾아낸다.[60]

바로 이 지점에서 하버마스는 칸트와 갈라지게 된다. 그에게 있어 실천이성을 개별적 주체에게로 귀속시키는 것은 더 이상 현실적인 구속력이 미약할 뿐만 아니라, 그 기반을 자연법과 같은 추상적이고 형이상학적인 보편원리에 두고 있다는 점에서 설득력도 떨어진다. 결국 하버마스는 이성의 역할을 유지한 상태에서, "계몽철학"이나 "의식철

60 장동진 · 백성욱, "차이의 인정과 도덕적 보편주의: 하버마스의 '담론적 민주주의 이론'에 대한 비판적 고찰", 「정치사상연구」 제11집 1호, 2005, 181~182면.

학"이 범하고 있는 오류들을 벗어나기 위해 그 근원을 (U)[61]와 (D)[62]로 대표되는 담론이론의 절차 속에 재배치하게 된 것이다. 이로부터 곧 주체중심의 실천이성을 의사소통적으로 재구성시키는 '간주관성' (inter-subjectivity)이 탄생한다. 이는 달리 표현하자면, 스스로의 보편적 준칙에 준할 수 있는지를 주체 상호간에 담화적으로 시험하는 것을 말한다.[63] 요약하자면 하버마스 이론의 기획은 주체 및 의식 철학의 한계를 절차적인 방법으로 극복하고자 하는 취지를 가지고 있는 것이다.

이상과 같은 기획 의도를 가지는 하버마스의 이론에 대한 평가, 특히 여기서 다루고 있는 '이상적 담화상황'과 관련하여, 다양한 비판점들이 제기될 수 있지만, 필자는 하버마스의 경우 대화 당사자들의 개별적 특수성을 적절히 고려하지 못했다고 판단한다. 물론 하버마스는 생활세계를 살고 있는 개인들의 다양성과 다원성을 인정하기는 하지만, 결국 이성적 시민이라면 모종의 합리성을 가지는 공적의견에 합의할 것이라고 가정한다. 이러한 가정에 대해서 벤하비브(Seyla Benhabib)는 하버마스가 의사소통에 참여하는 타자들을 '일반화된 타자'(generalized other)로만 간주할 뿐, 결코 '구체적 타자(concrete other)'로서의 특성을 고려하지 않았다고 지적한다.[64]

61 (U)에 대해서는 앞의 주 44 참조.

62 하버마스는 (D)를 다음과 같이 설명한다. "(D) 가능한 모든 관련 당사자들이 합리적 담론의 참여자로서 동의할 수 있는 행위규범만 타당하다" Jürgen Habermas, *Faktizität und Geltung: Beiträge zur Diskurstheorie des Rechts und des demokratischen Rechtsstaats* (Suhrkamp, 1992); William Rehg(trans.), *Between Facts and Norms: Contributions to a Discourse Theory of Law and Democracy*(MIT Press, 1996); 한상진 · 박영도(역), 『사실성과 타당성: 담론적 법이론과 민주주의적 법치국가 이론』(나남출판, 2000), 147면 이하. 이하 이 저술에 대한 인용은 2000년 국문 번역본에 따르기로 한다.

63 Thomas MaCarthy, "Kantian Constructivism and Reconstructivism: Rawls and Habermas in Dialogue", *Ethics* 105(1), 1994, 45~49면.

비록 하버마스는 '일반화된 개인'을 전제로 한 욕구적 공동체, 이해관계에 따른 공동체에서 벗어나 의사소통적 공동체에 대해 논하고는 있지만, 의사소통적 공동체에 참여하는 시민들을 타인의 의견과 의사를 듣고 그와 협의하여 공동의 의견을 만드는 데 있어서, 다른 사람들과 협의 내지 합의될 수 없는 특성들을 무시한 채 타인을 이해 가능한 범위 내에서 타자로만 간주한다. 결국 '일반화된 타자들'을 양산해 내고 만다. 그 결과 참여자들의 합의에 의한 상호주관성의 형성은 사실상 자신의 이해 범위 내에서 언제든지 합의할 준비가 되어 있는 참여자들만이 공통적으로 합의한 것에 불과하다는 결과를 가져온다. 이러한 측면에서 하버마스의 이론은 상호주관적이라기보다는 여전히 주체적이라고 할 수 있다. 벤하비브는 이러한 측면에서 하버마스의 논의는 여전히 '주체의 철학(philosophy of subject)'에 입각해 있다고 본다.

결국, 하버마스의 이상적 담화상황을 전제로 한 절차에 관한 논의는 궁극적으로 '일반화된 타자'들이 가지는 주체성으로 귀결될 수밖에 없고, 그 결과 그러한 주체성이 보유하고 있는 특유의 도덕적 관점을 추구할 수밖에 없다는 결론에 이른다.

하버마스가 절차의 문제에 관해서 언급하고 있는 구체적인 내용들에 대해 살펴보면 다음과 같다.

> 의사소통적 자유가 모든 제도화에 앞서 상호이해지향적인 언어사용의 조건과 관련되어 있는 것과 마찬가지로, 의사소통적 자유의 공적사용에 대한 정치적 권리는 법적으로 보장된 담론적 심의과정과 결정과정의 의

64 Seyla Benhabib, *Critique, Norm and Utopia: A Study of the Foundations of Critical Theory* (Columbia University Press, 1986); 정대성(역), 『비판, 규범, 유토피아: 비판 이론의 토대 연구』(도서출판 울력, 2008), 339~342면. 여기에서의 인용은 1986년 영문판에 따른 것이다.

> 사소통 형식과 절차들에 의존한다. 이러한 의사소통 형식과 절차들은 그 형식과 절차에 합당하게 얻어낸 모든 결과들이 정당할 것이라는 추정을 보장해야 한다. 그러므로 각인의 평등한 정치적 기본권은 자유롭고 평등한 모든 법적 인격체가 갖는 의사소통적 자유의 대칭적 법제도화로부터 나온다. 그리고 이 의사소통적 자유는 다시 시민권에 따라 정치적 자율성을 행사할 수 있도록 만드는 담론적 의견형성과 의지형성의 형식을 필요로 한다.[65]

이러한 하버마스의 주장은 탈형이상학적인 현대사회에서는 상호주관적인 의사소통의 절차를 거쳐 도출된 것보다 더 나은 타당성을 주장할 수 없다는 점에 기인한다. 그 결과 입법절차의 측면에서 보자면, 실정법이 정당성을 갖는 이유는 그 형식 때문도 아니고, 그것이 도덕적 내용을 포함하고 있기 때문도 아니며, 오직 정당성을 산출해 내는 입법절차를 거쳤기 때문이라고 볼 수 있는 것이다. 이러한 측면에서 하버마스의 관점은 롤즈와 유사한 순수절차주의적인 입장을 견지하는 것이라고 할 수 있다.[66]

그러나 하버마스의 절차에 관한 논의가 앞서 언급한 바와 같이 '일반화된 타자'의 주체성으로 귀결될 수밖에 없는 상황이라면, 결국 이는 절차 그 자체가 특정의 실체적 근거들을 전제로 할 수밖에 없다. 따라서 이러한 하버마스의 절차에 관한 논의는 순수절차와는 일정부분 거리가 있음을 알 수 있고,[67] 그 결과 최종적 근거설정의 가능성은 몰각된

65 Jürgen Habermas(2000), 앞의 책, 169~170면.

66 실제로 하버마스는 자신의 주장이 롤즈가 제시한 준-순수절차적 정의(quasi-pure procedural justice)와 유사하다고 설명한다. "의사소통 형식과 절차들은 그 형식과 절차에 합당하게 얻어낸 모든 결과들이 정당할 것이라는 추정" 할 수 있다는 설명을 통하여 그의 순수절차주의적인 의도를 나타낸다. Jürgen Habermas(2000), 앞의 책, 169면.

다고 할 수 있다.

3. 최종적 근거설정 논의의 방향전환

1) 보편청중과 이상적 담화상황

이상에서, 롤즈와 하버마스의 이론이 최종적 근거설정의 문제를 완전하게 해결해 주지는 못한다는 점을 보았다. 그렇다면 이제 도덕적 불일치를 당연하게 받아들이고,[68] 논의의 절차 및 결과에 있어서도 이러한 불일치의 문제를 반영할 수 있는 방안에 대해 고려해 보아야 할 것이다.

---

67 이러한 측면에서, 다소 다른 맥락이라고 할지라도 로젠펠드(Michel Rosenfeld)의 주장은 매우 의미 있는 것이라고 할 수 있다. 그는 하버마스의 절차주의를 '일탈적 절차주의'(derivative proceduralism)라고 명명한다. 그는 옳은 결과를 보증하는 것은 결국 실체적 근거이며, 절차상 합당하게 도출된 결과가 어떤 실체적 이유에 의해 비판될 수 있다면, 절차주의는 무슨 의미가 있는지라는 강한 의문을 제기한다. Michel Rosenfeld, "Can Rights, Democracy and Justice Be Reconciled through Discourse Theory", Michel Rosenfeld & Andrew Arato(ed.), *Habermas on Law and Democracy: Critical Exchanges* (University of California Press, 1998), 82~112면.

68 이러한 이론의 대표적인 학자들로는 이하에서 논하게 될 것만과 톰슨(Amy Gutmann & Dennis Thompson), 왈드런(Jeremy Waldron), 그리고 벨라미(Richard Bellamy)가 있다. 그런데, 것만과 톰슨의 이론을 롤즈의 이론과 동일한 영역인 규범적 심의민주주의로 범주화하여 이해하는 견해가 존재한다. 정규호, "심의민주주의적 의사결정논리의 특성과 함의", 「시민사회와 NGO」 제3권 제1호, 2005, 40면. 물론 심의민주주의라는 이론적 맥락에서 보자면, 그들의 이론은 특정의 도덕적 또는 규범적 원리들을 강조한다는 측면에서 롤즈의 이론과 유사한 입장이라고 할 수 있을 것이다. 그러나 필자는 절차주의적 측면에서 것만과 톰슨의 이론이 '불일치' 문제 그 자체에 더욱 집중하고 있고, 따라서 롤즈의 절차주의 이론과는 다른 특성을 상당부분 가지고 있다고 판단한다.

하버마스와 그의 이론을 계승적으로 발전시켰다고 평가받는 알렉시(Robert Alexy)의 법적논증이론은, 논증이론 또는 신수사학의 현대적 부흥을 주도한 페를만의 논의와 상당한 연관성을 가지고 있다.[69] 특히 페를만의 논의에 있어 '보편청중'의 개념은 중요한 의미를 가진다. 알렉시는 논거의 타당성 문제에 대해 페를만을 원용하여 설명한다. 이를 요약 정리하면 다음과 같다.[70]

(1) 보편청중을 대상으로 하는 사람은 그 자신도 대상으로 하여야 하기 때문에, 성실성과 진실성의 조건이 적용된다.

(2) 모든 사람을 납득시키고자 하는 사람은 불편부당하여야 한다. 즉 모든 화자는 모든 논거를 도입할 수 있는 권리를 가져야 한다.

(3) 모든 사람을 확신시키고자 하는 사람은 모든 사림이 승인할 수 있는 규범만을 제안할 수 있다. 이는 일반화 · 보편화 가능성의 요청과 결합되어 있다.

(4) 화자는 우선 그에게 동의하는 것을 기초로 할 수밖에 없기 때문에, 이는 곧 모든 논증이 역사적 · 사회적 맥락 속에서 진행된다는 인식과 일치한다.

(5) 모든 결론이 잠정적이라는 사실로부터 비판을 위한 개방성의 요청과 관용의 요청이 도출된다. 이는 설령 그가 도달할 수 없을지라도 보편성을 추구하여야 한다는 요청과 결합된다.

(6) 어떤 견해가 일단 승인된 후에는 충분한 근거가 없이는 다시 포기되어서는 안 된다는 관성의 원칙은 논증 부담의 규칙으로서의 성격을 가진다.

69 Eveline T. Feteris, "A Survey of 25 Years of Research on Legal Argumentation", *Argumentation* 11(3), 1997, 357면

70 Robert Alexy, 앞의 책, 242~247면.

알렉시는 페를만의 보편청중 개념을 이상과 같이 하버마스의 이상적 담화상황의 조건들과 비교하면서, 이들 양자가 밀접한 유사성을 가진다고 주장한다.[71] 사실 이러한 보편청중의 개념은 증명으로부터 논증으로의 전환, 즉 수사학적 논증이론의 현대적 개척이라는 측면에서 상당한 중요성을 가지는 것이기에 알렉시가 이러한 논증을 했던 것이라고 볼 수 있다.

이러한 알렉시의 입장에 선다면, 앞서 툴민의 논증모델에 관한 논의에서 살펴본 바와 같이, 지지(B)로부터 보증(W)으로 이행하는 과정 속에서의 보편성으로부터 합의 달성적 힘이 도출된다는 하버마스의 견해[72]를 페를만의 보편청중의 개념으로 뒷받침하는 것이라고 할 수 있다.

그러나 앞서 살펴본 바와 같이, 이러한 보편화의 문제와 관련하여 하버마스가 상정하고 있는 '이상적 담화상황'은 근거설정에 있어서의 타당성 확보에 실패한 것이다. 그렇다면 하버마스의 이상적 담화상황과 유사하다고 제시된 페를만의 '보편청중' 개념은 달리 해석될 여지는 없는가의 문제가 남는다. 만약 하버마스의 방식, 더 나아가서는 이와 유사하다고 언급한 롤즈의 방식과는 다른 해석이 페를만의 보편청중 개념으로부터 도출될 수 있다면, 입법논증에서의 근거설정 문제에 있어 새로운 방식의 사고가 가능할 수도 있기 때문이다.

71 Robert Alexy, 앞의 책, 248면.

72 이에 대한 자세한 설명으로는 Jürgen Habermas, "Wahrheitstheorien", *Vorstudien und Ergänzungen zur Theorie des kommunikativen Handelns*(Frankfurt/M., 1984); 변종필(역), "하버마스의 진리이론", 「안암법학」 제3권, 1995, 63면 이하. 여기에서의 인용은 1995년 국문 번역본에 따른 것이다.

2) 보편청중에 대한 무페의 해석

알렉시가 제기한 하버마스 방식의 보편청중에 대한 이해와는 달리, 이에 대한 또 다른 해석의 가능성을 열어 둔 것은 무페(Chantal Mouffe)이다. 그녀는 다음과 같이 언급한다.

> 정치적 자유주의와 다원주의를 합리주의적이지 않은 관점으로 옹호하려면, 우리는 의회를 진리에 도달하는 장소로서가 아니라 논증과 설득을 통한 합당한 추론 위에서 일치에 도달할 수 있어야 하는 장소로 바라보아야 한다. 물론 그런 일치가 확정적인 것이 아니며 항상 도전에 개방되어 있어야 한다는 것을 의식하고 있어야 한다. 따라서 카임 페를만이 시사하듯, 정치(학) 내에서 수사학의 위대한 전통과의 결속을 재창조하는 것이 중요하다.[73]

이러한 무페의 견해는 롤즈나 하버마스와 같이 다소 합리주의적인 시각에서가 아니라, 수사학적 측면에서의 의회에 대한 접근을 강조하는 것이라고 할 수 있다. 이러한 측면에서 그녀는 또한 다음과 같은 언급을 한다.

> 우리는 페를만에 대한 다른 해석도 가능하다는 사실을 깨달아야 한다. …… 모든 것들이 누군가가 제시한 페를만의 '보편청중'에 대한 이해방식에 얽매여 있다.[74]

---

73 Chantal Mouffe, *The Return of the Political*(Verso, 1993); 이보영(역), 『정치적인 것의 귀환』(후마니타스, 2007), 207면. 이하 이 저술에 대한 인용은 2007년 국문 번역본에 따르기로 한다.

74 Lynn Worsham & Gary A. Olson, "Rethinking Political Community: Chantal Mouffe's Liberal Socialism", *JCA: A Journal of Composition Theory* 19(2), 1999, 169면. 이 글은

무페는 이러한 보편청중 개념에 대해 근본적으로 두 가지의 상반된 해석이 존재한다고 설명한다. 즉 하나는 하버마스 진영과 같이, 보편청중이라는 것이 잠재적으로 존재한다고 보고, 그것에 대해 말을 걸 수 있다는 해석이다. 이와 반대로 다른 견해는 보편청중이나 공공선과 같은 것은 존재하지 않는다고 보고, 그러한 보편청중의 개념이 항상 헤게모니(hegemony)의 문제라고 보는 견해이다.[75] 물론 이러한 견해들 중 무페는 후자의 견해를 취한다.[76,77]

무페는 헤게모니라는 개념에 대해 다음과 같이 언급한다.

> 전통의 통념을 통해 급진민주주의 정치에 관한 사고를 할 수 있으려면, 민주주의 전통의 혼합적이고 이질적이며 개방적인, 궁극적으로는 불확실한 성격을 강조하는 것이 중요하다. 언제나 여러 가능한 전략들이 이용될 수 있는데, 이는 동일한 요소가 서로 다르게 해석될 수 있다는 의미에서만이 아니라 전통의 어떤 부분이나 측면이 다른 부분, 또는 그러한 측면에 반하여 작동할 수 있기 때문이기도 하다. 이것이야말로, 아마도 전통의 역할을 이해했던 유일한 맑스주의자인 안토니오 그람시(Antonio Gramsci)가 헤게모니적 실천들의 특징인 요소들을 탈접합과 재접합의 과

무페와의 지면인터뷰를 싣고 있다.

75 페를만이 주장하는 보편청중의 동의가 현실적인 동의가 아니라는 점, 객관적인 사실의 문제가 아니라 설득력의 정도 문제와 관련된다는 점, 그리고 특히 논증의 성공여부가 청중의 특징에 의해 결정된다는 점에서, 이러한 무페의 견해는 일응 타당성을 가진다.

76 Lynn Worsham & Gary A. Olson, 앞의 논문, 169, 170면.

77 이러한 페를만의 보편청중의 개념은 매우 다양하게 존재하고 있는 것은 사실이다. 이러한 다양한 이해에 대한 간략한 설명은 Antonio Raul De Velasco, "Rethinking perelman's universal audience: Political dimensions of a controversial concept", *Rhetoric Society Quarterly* 35(2), 2005, 48~51면. 무페의 경우 이와 같은 상황을 인식하면서, 이러한 다양한 주장이 오히려 보편청중을 이해하는 데 핵심이 될 수 있다고 언급한다. Lynn Worsham & Gary A. Olson, 앞의 논문, 169면.

정으로 간주했던 것을 의미한다.[78]

무페의 이상과 같은 설명은 탈접합과 재접합이라는 측면에 그 논의의 초점이 있다고 할 수 있다. 그녀는 이러한 개념을 통하여, 보편주의와 특수주의를 극복하고자 한다. 즉 특수주의의 편을 들어 보편주의를 기각하는 것이 아니라, 보편적인 것과 특수적인 것 간에 새로운 유형의 접합이 필요하다는 것이다. 인권에 대한 추상적 보편주의가 특정의 정체성을 부정하는 데 사용될 수 있고, 특정의 공동체들에 적용되는 집단적 정체성들의 몇몇 형식을 억누르는데 사용될 수도 있다. 정치를 보편적인 인간적 차원의 개인을 거부하고 순수한 특수주의만을 허용하는 견해(그것은 본질주의의 또 다른 형식에 불과함)로 후퇴시키지 말고, "서로 끊임없이 전복하는 다양한 정체성 형성과 집단적 정체성들의 교차를 통해 구성되는 것"으로 이해할 수 있어야 한다고 그녀는 주장한다.[79]

3) 정치적인 것

이러한 그녀의 헤게모니적 관점의 연장선상에서 논해질 수 있는 것은 '정치적인 것(the political)'의 개념이다.[80] 그녀는 모종의 합리성이 심의 및 토의의 출발점이라는 관념 자체를 거부한다.[81] 정치적 공동체

---

78 Chantal Mouffe(1993), 앞의 책, 36~37면.

79 Chantal Mouffe(1993), 앞의 책, 156면.

80 이러한 '정치적인 것'의 개념은 그녀가 라클라우(Ernesto Laclau)와 저술한 *Hegemony and Socialist Strategy: Toward a Radical Democracy*에 나타나 있는 급진민주주의 기획의 일환이다. Chantal Mouffe(1993), 앞의 책, 19면, 24면.

81 무페는 그녀의 주된 논점에 관한 설명에서, 합리적인 접근법이 정치적인 것의 적대적인 차원을 이해하지 못한 채로 남아 있고, 그러한 인식의 결여가 민주주의적 정치에 심각한

가 성립될 수 있는 안정적이며 보편적인 토대를 찾고자 하는 것은 잘못되고 위험한 노력이라는 것이다. 이러한 측면에서 보자면, 그녀는 앞서 주된 비판 대상으로 삼았던 '원초적 입장' 및 '이상적 담화상황'과 같은 중립적 완충장치에 대해 상당히 부정적인 입장을 가지고 있다고 할 수 있다.

'정치적인 것'을 규정하는 핵심 원리는 바로 '친구'와 '적'의 구분이라고 주장한 슈미트(Carl Schmitt)[82]를 따라, 무페는 정치적인 것이란 '그들'과 대립하는 '우리들'을 만들어내는 과정과 항상 결부된다고 주장한다.[83] 정치를 개인들 사이의 대화와 합의 형성 영역으로 이해하는 개인주의 · 자유주의 접근법과는 반대로, 정치란 집합적 동일체들 사이의 갈등과 대결의 과정이라는 사실을 강조하는 것이다. 무페에 따르면, 정치란 자유로운 토론의 장이라기보다는 서로 대립하는 대안들 중 불가피하게 어느 하나를 선택해야만 하는 영역인데도, 자유주의는 이러한 대결과 적대가 정치 과정에서 영원히 소거될 수 없다는 것을 제대로 강조하지 못하고 있다고 한다.[84]

결과를 초래한다는 점이라고 한다. Chantal Mouffe, *The Democratic Paradox*(Verso, 2000); 이행(역), 『민주주의의 역설』(인간사랑, 2006), 28면. 이하 이 저술에 대한 인용은 2006년 국문 번역본에 따르기로 한다.

82 Carl Schmitt, 김효전(역), 『정치적인 것의 개념』(법문사, 1992), 31~35면. 이러한 측면은 롤즈의 정치적인 것에 대한 이해와 차이를 보이는 것이다. 롤즈의 경우 정치적인 것의 핵심은 조정과 합의에 이르는 절차에서 필요한 합리성이라고 할 수 있다. 즉 슈미트에게 있어서는 적과 동지의 구분이라는 정치적인 결단이 국가의 존망과 관련된 중대한 사안이었다면, 롤즈의 입장에 있어서는 규범적 성격을 가지는 정치적인 것의 개념이 개인의 자유와 평등을 실현하기 위한 절실한 과제라고 할 수 있다. 정태욱, "롤즈에게 있어서 정치적인 것의 개념", 「법철학연구」 제4권 제2호, 2001, 135면.

83 이에 대해서는 Chantal Mouffe(2000), 앞의 책, 제2장 참조.

84 그녀는 모든 합의가 잠정적인 헤게모니의 임시적인 결과로서 존재하고, 그것은 언제나 특정한 형태의 배제를 수반한다는 사실을 인정해야 한다고 주장한다. 결과적으로 합리적 논쟁을 통해 권력이 해체되고 정당성이 순수한 합리성 위에 정초될 수 있다는 생각은

무페에 따르면, 민주주의 정치에서 '우리들'과 '그들'의 관계는 적대적인 '친구'와 '적'의 관계가 아니라, 서로 '경합하는 상대(agonistic adversaries)'의 관계로 정립되어야 한다. 이는 '우리들/그들' 사이의 구분을 도덕의 문제로 이해하는 것이 아니라, '정치적 맥락의 차원'에서 파악해야 한다는 것을 의미한다. 만일 그 관계가 정치적인 '좌/우'의 문제가 아니라 도덕적인 '올바름(right)/그릇됨(wrong)' 혹은 '선(good)/악(evil)'의 문제로 이해된다면, '그들'은 파괴되고 섬멸되어야만 하는 '적'으로 간주될 위험성이 매우 높아지게 된다. '그들'이 '우리들'을 도덕적으로 사악하고 올바르지 않은 집단으로 보고 우리들의 존재적 정당성 그 자체를 위협하게 될 때, '우리들'과 '그들' 사이의 관계는 적대적인 '친구'와 '적'의 관계로 전환하게 된다. '그들'은 반드시 파괴되어야만 하는 '적'이 되는 것이다.

그러나 무페에 따르면, '친구/적'의 관계는 정치적 대결이 표출되는 단지 한 가지 형태에 불과하다. 경합 모델은 서로 대결하는 집단들이 상대방을 자신들과는 그 어떠한 공통적 토대도 갖지 않는 파괴되어야만 하는 존재로 보지 않는다는 점을 강조한다. '우리들'과 '그들'은 정치적으로 서로 충돌하고 대립하지만, '자유'와 '평등'이라는 민주주의 가치를 부정하지 않는 한, 그 관계는 적대가 아닌 경합의 관계로 이해될 수 있다. 무페는 바로 이것이 '순화된 적대'로서의 '경합'이라고 주장한다. 경합 모델은 정치적 갈등과 대결의 합리적 해결이 가능하다고 믿지 않으면서도, 상대방의 정당성은 여전히 인정되어야 한다는 점을 강조한다. '자유'와 '평등'에 대한 '그들'과 '우리들' 사이의 관념과 해석의 차이는 합리적으로 해소될 수 없겠지만, '그들'은 여전히

민주주의를 위험에 빠뜨리는 환상이라고 주장한다. Chantal Mouffe(2000), 앞의 책, 162면.

그것들에 대해 ‘우리들’과 다른 해석을 내릴 수 있는 정당한 존재이다. 이런 의미에서 ‘그들’은 ‘적’이 아니라 경합의 대상이며, 민주 정치는 ‘적대’를 ‘경합’으로 바꿀 수 있어야 한다.[85]

무페는 이상과 같은 ‘정치적인 것’의 개념에 입각하여 헤게모니의 개념을 이해하고 있으며, 이는 곧 보편청중의 구성이 이러한 정치적인 것의 개념과 밀접한 관련성을 가지고 있다고 보는 것이다.

제5절 입법논증의 근거설정에 관한 새로운 이해

1. 유동적이고 지속적인 논증과정

이상에서 살펴본 헤게모니적 이해 또는 정치적인 것의 개념을 입법논증에 도입하면 어떠한 설명이 가능한가?

이러한 정치적인 것에 대한 논의를 근거설정의 문제에 대입하게 되면, 이러한 근거설정은 매우 유동적인 모습을 보이게 된다. 그것은 사회 내에 존재하는 도덕적 불일치의 문제가 그대로 지지(B)에서 보증(W)으로 이행하는 과정에 투영되기 때문이다. 바로 이 영역이 ‘정치적인 것’이 존재하는 부분이다. 이는 사실상 무한퇴행과 유사한 성격을 가지는 것처럼 보인다. 논증 참여자들 사이에 지속적이면서도 다소 영속적

---

85 이러한 경합적 관점의 민주주의의 전환과 관련하여 무페는 비트겐슈타인의 통찰을 활용한다. 이에 대해서는 Chantal Mouffe(2000), 앞의 책, 제3장을 참조할 것. 특히 언어의 복수성의 존재를 강조하는 털리(James Tully)의 논의를 참조하고 있다. 이와 관련해서는 James Tully, *Strange Multiplicity: Constitutionalism in an Age of Diversity*(Cambridge, 1995)를 참조할 것.

인 논증의 과정을 거쳐야 하기 때문이다.

바로 이 지점에서 무페의 헤게모니에 대한 논의를 다시 언급할 필요성이 존재한다. 의미의 궁극적 고정성이 불가능하다는 것은, 그러한 불가능성을 보여줄 수 있는 부분적 고정화를 의미하는 접합적 실천이 존재해야 한다는 것을 의미한다. 그렇기 때문에 모든 담론은 담론적 영역을 지배하기 위한 시도로서 구성된다. 라클라우와 무페[86]는 이러한 부분적 고정화의 특권적인 담론 지점들을 '결절점'(nodal point)[87]이라고 부른다.

접합적 실천이 가능하다는 것은 사회적인 것이 궁극적인 고정성을 가질 수 없으며 개방적이라는 점에서 기인하는 것이지만, 다른 한편으로 접합적 실천은 의미의 결절점 형성을 통해 이 개방성을 제한하고 중심을 형성하고자 하는 것이다. 이러한 것은 '담론'을 통해 형성 가능하다. 여기에서 일정부분 유동적이기는 하지만, 입법논증에서의 근거설정이 가능하다는 판단을 할 수 있다. 따라서 이에 대해 살펴보면 다음과 같다.

---

86 라클라우와 무페의 이론적 작업은 동일한 이론적·정치적 입장을 견지하지만, 이들의 연구는 서로 다른 분야에 집중하여 이루어진다고 할 수 있다. 라클라우가 인식론과 철학이론에, 무페는 정치이론에 할애하는 경향이 있다. 이들의 이론적 발전에 대해서는, 이윤희, "포스트맑시즘의 이론적 이데올로기적 전망과 한계: 라클라우와 무페의 이론을 중심으로", 「통일문제와 국제관계」, 1994를 참조할 것. 이하 헤게모니에 관한 논의에서는 이들의 공동 작업을 중심으로 설명을 제시하도록 한다.

87 라클라우와 무페는 이 개념이 라캉의 고정점(caption point) 개념을 차용하고 있음을 밝힌다. 라캉은 고정점 개념을 통하여, 즉 의미화 연쇄의 의미를 고정하는 특권적인 기표들이란 개념을 통하여 부분적 고정화를 강조하였다. 의미화 연쇄의 생산성에 대한 이러한 제한은 서술을 만드는 위치를 설정한다. 따라서 의미의 어떠한 고정성도 창출할 수 없는 담론은 정신병자 담론이다. Ernesto Laclau & Chantal Mouffe, *Hegemony and Socialist Strategy: Toward a Radical Democracy*(Verso, 1985); 김성기 외(역), 『사회변혁과 헤게모니』(터, 1990), 112면. 이하 이 저술에 대한 인용은 1985년 영문판에 따르기로 한다.

2. 접합적 실천의 중심성

접합적 실천이 일정한 중심성을 가지고 구성된다는 것은, 그것이 구성체로서 형성된다는 점을 의미한다고 무페는 판단한다. 그렇다면 접합적 실천이 가지고 있는 중심성은 어떠한 지형 위에서 성립하는 것인가? 라클라우와 무페는 접합적 실천이 중심성을 가지고 구성되는 지형은 '적대'(antagonism)[88]의 지형이라고 말하고 있다. 이 때 그 중심성은 이제 헤게모니 원리로서 개념화되며, 그것이 구성되는 적대적 지형의 관점에서 고찰하는 한, 그 총체는 헤게모니 구성체(hegemonic formation)가 된다.

여기서 그들이 말하는 적대의 개념은 사회 안에서 모든 객관성의 궁극적 불가능성을 드러내는 경험을 가리킨다. 이들이 변증법에서의 '모순' 대신에 '적대' 개념을 내세운 데는 이유가 있다. 그들이 보기에 변증법은 어떤 것과 그것에 '모순'되는 것을 매개하여 고차적인 질서로 통합시킴으로써, 차이를 제거하고 결국 총체적이고 통합된 공간을 만드는 형이상학에 지나지 않는다. 즉 그것은 차이를 동일성 또는 합리성으로 흡수 및 환원시키는 것이다. 이에 비해 적대는 상반된 대립항이 상호 규정되는 것을 거부하면서 상대방과 대립하고 배제하는 관계를 가리킨다.

---

88 라클라우와 무페는 '적대' 개념을 언어학에서의 은유(metaphor) 개념에 비유하면서 다음과 같이 규정한다. "적대는 모든 가능한 객관성의 한계에 대한 경험이며, 모든 객관성이 그 자신의 객관화가 부분적이고 자의적임을 드러내는 방식이다. 언어학의 비유로 표현한다면, 랑그(langue)가 차이의 체계라면 적대는 차이의 균열이다. 그리고 이러한 의미에서 적대는 그 자신을 언어의 한계에 위치시키고 언어의 파열(disruption), 즉 은유로서만 존재할 수 있다." Ernesto Laclau, "Metaphor and Social Antagonisms", Cary Nelson & Lawrence Grossberg(eds.) *Marxism and the Interpretation of Culture*(University of Illinois, 1988), 122면.

적대의 경우에는 우리는 상이한 상황, 즉 내가 전적으로 나 자신이 되는 것을 방해하는 '타자'(Other)의 현존에 직면한다. 관계는 완전한 정체성들로부터가 아니라, 그러한 정체성들의 구성 불가능성으로부터 출현한다. …… 실제적 대립은 객관적인, 즉 확정가능하고 규정가능한 관계이다. 적대는 부분적이고 불안정한 객관화로서 노정되는 모든 객관성의 한계를 구성한다.[89]

그러므로 이러한 적대의 개념은 사회의 궁극적인 고정이 불가능함을 단적으로 보여주고 있는 개념이다.

사회적인 것(the social)이 사회(society) -즉 차이들의 객관적이고 폐쇄된 체계- 를 구축하기 위한 부분적인 노력으로서 존재할 뿐이라면, 적대는 최종적 봉합의 불가능성에 대한 증인으로서 사회적인 것의 한계에 대한 '경험'이다. 엄밀히 말하자면, 적대는 사회에 '내적'인 것이 아니라 '외적'인 것이다. 그것은 사회의 완전한 구성의 불가능성을 조건지운다.[90]

이 인용문의 의미는 이렇게 설명할 수 있다. 첫째, 사회적인 것은 결코 객관적인 질서로 구성되지 않는다. 사회는 결코 완전한 사회가 될 수 없다. 이를 가리켜 그들은 '사회의 불가능성'(the impossibility of society)이라 부른다.[91] 둘째, 적대는 그러한 사회의 구성을 막는다는 점에서 '구성적 외부'(constitutive outside)이다. 구성적 외부는 내부의 정체성을 가로막는 외부인 동시에 내부를 구성하는 데 불가결한 요소이

89 Ernesto Laclau & Chantal Mouffe, 앞의 책, 125면.

90 Ernesto Laclau & Chantal Mouffe, 앞의 책, 125면.

91 Ernesto Laclau & Chantal Mouffe, 앞의 책, 122면.

다. 이런 의미에서 적대는 사회와 애증관계를 맺는다. 적대는 사회의 불가능성은 물론이고 사회의 가능성도 추구하기 때문이다.

그렇다면, 이러한 적대의 관계는 어떻게 발생하는가? 무페는 어떤 현존의 담론에서 특정한 방식으로 형성된 (집합적) '주체'가 자신의 주체성이 다른 담론들이나 실천들에 의해 부정되었다는 것을 발견했을 때 적대가 일어난다고 본다.[92] 무페는 이것을 두 가지로 나눈다. 하나는 어떤 권리에 기초해서 구성된 주체들의 권리나 주체성이 부정되거나 침해되는 경우이다. 다른 하나는 일부 담론에서는 예속되면서 다른 담론에서는 평등한 것처럼 호명(interpellation)[93]되는 경우, 즉 모순적으로 호명되는 경우이다. 이것은 특정 주체 위치의 부정임과 동시에 종속적인 주체성의 부정이다.

적대가 발생하는 지점은 단일한 것이 아니라 다양하며, 어떤 본질적인 내적 모순이 발현되어 나오는 계기들이 아니다. 그렇기 때문에 라클라우와 무페는 계급적인 적대를 적대들의 다양한 형태들 중 하나로서 간주할 뿐이지, 그 이외의 다른 적대가 중심적인 지점으로 자리 잡을 수 있는 가능성을 배제하지는 않는다. 그러나 그것이 가능해지는 것은

92 Chantal Mouffe, "Hegemony and New Political Subjects: Toward a New Concept of Democracy", Cary Nelson & Lawrence Grossberg(eds.) *Marxism and the Interpretation of Culture*(University of Illinois, 1988), 247면.

93 이러한 호명의 개념은 알튀세르(Louis Althusser)가 강조하는 개념이다. 주체란 자율적인 자기 충족적인 존재가 아니라, 사회 구조에 의해 구성되는 수동적 존재로 취급된다. 주체는 이데올로기라는 사회적 힘에 의해 재현되기를 기다리는 미완의 존재라는 것이다. 즉 자연인으로서의 인간 개체는 이데올로기의 호명에 의해 비로소 사회적 주체로 승인된다는 의미를 가지고 있다. 이러한 호명의 의미는 알튀세르가 기반하고 있는 구조주의의 속성을 보여주는 것이라고 할 수 있다. 그러나 무페는 알튀세르와는 달리 '구성적 외부'를 강조하는 입장에 있다. 이러한 알튀세르의 이데올로기의 호명에 대한 내용은 Louis Althusser, Ben Brewster(trans.), *Lenin and Philosophy*(Monthly Review Press, 1971), 170~175면을 참조할 것.

필연적 논리의 전개에 의해서가 아니라, 계급적인 적대를 중심으로 다른 적대들이 접합되었기 때문이라고 파악한다.

3. 탈접합-재접합의 논리

이제 이러한 적대들의 지형위에서 구성되는 담론적 총체성은 다양한 적대의 지점들을 헤게모니적 중심성 내로 접합시키는 헤게모니 구성체로서 파악할 수 있다. 그렇다면 헤게모니 구성체가 다양한 적대들을 접합시키는 양식은 무엇인가? 라클라우와 무페는 이것을 등가(equivalence)와 차이(difference)의 논리에서 찾고 있다.[94]

(i) '등가의 논리'는 다른 것과 공통적인 관계를 맺는다는 공통점을 가지고 있는 같은 항들 내의 차별적인 것들이 그 차별적 조건을 상실하고 동일화되는 논리이다.

(ii) '차이의 논리'는 두 가지 다른 수준에서 논의될 수 있는데,

a. 등가항과 이에 대립되는 항 간의 차이이며, 이것은 등가의 논리가 발전할수록 더욱 심화된다.

b. 등가항 내의 차별적인 것들 간의 차이인데, 이것은 등가의 논리가 발전할수록 더욱 심화된다.

이러한 등가와 차이의 논리는 적대들을 탈접합-재접합시키는 헤게모니적 실천들의 전략을 구성케 하는 기본적인 논리이다. 다시 말하자

94 Ernesto Laclau & Chantal Mouffe, 앞의 책, 130면.

면, 등가의 논리는 정치적 공간의 단순화 논리이고, 차이의 논리는 정치적 공간의 확대 및 복잡성 증대의 논리라고 할 수 있다.

이상의 내용을 종합하면, 헤게모니 구성체는 등가와 차이의 논리에 의해 관통되면서 일정한 규칙성을 획득하기도 하고 또 해체되기도 한다. 그러므로 헤게모니 구성체는 주어져 있는 완결적 구조라기보다는 계속적으로 재구축해야 하는 것이며, 다양한 적대들을 재접합시켜야 하는 과정 속에 있는 구성체이다. 여기에 바로 '정치적인 것'의 중요한 함의가 존재한다.

결과적으로 입법논증에 있어 근거설정의 가능성은 무페식의 접합적 실천의 의미로부터 도출할 수 있다. 그러나 이러한 근거설정은 롤즈나 하버마스의 경우에서와 같이, 최종적이면서도 중립적인 의미를 가지는 것이 아니라, 유동적인 성격을 가지는 것이라고 할 수 있다. 그러나 이러한 유동적인 성격은 단순히 공동체 구성의 불가능성을 의미하는 것은 아니다.

결절점을 중심으로 하는 접합적 실천의 가능성은, 각 개개인이 가지는 도덕적 불일치의 문제를 어느 정도 단순화 시켜줄 가능성을 가지고 있으며, 이러한 단순화는 결국 정치적 환경 속에서의 불가피한 정치적 선택을 수긍할 수 있는 기반을 형성해 줄 것이다. 물론 이러한 선택은 궁극적이면서도 최종적인 성격을 가지는 것이 아니라, 다분히 헤게모니적 실천의 결과로서의 잠정적인 성격을 가지는 것이라고 할 수 있을 것이다.

결국 입법논증이 행해지는 입법절차의 구성에 있어서 중요한 것은 이러한 접합적 실천의 가능성을 담보해주는 담론절차의 구성이라고 할 수 있다. 이는 결국 '정치적인 것'의 의미를 중심으로 하는 경쟁적 민주주의라는 측면에서 입법절차가 구성 및 해석될 필요성이 있음을 의미한다.

제5장

입법논증론의 실천적 활용

제5장
입법논증론의 실천적 활용

이 장에서는 앞서 제3장 및 제4장에서 언급한 입법논증론의 내용과 관점이 입법학 연구에서 어떻게 활용될 수 있는지를 논해보고자 한다. 입법논증이라는 입법학의 연구 분야는 그 독자적인 의의를 가지면서도, 입법이론으로도 기능하기 때문에 다른 세부 연구영역 논의의 방향성을 제시해줄 수 있다. 이하에서는 이러한 내용에 대해 살펴보기로 한다.

제1절 입법논증론의 이중적 기능

입법논증론은 입법학의 연구영역 중 입법이론 연구에 포함되기도 하지만, 동시에 그 독자적 내용을 가지는 연구영역이라고 할 수 있다. 따라서 입법논증론이 가지는 의의는 이 두 가지 측면에서 제시되어야 한다.

1. 입법학 개별 연구영역으로서의 입법논증론

입법논증론은 그 고유의 독자적 연구영역을 포함하고 있다. 즉 다른 입법학 세부 연구영역과는 구별되는 독자적 연구 내용을 가지는데, 그것은 논증과정에서의 논거의 활용방식과 논증의 건전성 판단의 기준 등에 관한 것이다.

기존에 논의되어 오던 입법학의 연구영역인 입법정책결정론, 입법과정론, 입법기술론, 입법평가론 등에서도 입법논증론과 일부 중첩되는 내용들이 논해질 수도 있겠지만, 입법 현장에서의 논증에 관한 실천적 논의를 모두 포괄하기는 어렵다고 할 수 있다. 입법논증의 주체 및 대상 설정, 실제 입법과정별 입법논증의 방식, 논거의 성격에 따른 활용방식, 논증부담의 배분 등 세부적인 사항들에 대해서는 이를 포괄하여 입법학의 개별 연구영역으로 분류할 수 있을 것이다.

개별 연구영역으로서의 입법논증론 연구는 의회 등을 비롯한 입법 현장에서 자신의 입법적 주장을 설득력 있게 펼치는 방안을 제시함과 아울러, 이를 기초로 기성의 입법논증에 대한 건전성 판단에 기여할 수 있을 것이다. 결과적으로, 법(령)안에 대한 심의에 있어 단순히 그 필요성만을 형식적으로 언급하는 수준을 넘어서서, 필요성의 근거를 명확하게 제시하도록 함으로써 법안 심사의 실질화와 이에 대한 사회적 감시가 이루어질 수 있게 할 것이다.

2. 입법이론으로서의 입법논증론

앞서 제1장 서두에서 입법이론은 입법학의 학문적 성격과 의의, 연구 방법론 또는 방향성을 성찰하는 연구영역이며, 궁극적으로는 기존 해석법학(특히 헌법학) 및 여타의 사회과학과 입법학이 가지는 차별성을 확인할 수 있게 해준다고 설명한 바 있다.

이러한 견지에서, 입법논증론은 입법이론 연구에 포함되는 성격을 가지고 있다. 최근 일반적으로 입법학에 대해 설명하면서, 사회과학적 방법론의 수용을 지나치게 강조한 나머지 입법과 관련한 중요한 요소들을 간과하는 경향이 있다. 이러한 경향성은 기존의 해석법학 연구영역에서의 실체 판단을 중심으로 하는 결과주의적 사고를 빗어나지 못한 결과라고 할 수 있다. 이는 입법의 영역에서 가치간 갈등을 제거할 수 있는 확고한 객관적 정답을 입법학을 통해 찾으려는 시도로 평가할 수 있다.

이에 대해 입법논증론은 입법의 이면에 존재하는 가치간 갈등 또는 도덕적 가치의 불일치 문제를 전제로, 입법적 판단이 가지는 논증이론적 성격을 강조함으로써 입법학의 학문적 성격을 명확히 해준다. 또한 이는 분명 사법판결 이론으로서의 해석법학과 입법학간의 차별성을 보여주는 기능도 수행하고 있는 것이다.

제2절 입법논증론의 고유 영역

1. 입법논증의 주체 및 논증부담의 배분

입법논증의 주체는 관련된 입법대안을 주장하는 자라고 광범위하게 설정할 수 있을 것이다. 규범적 차원에서 입법대안의 주장은 누구든지 자유롭게 행할 수 있다. 그러나 궁극적으로 법안이 논의되는 공식화된 절차에서는 관계 법(령)에 따라 입법논증의 주체가 한정될 수밖에 없다.

우리 「헌법」에 따르면 입법권은 국회에 속한다(「헌법」 제40조). 이는 법률안의 발의는 물론이고, 이에 대한 국회 및 국회의원의 심의 · 의결 권한을 규정한 것이라고 할 수 있다. 그러나 우리 「헌법」은 정부에게도 법률안을 제출할 수 있는 권한을 보장하고 있다(「헌법」 제52조). 이러한 측면에서 「헌법」상 입법논증의 주체는 '국회의원'과 '정부'이다.

이에 더하여, 정부입법의 영역에 포함되는 행정입법에 관한 논의를 필수적으로 논해야 할 필요성이 있다. 특정 내용을 가지는 행정입법의 입법 필요성 등에 관한 설득은 기본적으로 정부가 행해야 한다. 이러한 행정입법 중 위임입법은 여타의 행정규칙에 비하여 논증부담이 더욱 크다고 할 수 있다. 그 이유는 위임입법이라는 것이 기본적으로 의회 입법자들이 가지지 못하는 법 집행 및 정책운영과 관련한 전문성을 감안하여, 법률이 가지는 규범적 의미를 (행)정부에서 구체화할 것을 요청하는 것이기 때문이다. 이러한 측면에서 의회와 행정부의 논증부담의 배분을 고려할 필요성이 있다. 즉 법률을 통해 규범적 의미의 구체화에 관한 위임 및 수권이 이루어졌다고 할지라도, 그러한 위임입법의 제정의무를 가지는 정부는 국민들에게 당해 입법의 내용이 타당하다는 점을 설득력 있게 논증할 필요성이 있다.

1) 국회의원

입법논증 주체로서의 국회의원에는 제 · 개정 법률안을 발의한 개별 의원은 물론이고 위원회(의 위원장)도 포함된다. 「국회법」 제51조에 따라 위원회는 그 소관에 속하는 사항에 대하여 법률안(위원회안 또는 대안)을 제출할 수도 있기 때문이다. 이러한 위원회안이나 위원회 제출

대안의 경우에는 위원장이 제안자로서 본회의에서 제안취지를 설명한다. 한편 입법청원의 경우에는 청원을 소개한 의원이 소관위원회 또는 청원심사소위원회의 요구가 있을 때에는 청원의 취지를 설명하여야 하기 때문에(「국회법」 제125조), 이 경우는 소개의원이 입법논증의 주체로서의 역할을 한다.

2) 정부

입법논증 주체로서의 정부는 법률안과 관련된 업무를 담당하는 부처의 장관이나 국무위원(정부위원)이라고 할 수 있다. 정부의 입법논증 주체로서의 역할은 비단 정부제출 법률안만을 대상으로 하는 것은 아니다. 위임입법에 관한 입법논증에 있어서도 정부는 입법논증의 주체로서 기능한다. 즉 중앙행정기관의 장은 법률에서 위임한 사항이나 법률을 집행하기 위하여 필요한 사항을 규정한 대통령령 · 총리령 · 부령 · 훈령 · 예규 · 고시 등이 제정 · 개정 또는 폐지된 때에는 10일 이내에 이를 국회 소관상임위원회에 제출해야하는데(국회법 제98조의2 제1항), 소관상임위원회 등은 대통령령 등이 법률의 취지 또는 내용에 합치되지 아니하다고 판단되는 경우에는 소관중앙행정기관의 장에게 그 내용을 통보할 수 있으며, 이 경우 중앙행정기관의 장은 통보받은 내용에 대한 처리 계획과 그 결과를 지체 없이 소관상임위원회에 보고하여야 한다. 이 과정에서 입법논증이 이루어진다.

3) 국민

이상과 같이, 헌법 또는 법률상 공식화된 입법절차 속에서의 논증을 제외하고도, 입법논증은 사회 내에서 매우 다양한 형식으로 이루어질 수 있다. 특정 법안의 제 · 개정 또는 폐지를 원하는 일반 국민은 관련

정부부처 또는 국회의원들을 상대로 관련 법(령)의 필요성을 설득하기 위한 입법논증을 수행할 수 있다. 이와 관련해서는, 국회 및 시민단체들이 개최하는 공청회 및 각종 세미나에서 일반 국민들이 자신의 입법적 주장을 제시하는 것도 입법논증에 해당한다고 할 수 있다.

이와 더불어, 정부입법 및 의원입법의 경우에는 각각의 절차 속에서 입법예고 제도를 두고 있는데, 이러한 예고된 법(령)안에 대하여 일반 국민은 의견 제출을 통하여 입법논증의 주체로서 기능할 수 있다.

2. 입법논증의 대상청중

입법논증의 대상자는 기본적으로 당해 법(령)의 적용을 받게 될 국민들이라고 할 수 있다. 따라서 특정의 입법대안을 제안하는 경우에는 일반 국민들을 설득할 수 있는 정도의 논거와 설명을 제시할 필요성이 있다. 물론 매우 전문적 지식을 요하는 법(령)들의 경우에는 예외적으로 관련분야의 전문가들이 입법논증의 대상자가 될 수도 있을 것이다. 그러나 이 경우에도 가급적이면 일반 국민들에 대한 설득 가능성을 염두에 둘 필요성이 있다.

제도화된 입법절차 속에서의 입법논증은 일반 국민들을 그 기본 대상으로 하지만, 궁극적으로는 당해 법률안의 심의·의결할 수 있는 권한을 가진 자들을 대상으로 한다. 따라서 정부입법 단계에서는 국무회의 위원 등이 입법논증의 대상자라고 할 수 있으며, 국회에서의 법률안 심의에 있어서는 국회의원들이 입법논증의 대상자라고 할 수 있다. 따라서 공식적 입법절차 속에서의 입법논증 대상자는 각 논의 단계에 따라 그 범위가 지속적으로 변화하는 속성을 가지고 있다.

3. 입법과정별 입법논증의 기회

입법과정에 따른 입법논증의 기회를 살펴보기에 앞서, 사전적인 이해와 정리를 도모하기 위하여, 현행법상의 입법과정에 대해 간략하게 도식화하여 먼저 살펴보기로 한다. 입법의 세부과정을 크게 나누어

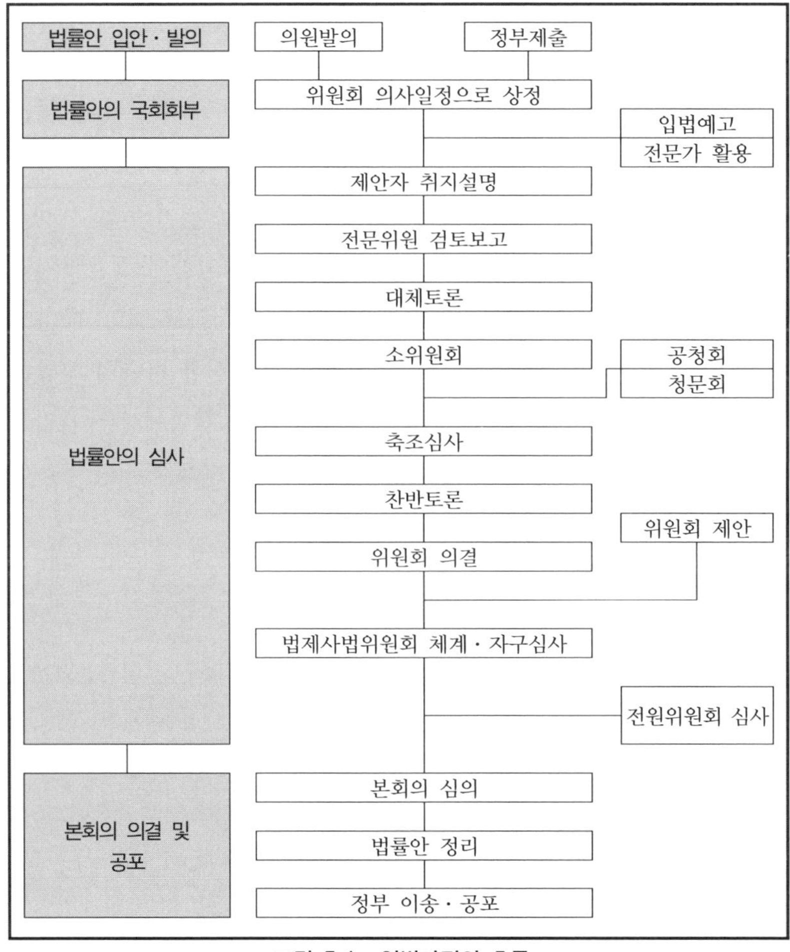

<그림 5-1> 입법과정의 흐름

보면, ① 법률안의 입안 및 발의, ② 법률안의 국회 회부, ③ 법률안의 심사, ④ 본회의 의결 및 공포라는 순차적인 단계로 이루어지고 있다.

앞의 그림에서 볼 수 있는 바와 같이, 정부제출 입법과 의원발의 입법은 주로 법률안의 입안 · 발의단계에서 차이점이 있을 뿐이며, 그 이후의 입법과정은 절차적인 측면에서 보자면 대동소이하다.

입법논증이 실제로 행해지는 방식은 구두로 이루어질 수도 있고, 문서로도 이루어질 수도 있다. 공식적인 입법절차에서 수행되는 입법논증의 상당수는 문서로 이루어지는 경우가 많으며, 구두로 행해진 경우라고 할지라도 회의록으로 문서화되는 경우가 대부분이다. 이는 회의 참여자뿐만 아니라, 일반 국민들이 시간 및 공간적 제약 없이 입법논증 등 논의된 세부사항들을 확인할 수 있도록 하기 위한 것이다.

우리나라의 의회에서의 입법절차는 법률안 등 의안의 효율적이고 심도 있는 심사를 위하여 '위원회중심주의'를 채택하고 있다. 따라서 일반적인 경우의 대부분은 위원회에서 법안과 관련한 찬반의 입법논증이 이루어진다. 이하의 입법논증의 기회에 관한 설명에서는 위원회(소위원회 포함)에 관한 논의가 비중 있게 다루어진다.

[판례 5-1] 헌재 2000. 2. 24. 99헌라1

우리 국회의 법률안 심의는 본회의 중심주의가 아닌 소관 상임위원회에서 이루어진다. 소관 상임위원회에서 심사 · 의결된 내용을 본회의에서는 거의 그대로 통과시키는 이른바 위원회 중심주의를 채택하고 있다. 따라서 대부분의 법률안에 대한 표결은 이의유무에 의한 국회법 제112조 제3항에 따른 '전원일치'의 방법으로 행하여진다. 이러한 전원일치는 출석의원 모두가 찬성할 때에 사용하는 약식의 방법으로, 안건에 대하여 반대하는 의원이 없다고 인정되는 경우에 의장이 의사운영의 신속성과 표결의 명확성을 기하기 위하여 일반적으로 널리 사용하고 있는 방법이다. 표결에 부치는 문제에 다툼이 없고 반대가 없을 때, 의장은 " …… 이의없으십니까"라고 물어서 "없습니다"라고 하는 의원이 있고, 이의가 없다고 인정되면 "가결되었음을 선포합니다"라고 하는 것이다. 이러한 이의유무를 묻는 표결방식에서는 이의가 있거나 토론에서 반대발언이 있거나 수정안이 있을 때는 다른 정식의 방법(기립, 거수, 기명, 무기명투표 등)으로 표결하여야 하므로 국회법 제112조 제3항에 의한 표결방식은 안건에 대하여 이의가 없어야 한다는 것이 전제가 된다.

1) 제안이유 및 제안자 취지 설명

일반적인 법(령)안은 형식적으로 제 · 개정 이유 또는 "제안이유"를 포함하고 있다. 바로 이러한 제안이유의 기술 부분은 가장 기본적인 입법논증의 출발점이라고 할 수 있다. 또한 발의 및 제출된 법률안이 심의를 위하여 위원회에 상정되면, 제안자는 당해 법률안의 제안이유와 그 내용(제안취지)에 대해 설명한다. 설명의 내용은 법률안에 형식상 포함되어 있는 "제안이유" 및 "주요내용"과 대동소이하다.

[선례 5-1] 이미 제출한 법률안과 내용이 중복·모순어 앞에 제출한 법률안을 철회한 예(선례집 291)

법률안 제출권자는 같은 제명의 법률안을 다시 제출할 수는 있지만 이미 제출한 법률안과 비교하여 같은 정책에 대하여 중복된 내용이 있거나, 모순된 입장을 취하고 있는 경우에는 국회 심의절차의 효율성 또는 의사단일화 요구에 반하는 결과를 초래하므로, 앞에 제출한 법률안을 철회하고 새로운 법률안을 제출하여야 한다.

(1) 200년 2월 16일 정부가 제출한 「혈액관리법 일부개정법률안」과 2007년 9월 경 제출하려는 동일 제명의 법률안의 내용이 일부 중복 또는 모순됨에 따라 앞에 제출한 개정안을 철회하고 2007년 10월 9일 다시 제출하였다.

(2) 2006년 7월 20일 정부가 제출한 「독점규제 및 공정거래에 관하 법률 일부개정법률안」의 위원회 심사가 계속되는 상황에서 새로운 정책수요가 발생하자, 2007년 2월 정부는 이미 제출한 법률안의 내용을 흡수하는 동시에 추가적인 개정내용을 담아 동일 제명의 법률안을 제출하려 했으나, 접수가 불수리되어 2007년 2월 7일 앞에 제출한 법률안에 대한 철회안을 제출하였다.

(3) 2008년 11월 12일 정부가 제출한 「수산업협동조합법 일부개정법률안」과 2009년 4월 경 제출하려던 동일 제명의 법률안의 내용이 일부 중복 또는 모순됨에 따라 앞에 제출한 개정안을 철회하고 2009년 4월 30일 다시 제출하였다.

(4) 2008년 11월 28일 정부가 제출한 「게임산업진흥에 관한 법률 전부개정법률안」과 2011년 10월 경 제출하려던 동일 제명의 법률안의 내용이 일부 중복 또는 모순됨에 따라 앞에 제출한 개정안을 철회하고 2011년 11월 2일 다시 제출하였다.

[선례 5-2] 동일한 안건의 일사부재의에 관한 예(선례집 292)

1964년 11월 10일 제6대 국회 제45회 정기회 제20차 법제사법위원회는 김대중 의원이 발의한 「국회법중개정법률안」을 소관상임위원회에서 폐기하였는 바, 같은 회기에 이상철 의원이 발의한 「국회법중개정법률안」을 김대중 의원의 개정법률안과 비교할 때 예산결산특별위원회의 위원수와 그 선임방법이 다르나 양자간의 성질상 차이가 없으므로 일사부재의의 원칙에 저촉된다고 해석하여 심의하지 아니하였다.

[선례 5-3] 청원심사소위원회가 청원인으로부터 의견진술을 들은 예(선례집 390)

「국회법」 제57조 및 「국회청원심사규칙」 제8조에 따라 위원회는 창원심사를 전담하는 소위원회를 두도록 되어 있으며, 동 규칙 제10조에 따라 청원심사소위원회는 청원심사에 필요하다고 인정할 때 청원인으로부터 진술을 들을 수 있다.
1986년 11월 25일 제12대 국회 제131회 정기회 내무위원회 청원심사소위원회에서 「국기의 존엄성 수호에 관한 보호법 제정 청원」을 심사함에 있어 청원인인 김일수로부터 의견진술을 듣고 위원들의 질의에 답변케 하였다.

2) 전문위원 검토보고

일반적으로 제안자 취지설명이 있은 후 전문위원 검토보고가 이루어진다. 전문위원 검토보고는 법률안을 미리 검토하여 그 타당성, 문제점 및 대안 등을 제시하는 분석보고제도이다. 이러한 전문위원 검토보고(서)에는 관련 법안에 대한 찬반양론이 제시되는 경우가 많다. 따라서 이 보고서에는 찬성 및 반대 입장의 논거들이 기재되어 있는데, 이러한 측면에서 각 입장의 입법논증을 전문위원이 개괄적으로 소개하는 절차라고 평가할 수 있다. 검토보고서는 법률안의 위원회 상정일 48시간 전까지 소속의원들에게 배부되고, 당해 보고내용은 위원회에서 구두로 보고된다. 의원들 입장에서는 찬반양론의 입법논증 내용과 핵심논제를 사전에 파악할 수 있게 해 주는 것이기 때문에, 실제 법률안 심사에서 전문위원 검토보고가 가지는 영향력은 상당하다.

[선례 5-4] 위원회 법률안 심사시 참고인 출석을 요구한 예(선례집 99)

대별	회별	위원회	의결일	관련안건	소속 및 성명	비고
제16대	228회 제1차	정보	02. 3. 11	테러방지법안 관련	중앙대학교 법대교수 제성호 등 2인	참고인
제17대	268회 제5차	행정 자치	07. 6. 25	지방세법 개정안 심사관련	헌법학자 장용근 교수 등 2인	참고인

[선례 5-5] 위원회에서 법률안 심사를 위하여 현장 검증을 행한 예(선례집 100)

「국회에서의 증언 · 감정 등에 관한 법률」에 따르면 검증은 법률안 등 안건심사를 위하여 할 수 있는데, 2006년 11월 20일 제17대 국회 제262회 정기회 제20차 법제사법위원회는 「통신비밀보호법」 등 관련 법률안의 심도 있는 심사를 위해서 국가정보원 및 KT 등의 감청시설 현장에 대한 검증을 실시할 것을 의결하여 동년 12월 4일 현장검증을 실시하였다.

[자료 5-1] 전대통령 재산 추징법 사안

[출처: 국회사무처, 「제313회 국회(임시회) 법제사법위원회회의록」 제2호, 2013. 2. 19.]

○ **위원장 박영선** 수고하셨습니다. 나머지 법률안에 대한 제안설명은 서면으로 대체하겠습니다.

(이상 18건 제안설명서는 부록에 실음) 다음은 수석전문위원의 검토보고를 듣겠습니다.

○ **수석전문위원 임중호** 수석전문위원입니다. 계속 이어서 보고를 드리겠습니다.

… (중략) …

다음, 김동철 의원이 대표발의하신 특정고위공직자에 대한 추징 특례법안은 대통령 및 국무위원이 재임 중에 범한 범죄와 관련하여 취득한 불법재산 및 그 가족이 취득한 불법재산을 추징하려는 것이나 이와 관련된 내용이 공무원범죄에 관한 몰수 특례법에 규정돼 있어 현행 법률의 보완으로 입법 목적을 달성할 수 있다고 판단되므로 별도의 특례법의 제정 여부에 대하여 신중한 판단이 필요하다고 생각이 됩니다.

… (중략) …

○ **위원장 박영선** 수고하셨습니다. 대체토론 순서입니다. 질의하실 위원님 계신가요? 김회선 위원님 질의하십시오.

… (중략) …

○ **위원장 박영선** 박범계 위원님!

○ **박범계 위원** 제가 우리 수석전문위원의 검토보고서를 죽 보니까요, 일정한 패턴이 있는 것 같습니다. 그래서 제가 초선 의원이라 우측에 계시는 우리 박지원 전 원내대표님께 한번 여쭤봤는데요. 보니까 정부안은 전부 다 '타당합니다' 이렇게 되어 있네요, 정부안은. 우리 수석전문위원안의 검토보고서인데.

그다음에 우리 국회의원들이 낸 개정안이나 그런 것은 대체로 한 세 가지 패턴이 있네요. '입법 정책적으로 결정할 사항이라 생각합니다, 신중한 추진이 요망됩니다, 신중한 판단이 필요하다고 생각됩니다'……

저는 국회가, 지금 국민들이 개혁하라고 그러는데 국회가 개혁해야 될 첫 번째 과제가 이것인 것 같습니다. 국회가 정말로, 여기에 파견 나와 있는 검사 · 판사 분도 계시고 전문위원도 계시지만, 국회가 독자적인 힘으로 독자적인 능력으로 이러한 의원입법안이든 정부안이든 제대로 검토해서 그 보고서가 나와야 되는 것이 급선무라는 생각이 듭니다.

지금 김동철 의원이 대표발의하신 특정고위공직자에 대한 추징 특례법안에 대해서 '신중한 판단이 필요하다고 생각됩니다, 공무원범죄에 관한 몰수 특례법을 보완으로 입법 목적을 달성할 수 있다고 판단되므로' 이렇게 되어 있어요.

이 법이, 지금 왜 이것이 발의가 됐는지 아시지요, 장관님이나 처장님? 대통령 및 국무위원이 재임 중에 범한 범죄와 관련하여 취득한 불법 재산 및 그 가족이 취득한 불법 재산을 추징하려는 그런 법안입니다, 이게. 이것이 왜 발의가 됐는지 아시지요? 장관님, 어떻습니까?

3) 대체토론

전문위원 검토보고가 끝나면, 일반적으로 대체토론에 들어간다. 이러한 대체토론은 관련 법률안의 전반적인 문제와 당부에 관하여 행하여지는 일반 원칙토론을 의미하고, 이에는 제안자에 대한 질의 · 답변을 포함한다. 이는 추후 세부적인 법안 심사업무를 수행하게 되는 소위원회의 대체적인 심사방향을 설정하는 데 도움을 준다. 실제 입법 현장에서는 이러한 대체토론 단계에서 관련 내용에 대한 찬반논의가 활발하게 전개되는 경우가 많다. 그 이유는 소위원회 심사단계에서는 다소 세부적인 조율작업이 주를 이루기 때문이다. 따라서 이러한 대체토론에서의 입법논증은 매우 중요하다. 이러한 대체토론 및 질의 · 답변은 구두로 이루어지는 것이 일반적이다.

[자료 5-2] 전자서명법 전부개정 사안

[출처: 국회사무처, 「제316회 국회(임시회) 미래창조과학방송통신위원회회의록」 제2호, 2013. 6. 18.]

○ **위원장 한선교** 그러면 의사일정 제20항 한선교 의원이 대표발의한 방송통신발전 기본법 일부개정법률안부터 의사일정 제100항 민병주 의원이 대표발의한 원자력 진흥법 일부개정법률안까지 이상 81건의 법률

안 중에서 의사일정 제50항을 제외한 80건의 법률안을 일괄상정 하겠습니다.
다음은 제안설명 순서입니다마는 심사 대상 안건이 상당히 많기 때문에 오전 회의와 마찬가지로 위원님들께서 양해해 주신다면 제안설명은 모두 유인물로 대체하도록 하겠습니다.
또한 전문위원 검토보고 순서입니다마는 여러분께서 양보해 주신다면 전문위원 검토보고는 시간관계상 서면으로 대체하도록 하겠습니다.
다음은 위원님들의 대체토론으로 들어가겠습니다. 질의시간은 답변을 포함해서 우선 5분으로 하겠습니다.

… (중략) …

○ **유승희 위원** 유승희입니다. 최재천 의원 발의 전자서명법 전면개정안에 대해서 질의하겠습니다, 제가 토론회도 주재를 했기 때문에. 장관, 최재천 의원 법안에 따르면 결과적으로 공인전자서명 외에 추가적으로 다른 인증제도도 도입하자는 취지라고 보는데 이러한 개정 방향에 동의하십니까? 동의하시지요?
○ **미래창조과학부장관 최문기** 그 부분은 신중하게 검토하겠습니다.

… (중략) …

○ **유승희 위원** 개정안에는 현재 전자서명법상 루트 인증기관인 한국인터넷진흥원, KISA라고 얘기들을 하는데 KISA가 전문적인 제3자의 검증을 받도록 하고 있습니다, 이 개정안에서. 이에 대한 장관의 생각은 어떠하십니까?
○ **미래창조과학부장관 최문기** 지금 사실……
○ **유승희 위원** 제가 말씀을 드리면…… 얘기를 먼저 하시고요.
○ **미래창조과학부장관 최문기** 면밀히 분석해 가지고 바람직한 개선방향을 모색하겠습니다.

… (중략) …

○ **유승희 위원** (금융결재원은 정부산하기관이) 명백하게 아닙니다. 지금

공인 인증하는 기관이 금융결제원을 비롯해서 한 5개 정도가 됩니다. 전체 매출액이 2000억 정도가 되기 때문에 정확하게 4~5개 인증기관에서, 말하자면 사기업이지요. 사기업이 400~500억 정도를 꼬박꼬박 1년의 매출액으로……

… (중략) …

○ **유승희 위원** 그래서 지금 굉장히 중요한 문제입니다. 그리고 예를 들면 이런 거예요. 한국을 방문하는 외국인이 한옥 게스트하우스를 예약하려면 공인인증서가 필요한데 외국인이 공인인증서를 발급받기 위해서는 해당 국가에 있는 한국 영사관을 직접 방문해서 본인 인증을 해야만 가능합니다. 이게 창조경제의 원칙에도 부합되지 않습니다. 그래서 결국 외국인을 상대로 하는 업체들은 외국결제대행사에게 굉장히 많은 상당한 수수료를 떼어 주는 페이팔(PayPal) 등을 사용해서 영업을 하고 있어서 이 수요자들, 그리고 관계된 기업에 있는 사람들이 엄청난, 다 소규모지요. 소규모 사업을 하는 사람들이 지금 엄청난 하소연을 하고 있습니다, 불편하다고.

그리고 공인인증서 사고도 발생했지요. 그래서 해커들에 의해서 금융결제원이 461개를 일괄 폐기할 정도로 유출되었습니다. 그리고 삼성카드 고객 100명은 작년 말 안심클릭 결제창을 모방한 피싱 사고로 5000만원의 피해를 봤습니다. 그래서 제3자의 검증을 KISA가 받아야 됩니다. 이것은 국제적으로도 다 그렇게 하고 있습니다.

장관 생각하시기에 현재 제안된 개정안에 대해서 어떠한 사항들이 보완되었으면 하시는지 의견이 있으시면 말씀해 주시기 바랍니다.

… (중략) …

○ **미래창조과학부장관 최문기** 공인인증서의 문제점에 대해서는 지적하신 대로 알고 있습니다. 그런데 이 문제를 어떻게 풀어야 하느냐 하는 부분은 결국 좀 고민을 더 해야 됩니다. 그래서 제가 적극적으로 검토해서 바람직한 방향으로 개선방향을 모색하겠다고 말씀드렸습니다. 지금 바로

어떤 새로운 해법이 대안이 없어 가지고 그래서 고민을 하고 있습니다.
○ **유승희 위원** 아니, 제안된 개정안이 있고 법안 심사 들어가지 않습니까?
○ **미래창조과학부장관 최문기** 예.
○ **유승희 위원** 곧바로 들어가지 않습니까? 그렇기 때문에 이 부분에 대해서 지금 의견을 그럼 서면으로 답변을 해 주시기 바랍니다, 빠른 시일 내에.

… (중략) …

○ **미래창조과학부장관 최문기** 알겠습니다.
○ **유승희 위원** 왜냐하면 법안 심사 들어가야 되는 상황 아닙니까? 그런데 장관께서 이 부분에 대해서 아직 구체적으로 대안을 안 갖고 계시면 굉장히 우려가 되는 사안이라고 생각합니다.

[자료 5-3] 국회선진화법 사안(1)
[출처: 국회사무처, 「제306회 국회(임시회, 폐회중) 국회운영위원회회의록」 제2호, 2012. 4. 17.]

○ **위원장 황우여** 그러면 의사일정 제1항 국회법 일부개정법률안을 계속 상정하도록 하겠습니다. 이 안건은 지난 2월 27일 제306회 국회(임시회) 제1차 국회운영위원회에서 상정하고 제안설명까지 마쳤으나 대체토론 이후의 절차를 진행하지 않았던 안건입니다. 그래서 오늘은 이 안건에 대한 대체토론부터 시작하도록 하겠습니다.

… (중략) …

이 안건에 대해 의견이 있으신 분 계십니까? 존경하는 강기갑 위원님 말씀해 주시기 바랍니다.

… (중략) …

○ **강기갑 위원** 그런 데 대한 반성 한마디 없고 어떤 제재나 제어장치 이런 것들 없이 마치 18대의 소수정당, 소수의원들이 무조건 반대를 위한

반대인 양 이것을 물리적으로 저지했기 때문에 18대가 폭력국회가 됐고 물리적 충돌이 됐고 그래서 국민들이 국회를 손가락질하고 질책하고 엄청난 규탄을 하는 것으로, 이렇게 이 법안을 18대 마지막에 와서 이렇게 처리하는 것은 잘못 왜곡된 그런 것을 규제를 하는 의미도 저는 있다고 봅니다.

그렇기 때문에 제가 폭력국회에서 상당히 여러 가지 비난도 많이 받았고 그렇게 됐지만 저 개인 명예나 개인 이익을 위해서 한 것입니까? 그것이 결코 아니고 국회는 어떻든 물이 아래로 흘러서 낮은 곳으로 낮은 곳으로 흘러서 제일 밑바닥에 있는 어려운 사람들을 먼저 끌어안는 모습으로 가야 되는데 정반대로 갔기 때문에 결국은 이런 18대의 폭력적 국회의, 물리적 충돌의 국회가 왔다고 봅니다.

그렇다면 근본적인 원인을 우리가 가능한 한 적게 만들고 또 제어하고 규제하는 이런 데로부터 출발해야 되는데 전혀 그런 반성이나 기반이나 토대나 규정들 없이 이것을 마치 국회법 하나 바꾸면 해결되는 양 이렇게 이것을 상정을 해서 오늘 처리한다는 데 대해서는 저 개인적인 부분만이 아니라 저희 통합진보당, 교섭단체가 되지 못한 소수정당인 통합진보당의 당론적 입장을 가지고 저는 이번 18대 말에 처리하는 부분들을 강력하게 반대의 입장을 밝히고자 합니다. 이상입니다.

○ **위원장 황우여** 다음은 존경하는 김진표 위원님 발언해 주시기 바랍니다.

… (중략) …

○ **김진표 위원** 다수 여당은, 현행 직권상정 제도가 남아 있는 한은 다수 여당은 언제든지 거기에 의지해서 처리하고 밀어붙여서 일방 처리하는 것을, 그런 유혹에 빠져들기가 쉽고 또 그런 상황에 직면하면 소수 야당은 몸을 던져서라도 막을 수밖에 없다라는 그런 극한 대결이 쉽게 일어나고 그것은 결국 강 대 강의 대결 정치로 가서 한 사람 한 사람 다 훌륭한 식견과 경륜을 갖춘 우리 국민의 대표들이 그 게임의 틀에, 구도에만 들어가면 전부 대결로 갈 수밖에 없는 이 바보들의 행진을 계속 반복해서

해야 되느냐 하는 점에서 직권상정의 여지를 거의 없애는, 그러니까 국가 비상사태 이외에는 직권상정을 못 하도록 하는, 근본적으로 직권상정의 여지를 줄이고 또 국정의 지연을 막기 위해서 의안 조속처리 제도, 소위 패스트 트랙(fast track) 제도로 보완을 하는 것의 게임의 룰을 전체 재적 의원의 5분의 3 이상으로 해 놓았기 때문에 현재의 19대 의석 분포로 볼 때 여야 간에 어느 정도 합의되지 않고서는 패스트 트랙을 발동하는 것이 사실상 불가능한 이 좋은 시기에 이 법안이 18대 국회에서 마무리 되지 않으면 19대 국회에 가면 또다시 작은 눈앞의 이해관계에 휘말려서 이 법안이 또 사장되고 또 처리 못 하고, 한 번이라도 19대 국회에서 어떤 돌발사태가 생겨서 또다시 몸싸움하는 그런 식으로 가 가지고는 우리 여야가 함께 국민으로부터 신뢰를 잃게 될 것이다라는 점에서 저는 이 법안은 18대 국회에서 여야 간에 충분히 논의해서 마무리를 지어주는 것이 국민에 대한 최소한의 도리라고 생각을 합니다.

… (중략) …

○ **강기갑 위원** 이번 이 개정안 역시도 그런 원인적 처방 없이, 개선 없이 당장 국회가 물리적 충돌만 하지 못하도록 함으로 해서 또 다른 소수 정당이나 소수소수 의견들이 무시되고 그것이 서민 홀대, 외면으로 국회 운영이 또 되지 않겠나 하는 강력한 우려를 가지고 있고, 제가 아까 말씀드렸듯이 이 법안에 대해서 저희 통합진보당은 분명한 반대의 입장을 말씀드리고, 저는 이 자리에서 반대 의견을 제시하고자 합니다. 감사합니다.

4) 공청회 및 청문회

위원회 및 소위원회는 중요한 법률안 또는 전문적 식견을 요하는 법률안의 경우 등에 대해서는 공청회 및 청문회를 개최할 수 있다. 특히 위원회는 제정법률안 및 전부개정법률안에 대하여는 공청회 또는 청문회를 개최하여야 하는데, 이는 위원회 의결로 생략할 수 있다. 최근 들어 공청회 개최가 증가하고 있는 상황이어서, 이 과정에서 관련 전문가들의 찬반 입법논증이 이루어지는 경우가 늘고 있다. 이는 일반 국민들 중 이해관계자 및 전문가들이 입법자들을 상대로 관련 법안에 대한 찬반의 입법논증을 펼치는 것이라고 할 수 있다. 또한 최근 전문적 지식을 요하는 입법이 증가하고 있어, 이러한 공청회는 실질적인 입법논증의 장이 될 수 있다고 보아야 할 것이다.

[선례 5-6] 전체회의에서 공청회를 개최한 후 동일 안건에 대하여 소위원회에서 다시 공청회를 개최한 예(선례집 159)

(1) 교원평가제도입을 주요 내용으로 하는 「초·중등교육법 일부개정법률안(정부제출)」에 대하여 2007년 4월 13일 제17대 국회 제267회 임시회 제2차 교육위원회에서 공청회를 개최하였으며, 동 법안이 소위원회에 회부된 후 동 법안에 대하여 2007년 9월 14일 제17대 국회 제269회 정기회 교육위원회 제2차 법안심사소위원회에서 다시 공청회를 개최하였다.

(2) 법학전문대학원의 석사학위 취득자를 대상으로 변호사 능력을 검증하기 위한 「변호사시험법안」에 대하여 2008년 12월 1일 제18대 국회 제278회 임시회 제21차 법제사법위원회에서 공청회를 개최하였으며, 2009년 3월 20일 제18대 국회 제281회 임시회(폐회중) 제3차 법제사법위원회 법조인력양성제도개선소위원회에서 다시 공청회를 개최하였다.

(3) 국방개혁 기본계획의 핵심적인 내용을 반영하는 국방개혁관련법안에 대하여 2011년 6월 22일 제18대 국회 제301회 임시회 제3차 국방

위원회에서 공청회를 개최하였으며, 2011년 11월 21일 제18대 국회 제303회 정기회 제3차 국방위원회 법률안심사소위원회에서 다시 공청회를 개최하였다.

[선례 5-7] 공청회 중 방청인을 즉석에서 진술인으로 채택한 예(선례집 162)

2008년 2월 11일 제17대 국회 임시회 제2차 재정경제위원회 「금융감독기구의설치등에관한법률 일부개정법률안」 등 5개 법률안에 대한 공청회에서 유승민, 박영선 위원이 진술인 선정상 균형감각이 없다면서 방청인 중 반대쪽 의견을 가진 진술인을 선정할 것을 요청함에 따라 즉석에서 위원들의 동의를 받아 진술인으로 채택하고 진술 내용을 회의록에 게재하였다.

[선례 5-8] 공청회 중 방청인의 서면질문을 받은 예(선례집 163)

(1) 1999년 12월 14일 제15대 국회 제208회 정기회 제14차 과학기술정보통신위원회에서 「생명공학 안전 · 윤리문제 법제화를 위한 공청회」를 개최하여 진술인 6인의 진술을 청취한 후 박우병 위원장은 방청인에게도 서면으로 질문할 기회를 부여하였으며, 위원의 질의 및 진술인 답변 도중 방청인 3인으로부터 질문서를 접수하여 이에 대한 진술인 답변을 청취하였다.

(2) 2011년 3월 10일 제18대 국회 제298회 임시회 제2차 여성가족위원회에서 「여성발전기본법 개정안 및 성별영향분석평가법안」에 관한 공청회를 개최하여 진술인 6인의 진술을 청취한 후 방청인 2인의 질문서를 접수하여 진술인의 답변을 청취하였다.

[자료 5-4] 악성코드 방지법 공청회 사안

[출처: 국회사무처, 「제301회 국회(임시회) 문화체육관광방송통신위원회 의록」 제3호, 2011. 6. 15.]

○ **위원장 전재희** 그러면 의사일정 제1항 악성프로그램 확산방지 등에 관한 법률안에 대한 공청회를 상정합니다. 오늘 우리 위원회에서 공청회를 개최하게 된 것은 관련 분야 전문가분들의 의견을 청취하여 보다 심도 있는 법률안 심사를 하기 위한 것입니다.

바쁘신 와중에도 오늘 공청회에 참석해 주신 진술인분들께 위원장으로서 감사의 말씀을 드립니다. 우선 참석하신 진술인을 가나다순으로 소개해 드리겠습니다.

먼저 권창범 법률사무소 인 소속 변호사입니다. 다음은 김기창 고려대학교 법과대학 교수입니다. 다음은 염흥렬 순천향대학교 정보보호학과 교수입니다. 다음은 이상직 KT 법무센터장입니다. 다음은 조창섭 이글루시큐리티 상무입니다. 마지막으로 최성진 인터넷기업협회 사무국장입니다.

다음은 공청회 운영과 관련하여 간단히 말씀드리겠습니다. 공청회의 진행은 진술인의 의견을 차례로 청취한 후 위원님들께서 질의하는 순서로 실시하겠습니다. 공청회는 국회법 제64조제4항의 규정에 따라 문방위 회의로 진행되기 때문에 질의는 문방위 위원들만 할 수 있으며 진술인들 간의 토론도 허용되지 않는 점을 양해하여 주시기 바랍니다.

진술인들께서는 7분 이내에서 주요 쟁점사항 위주로 진술해 주시면 감사하겠습니다. 진술은 찬성과 반대의견을 교대로 듣도록 하겠습니다. 그러면 먼저 찬성 입장이신 권창범 변호사께서 의견을 진술해 주시기 바랍니다.

… (중략) …

○ **위원장 전재희** 권창범 변호사님, 수고 많이 하셨습니다. 다음은 반대 입장이신 김기창 교수께서 의견을 진술하여 주시기 바랍니다.

○ **진술인 김기창** 감사합니다, 김기창입니다. 제 발표 내용은 자료집 37페이지에 있습니다. 첫 번째로 전제 사실과 관련해서 국내의 악성프로그램

감염 비율이 심각하다, 그다음에 DDoS 공격이라는 것이 정보 인프라?기관 인프라에 대한 공격으로써 빈도수도 늘어나고 그것도 심각한 문제다 이런 점에 대해서는 저는 이견이 없습니다.

그러나 이 법안이 37페이지 제일 밑에 적은 것과 마찬가지로 명칭은 확산방지 뭐 이렇게 하고 있지만 실제로는 악성코드 감염을 방지? 억제 또는 탐지하는데 별 도움이 되지 않을 뿐 아니라 오히려 더 광범한 악성코드 유포 및 감염 경로를 제공해 줄 그런 우려가 크다 이런 생각입니다.

… (중략) …

19조는, 저는 법률가입니다마는 법률가의 입장에서 볼 때 대단히 어려움을 초래하는 조항이다 이렇게 생각합니다. 왜냐하면 규정 양식이 "본 법을 위반한 혐의가 있을" 이렇게 되어 있는데 본 법에 여러 의무 규정이 있습니다. 그중에 백신 사용 의무 그러면 심지어는 일반 개인 유저들을 상대로도 "너, 백신 사용 의무를 위반한 의심이 있다" 이렇게만 하면 당장 사업장의 출입을 마구 할 수 있는 권한을 부여해 버리는 겁니다. 그러면 개인이야 뭐 그렇다 치더라도 온갖 기업들의 경우에도 "너, 서버에 불법 악성코드 있는 의심이 있다" 이렇게만 주장하고 나서면 방통위 공무원이 사업장에 다 들이닥쳐 가지고 관계 물품, 서류 등을 조사할 수 있는 그런 권한이 있습니다.

… (중략) …

이런 권한은 전 세계 아무 데도 안 하고, 결국은 요약하면 한 가지입니다. 이 법안은 윈도우만이 마치 컴퓨터인 것처럼 앞에 장래에 일어날 기술 트렌드에 대한 아무런 이해도 없고, 그다음 두 번째로 전 세계적으로 악성코드 문제를 이렇게 법률안으로 강제해 가지고 만일에 해결될 수 있었더라면 이미 악성코드는 지구상에 없을 겁니다. 법으로 강제해서 바이러스 프로그램을 퇴치하겠다 이것은 제 입장으로서는 납득이 안 갑니다.

… (중략) …

○ **위원장 전재희** 김기창 교수님, 수고 많이 하셨습니다. 다음은 찬성 입장이신 염흥렬 교수께서 의견을 진술하여 주시기 바랍니다.

○ **진술인 염흥렬** 순천향대 염흥렬입니다. 저희가 두 차례의 DDoS 공격을 겪고 나서 여러 가지 대책들을 강구했었습니다. 그렇지만 아직도 수십만 대의 좀비 PC 군단이 사이버 공격의 잠재 위협원으로 지금 활동하고 있습니다. 최근에 마이크로소프트가 발표한 자료에 의하면 한국 봇넷 감염률이 1000대당 약 14.6대, 세계 최고입니다. 그리고 악성코드 감염률도 최근에 1000대당 40.3대, 이것도 역시 세계 최고입니다. 그리고 우리가 단순히 웹사이트만 방문해도 악성코드에 감염되는 웹사이트가 악성코드를 머금고 있는 비율이 1000대당 400대로 이것도 상당히 세계 최고 수준에 있습니다.

일본은 2006년부터 사이버방역체계를 가동하고 있습니다. 그래서 좀비 PC 감염률을 현격하게 줄이고 있고 최근 작년도에 독일에서도 앤티 봇넷 이니셔티브라는 제도를 통해서 사업자 자율로 이 대응 체계를 작동하고 있습니다. 유럽의 네트워크정보보호청도 악성코드 감염 방지를 위해서 법제도를 현대화해야 된다라고 권고하고 있습니다. 또한 오바마 정부도 컴퓨터범죄 처벌을 강화하고 연방정부 기반시설을 보호하고 법제도를 강화해야 된다는 사이버보안 기본 계획을 최근에 발표한 적이 있습니다. 이 법의 근간이 되고 있는 DNS 싱크홀하고 사이버방역 체계는 이미 ITU에 표준화되어 있는 기술입니다. 그래서 법 제정의 기본 원칙은 인터넷 감시 및 사생활 침해가 없는 사전 예방 및 긴급 대응이 가능한 그런 체계를 마련해야 된다는 부분이고요. 사용자, 특히 이용자의 사회적 책임이 굉장히 강화되어야 된다고 생각합니다.

그리고 기술적·관리적 대책도 중요하지만 그게 작동할 수 있는 법제도적 기반이 필요하다고 생각합니다. 그리고 이것은 정부나 민간이 단독으로 할 수 없습니다. 그래서 민관 공조체계가 필요합니다. 그래서 저는 기본적으로 이 법이 지금 제정돼야 된다고 생각하고 있고요.

5) 찬반토론

소위원회의 세부적인 심사 결과에 대한 보고가 있은 후, 관련 법률안의 가결에 대한 이의가 있는 경우 찬반토론을 실시한다. 이러한 위원회 찬반토론은 법안 심사의 효율성을 확보하기 위한 위원회중심주의를 채택하고 있는 우리나라의 입법절차에 있어 실질적으로 매우 중요한 입법논증의 장이라고 할 수 있다. 이전 점에서 찬성과 반대의 입법주장에 공평하게 기회를 제공할 필요성이 있다.

[선례 5-9] 찬반토론의 방법에 관한 예(선례집 322)

안건에 대한 토론은 반대자와 찬성자가 교대로 발언하게 되며, 반대자부터 먼저 발언한다. 이는 심사보고 또는 제안설명이 해당안건의 필요성을 진술하는 찬성의 의미를 담고 있기 때문에 찬성론이 중복되지 않도록 하기 위해서이다.

[자료 5-5] 대체공휴일제 사안(1)
[출처: 국회사무처, 「제315회 국회(임시회) 안전행정위원회회의록」 제6호, 2013. 4. 25]

○ **위원장 김태환** 그러면 제1항부터 제48항까지의 법률안을 일괄하여 상정하도록 하겠습니다.
안건의 자세한 내용은 배부해 드린 유인물을 참고해 주시기 바랍니다.
그러면 황영철 법안심사소위원장님 나오셔서 일괄하여 심사보고 해 주시기 바랍니다.
○ **소위원장 황영철** 법안심사소위원장 황영철 위원입니다. 우리 소위원회에서 심사한 지방세특례제한법 일부개정법률안 등 48건의 법률안에

대한 심사 결과를 말씀드리겠습니다.

… (중략) …

다음으로 양승조 의원, 박기춘 의원, 윤상현 의원, 백재현 의원, 최재천 의원이 각각 대표발의한 공휴일에 관한 법률안 5건과 김명연 의원, 한정애 의원이 각각 대표발의한 국경일 및 공휴일에 관한 법률안 2건 등 총 7건을 심사한 결과 이를 통합 · 조정한 위원회 대안을 제안하기로 의결하였습니다. 대안의 주요 내용을 말씀드리면,

첫째, 현재 대통령령인 관공서의 공휴일에 관한 규정으로 정하고 있는 공휴일에 관한 사항을 법률로 정하도록 하고,

둘째, 명절이 아닌 공휴일이 일요일과 겹칠 때에는 그날 다음의 첫 번째 비공휴일을 공휴일로 하며 설날 또는 추석이 토요일이면 해당 주의 목요일로, 설날 또는 추석이 일요일이면 그다음 주의 화요일을 공휴일로 하는 등 대체공휴일 제도를 도입하는 것입니다.

… (중략) …

○ **이상규 위원** 대체휴일제 관련해서 좀 말씀드리겠습니다. 대체휴일제에 대한 장관님 견해가 어떤지 먼저 좀 듣고 싶습니다.

○ **안전행정부장관 유정복** 대체공휴일제는 장점이 있고 또 문제점도 있습니다. 이번에 소위원회에서, 대체공휴일제가 갖는 좋은 점을 아마 잘 살려 보자는 취지에서 법안소위에서 통과가 된 것으로 알고 있습니다만 정부 입장에서는 대체공휴일제에 대한 장단점에도 불구하고 이것을 법률로 제정하는 것은 문제가 있다는 입장입니다.

왜냐하면 공휴일을 법률로 제정하는 것 자체가, 국민에게 일반적인 법률로 강제하게 되면 민간 영역의 자율권이 침해됨으로 인한 문제가 심각하다 하는 부분입니다.

예를 들면 지금 근로기준법상……

… (중략) …

○ **안전행정부장관 유정복** 아니지요. 공휴일을 어떻게 민간에게 맡깁니까,

정부에서 정하는 거지요? 지금도 대통령령으로 정해져 있지요, 공휴일에 관한 것은.

그런데 이 부분을 법률로 강제하게 되는 건 민간의 자율 영역 침해에 따른 문제가 있기 때문에 이 부분에 대해서 심도 있게 국민의 논의 과정이 필요하다는 얘기입니다. 전 세계 어느 나라도 공휴일 법을 결정하는 나라가 없어요.

○ **이상규 위원** (패널을 들어 보이며) 여기 좀 보시겠습니다, 장관님. 전 세계 어느 나라에도 없어도 대한민국에서는 할 수 있습니다, 국민이 원한다면.

○ **안전행정부장관 유정복** 국민도 전체가 원하지는 않습니다.

○ **이상규 위원** 여기 보십시오. 경총에서……

○ **안전행정부장관 유정복** 전체가 원하는 게 아니고 국민의 반 이상이 원하지 않습니다.

○ **이상규 위원** 저는 두 가지 말씀을 드리고 싶은데, 첫 번째는 뭐냐 하면 정부 초기에 하지 못하면 재계에 밀려서 아무것도 못 합니다. 특히 정부가 재계의 논리를 따라서 이렇게 의회에서 논의가 된 것을 반대하는 입장으로 나온다면, 전적으로 국민이 아니라 특정 집단, 그중에서도 재계의 논리에 휘둘려 가는 이런 모습에 대해서는 결코 용납이 안 됩니다. 두 번째는 대체휴일제가 문제가 있다고 하는 이 자체의 내용에서는 더욱 더 인정할 수가 없습니다. 여기 보십시오. 우리나라 연평균 휴무일이 63일이다, 그래서 미국 62일하고 영국 60일보다 더 많다, 그런데 어떻게 휴일을 더 늘리냐 이게 경총의 논리입니다.

그런데 그렇다면 우리나라 근로자가, 대한민국 노동자들이 많이 쉬어야지요. OECD 최장 근로시간입니다. 산업재해도 제일 많습니다. 대한민국 노동자들, 대한민국 근로자들 중소상인들까지 죽도록 일하고 있습니다. 대체휴일제를 반대하는 논리는요, 그리고 그것을 법률로 제정하는 것을 막으려고 하는 논리는 일방적으로 가진 자의 논리입니다. 양극화를 더 심화시키고 대한민국 경제를 가진 자 중심으로 기득권만을 위해서 가져가려고 하는 것에 다름 아닙니다. 장관님께서 거기에 같이 부화뇌동하시면 안 되지요.

○ **안전행정부장관 유정복** 제가 좀 답변을 드리겠습니다. 오히려 지금 이상규 위원님 말씀하시는 재벌을 예를 들어서 입장을 대변하는 것으로 하는 부분이 오해다…… 무슨 말씀이냐면 대체공휴일제를 통해서 공휴일이 늘어나게 되면 실질적으로 자영업자나 일용 근로자라든가 이런 분들에 의해서 더더욱 상대적 박탈감을 가져오게 하기 때문에 양극화가 심화되는 부분이 있습니다.

… (중략) …

○ **이상규 위원** 장관님, 대체휴일제에 대해서 SNS에 올라온 글입니다. '대체휴일제가 부담이 된다면 이미 법으로 지정된 주 5일제 근무나 잘 지켜라' 이것…… 법조차도 제대로 안 되고 있습니다, 지금. 보십시오. 여기 보면 한국문화관광원의 연구 결과는 국민경제 파급 효과 최대 11조입니다. 고용창출 효과 14만 명입니다. 무슨 상대적 박탈감입니까?

… (중략) …

○ **안전행정부장관 유정복** 그러니까 대체공휴일제를 반대한다고 한 적이 없고 대체공휴일제가 갖는 이런 문제점에 대해서 충분히 논의를 해서 정해야 될 부분인데 법률로 제정하는 건 문제가 있다는 얘기입니다, 법률로 제정하는 것은. 왜 전 세계에서 법률로 공휴일법을 제정하지 않습니까?

○ **이상규 위원** 그러면 법률로 제정하지 않으면 어떻게 대안을 말씀하시겠습니까?

○ **안전행정부장관 유정복** 지금도 대통령령으로 얼마든지 공휴일에 관한 규정을 할 수 있거든요. 법률로 국민 전체를 강제하는 규율을 하게 되면 그것에 따른 민간 영역의 자율적 영역이 침해됨으로 인한 문제뿐만이 아니라 실제적으로 경제, 지금 아까 말씀드린 대로 근로수당 문제라든가……

… (중략) …

○ **이상규 위원** 전형적인 대기업 논리입니다.

○ **안전행정부장관 유정복** 아니, 아닙니다. 절대로 대기업 논리를 대변하는 게 아닙니다.

○ **이상규 위원** 안 그래도 대기업은 지불 여력이 많이 있습니다. 전혀 걱정할 게 없습니다. 제가 마지막으로 말씀드리겠는데요. 그러니까 대체휴일제를 차라리 얘기를 하지 않았으면 몰라도 대체휴일제가 논의가 된 마당에 정부의 태도는 아주 유감스럽습니다.

6) 위원회 심사보고서

위원회는 법률안의 심사를 마친 경우에는 심사경과 및 결과 등을 서면으로 의장에게 보고한다. 이러한 심사보고서에는 소수의견의 요지 및 관련위원회의 의견요지를 기재하도록 하고 있다(「국회법」 제66조의 제2항). 이는 법안심사의 실질적 기능을 수행하는 위원회의 심사결과로서의 중요성에 더하여, 소수의견의 요지까지도 기재하도록 하고 있어 입법논증을 통하여 제시된 견해를 공식적으로 문서화시킨다는 의미도 가지고 있다.

[선례 5-10] 법제사법위원회의 체계·자구심사내용이 권한을 넘은 것으로 판단하여 위원회 의결로 심사보고를 유보한 예(선례집 260)

1999년 11월 29일 제15대 국회 제208회 정기회 제7차 환경노동위원회에서 「환경개선비용부담법중개정법률안」을 수정의결하여 법제사법위원회의 제계 · 자구심사를 의뢰하였고, 1999년 12월 28일 제209회 임시회 제1차 법제사법위원회에서 환경노동위원회가 수정한 내용을 삭제하여 수정의결하였는 바, 2000년 1월 14일 제209회 임시회 제1차 환경노동위원회에서는 법제사법위원회의 수정내용은 법안의 본질적인 내용을 수정한 것으로 판단하여 법률안에 대한 본회의 심사보고를 유보하기로 의결하였다.

[선례 5-11] 위의결정족수 부족으로 심사보고(제안설명)를 먼저 듣고, 의결정족수 충족 후 일괄하여 의결한 예(선례집 243)

(1) 2004년 12월 9일 제17대 국회 제250회 정기히 제14차 본회의에서 의결정족수가 부족하여제23항부터 제34항까지 심사보고(제안설명)을 들은 후 의결정족수가 충족되어 위 안건을 각각 의결하였다.
(2) 2007년 7월 3일 제17대 국회 제268회 임시회 제10차 본회의에서 의결정족수 부족으로 제29항부터 제55항까지 심사보고(제안설명)를 들은 후 의결정족수가 충족되어 위 안건을 각각 의결하였다.
(3) 2007년 12월 28일 제17대 국회 제270회 임시회 제3차 본회의에서 의결정족수 부족으로 제8항부터 제23항까지 심사보고(제안설명)를 들은 후 의결정족수가 충족되어 위 안건을 각각 의결하였다.

7) 소수의견자 보충보고

본회의 단계에서는 위원회의 심사보고와 위원회 심사를 거치지 않은 법률안에 대한 제안자 취지설명이 이루어진다. 이 단계에서는 입법논증이 실질적으로 이루어지는 경우가 그다지 많지 않다고 할 수 있으며, 이루어진다고 할지라도 위원회 심의 단계와 유사하다. 특히 위원회 심사보고는 그 내용들이 각 의원들에게 사전에 심사보고서로 배부되기 때문에 다분히 형식적인 측면이 있다.

그런데 이 단계에서 입법논증과 관련하여 언급할만한 것으로 '소수의견자 보충보고' 제도가 있다. 의장은 위원장 또는 위원장이 지명한 소수의견자가 위원회의 보고를 보충하기 위하여 발언하려고 할 때에는 다른 발언에 우선하여 발언하게 할 수 있다(「국회법」 제101조).

4. 논거의 성격에 따른 활용방식

기존의 논증이론에서 논거의 유형 및 성격에 관한 논의는 매우 다양하게 전개되어 있다. 특히 정책논증에 관한 연구는 이러한 논증이론을 정책연구 분야에서 매우 활발하게 발전시키고 있다. 따라서 여기에서는 입법논증과 관련하여 반드시 논의되어야 하는 사항들에 한정해서만 기술하고자 한다. 일반적인 정책논증과 입법논증의 궁극적 차별점은, 법과 정책의 구별에 있어서와 유사하게, 대안에 실정성(positivity) 부여할 필요성이 있는지 여부가 기준이 된다. 이러한 측면에서 입법논증에서 고유하게 논의해야 할 논거의 성격은 일반적인 논증이론이나 정책논증이론 영역에서 다루어지는 것과는 달리 다분히 한정적일 수밖에 없다.

이하에서는 간략하게 경험적 사실 논거, 비교법적 논거, 법규범적 논거에 대해서만 살펴보지만, 기존의 논증이론이나 정책논증론에서 언급되고 있는 것들까지 포함하면 더욱 다양한 논거의 유형들과 활용방식이 존재한다.[1]

---

1 이러한 입법논증에서의 구체적인 논거 활용방식에 대해서는, 이 책의 취지와 지면 할애상의 한계 등을 고려해 볼 때, 추후 다른 연구를 통하여 소개하기로 한다.

1) 경험적 사실 논거

비교적 최근의 일이지만 정책학 및 입법학 연구를 통하여 사회과학적인 방법론의 활용이 논의되면서, 입법에 있어서도 이러한 방법론을 활용한 통계의 활용이 종종 이루어지곤 한다. 그러나 아직까지 사회과학 방법론적인 대안의 모색 및 선택은 그 이론적 난해함으로 인하여 설득력 있는 논거로써 현장에서 활용되는 경우는 그다지 많지 않은 상황이다. 더욱이 이러한 방법론적인 분석 결과는 하나의 가설이자 가능성이기 때문에, 예측하지 못했던 변수 또는 반증이 제기되면 오류로 판명될 수 있어 확고한 입법대안의 선택에 기여함에 있어서는 일정 부분 위험성이 따른다.

경험적 사실 논거와 관련하여, 일반적으로 입법논증을 위한 논거로 주로 활용되는 것은, 복잡한 방법론적 통계나 분석결과가 아니라, 단순 기술통계이거나, 직관적으로 인지할 수 있는 사건 또는 사실에 관한 정보 정도의 수준이라고 할 수 있다. 이와 같은 성격의 경험적 사실 논거가 주요하게 활용되는 가장 큰 이유는, 이러한 정보가 일반 국민들은 물론이고 동료 의원들까지도 설득하기에 용이하기 때문인 것으로 판단된다.

입법의 측면에서 경험적 사실 논거의 활용과 관련하여 주의할 점은, 경험적 사실 논거가 곧바로 특정한 규범적 대안을 선택하여 실정화해야 한다는 것을 단선적으로 의미하지 않는다는 점이다. 경험적 사실에 대한 확인을 통해 문제 사실 그 자체를 파악할 수는 있겠지만, 그러한 경험적 사실에 대한 규범적 판단에 있어서는 입법자의 가치가 반드시 개입되기 마련이다. 즉 입법자의 가치관에 따라 그러한 경험적 사실에 입각한 대안 선택 및 해석이 달리질 수 있을 것이다.

여기에 더하여, 문제를 더욱 복잡하게 만드는 것은 경험적 사실이 국가적 차원의 대응방안이 필요하다는 사실을 나타낸다고 하더라도, 이를 위하여 정책적 수단을 활용할 것인가 아니면 실정화된 법을 활용할 것인가에 대해서는 추가적인 논의가 필요하다는 점이다. 특히 이는 정책논증이 아닌 입법논증의 영역에서 고유하게 논해져야 하는 문제이다. 즉 기존의 정책논증에 비하여 한 단계의 고려요소가 더 필요한데, 그것은 바로 '실정화(조문화) 필요성'에 대한 논거 또는 논증이다.

[자료 5-6] 기간제법 규정

[출처: 김준, 『「기간제법」상 사용기간 제한규정의 입법영향분석』, 국회입법조사처, 2011. 12. 30]

> **〈분석대상 조문〉**
> 「기간제 및 단시간근로자 보호 등에 관한 법률」
> 제4조(기간제근로자의 사용) ②사용자가 제1항 단서의 사유가 없거나 소멸되었음에도 불구하고 2년을 초과하여 기간제근로자로 사용하는 경우에는 그 기간제근로자는 기간의 정함이 없는 근로계약을 체결한 근로자로 본다.

❑ 기간제법의 시행과 기간제 고용량 사이의 상관성 분석

- ㅇ 기간제근로자 고용량은 기간제법이 시행된 2007년 7월 1일 이전에는 감소추세를 보이다가, 기간제법 시행 이후에는 증가세를 보임
- ㅇ 기간제 사용기한 조항 시행 직후에는 급속히 하락했다가 이후 다시 증가세를 보이고 있음

[그림 1] 기간제근로자 수의 변화 추이(2005.8~2011.8)

단위: 천명

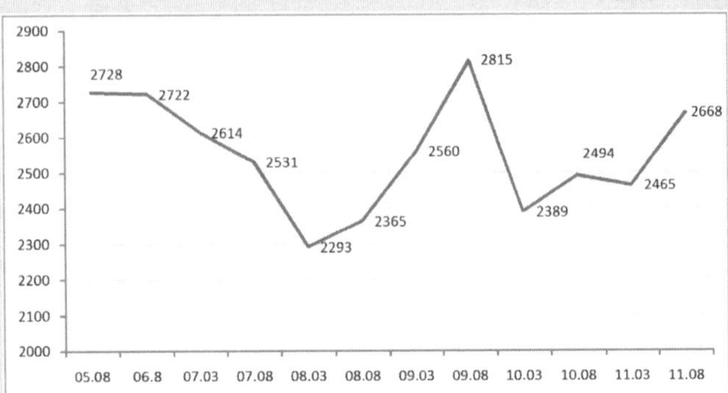

* 자료: 경제활동인구부가조사(근로형태별),
출처: KOSIS(통계청통계포털서비스)

❑ 시사점

- 기간제법의 제정 및 시행이 기간제 고용량을 사전적으로 또는 사후적으로 다소 감소시켰다고 볼 수는 있지만, 그것이 노동시장을 교란할 정도로 큰 것은 아니었음
- 기간제 고용량이 감소했다는 것은 이 법이 기간제근로자 남용방지와 관련하여 약간이나마 긍정적 작용을 했다는 의미일 수 있음

[자료 5-7] 대체공휴일제 사안(2)

[출처: MBC 라디오 손석희의 시선집중, 대체휴일제 도입 찬반토론, 2013. 4. 29]

○ **손석희** 대체휴일제, 논란 끝에 오늘 국회 안전행정위원회가 전체회의를 열고 최종 입장을 밝힐 계획입니다. 오늘 4부는 대체휴일제 도입에 반대 입장을 보인 한국경영자총협회 이호성 상무와 대체휴일제 도입으로 인한 경제효과가 오히려 크다는 연구결과를 내놓은 한국문화관광연

구원 이성태 책임연구원 간에 토론으로 진행을 하겠습니다. 전화로 연결돼 있습니다. 두 분 나와 계시죠? 안녕하십니까?

… (중략) …

○ **손석희** 알겠습니다. 한국문화관광연구원이 지난 2010년에 발표한 보고서를 보면 대체휴일제를 실시할 경우에 관광활동으로만 4조 9천억 원의 생산유발효과가 나타난다, 고용유발효과가 11만 명이다, 이렇게 얘기하고 있는데요. 우선 여기에 대해서 반론이 있으시면 이호성 상무께 듣도록 하겠습니다.

○ **이호성** 사실은 문광연에서 저희 추계가 과대계상됐다 해서 비난성명이 나와서 저희가 그 통계들을 좀 한번 자세히 들여다봐야 될 것 같아서 문광연 자료를 이번에 자세하게 봤습니다. 물론 말씀하신 과거 그 자료였는데 그 보고서는 저희 정말 깜짝 놀랐습니다. 그 안에서 내수관광효과 분석이라는 것에 보면 우리가 이번 대체공휴일 분석하실 때는 2.2일 늘어나는 걸로 계산하셨더라고요. 2.2일 늘어날 경우에 0.99일, 그러니까 대체휴일 이틀 늘어나면 하루 가 국내관광이 증가할 거다, 그런데 2009년 자료에 보면 국민 1인당 국내관광일수가 3.16일입니다. 대체휴일 이틀 들어온다면 국내관광이 30%가 증가한다는 이런 전제가 있었고요. 그것보다 더 심각한 건 뭐냐 하면 이쪽에서 계산한 내용 중에 총생산유발효과, 또 그리고 노동생산성 향상에 따른 민간소비지출에 의한 생산유발효과, 생산성 향상에 따른 생산유발효과, 사회적 편익, 이렇게 크게 세 가지로 구성돼 있는데 민간소비지출에 의한 총생산유발효과를 어떻게 계산하셨나 봤더니 설문을 통해서 하셨어요. 설문조사 답변을 통해서 1인당 평균 하루에 약 33만 8천 원을 소비할 거다, 대체휴일이 들어오게 되면, 그래서 그걸 전체 근로자들한테 곱해서 16조 라는 숫자가 나왔더라고요. 노동생산성 향상은 또 어떻게 계산하셨나 봤더니 근로자들한테 설문해서 이번에 휴일이 늘어나면 생산성이 어떻게 될 것 같냐, 그래서 몇 % 정도 상승하고 며칠간 지속될 거로 생각하느냐 라는 설문의 답변을 바탕

으로 해서 그걸 금액으로 계산을 하셨더라고요. 그래서 저희가 보기엔 뭐 이런 식의 계산으로 지금 생산차질효과, 저희가 만든 생산차질효과라든가 인건비효과 같은 것들은 기존에 다 나와 있는 제한된 자료들을 갖고서는 저희가 이제 어떻게 보면 저희는 굉장히 과소 추계됐다고 보고 있는데 그런 공식적인 통계들을 바탕으로 해서 저희는 숫자들을 예측을 했는데 비해서 너무 좀,

○ **손석희** 설문조사에 의한 통계는 여기서는 과학적이지 않다라고 말씀하시는 것 같은데요. 이성태 연구원께 드리겠습니다.

○ **이성태** 네, 사실 뭐 국내관광수요 같은 경우는요. 여러 가지 복합적인 요인에 따라서 달라질 수 있는 측면이 있습니다. 가령 2011년에는 구제역 때문에 국내관광수요가 좀 줄어든 측면이 있었고 2010년에도 신종인플루엔자 문제 때문에 감소한 측면이 있었습니다. 한국경총은 회원사의 영리를 목적으로 하는 그 이익단체이기 때문에 뭐 이런 측면에 대해서 말씀을 하실지 모르지만 저희 연구원은 국책연구기관이기 때문에 만약에 비용이 더 크게 나왔으면 이 정책을 반대했겠죠. 저희 연구원의 편익 추정방식에 대해서 잘못됐다고 말씀하시는데요. 그건 방법론에 대한 몰이해 때문이라고 말씀드리고 싶고요. 이것은 예비타당성분석에서 흔히 일반적으로 접근하는 방식이 되겠습니다. 그래서 다른 기관에도 똑같은 그런 방식으로 추정을 하고 있고요. 2011년 7월에 있었던 장차관 국정토론회 후속대응회의에서도 경총이 똑같이 저희 연구원에 편익결과가 잘못됐다고 똑같은 방식으로 지적하셨는데요. 그렇다면 저희가 추정한 편익 부분과 경총이 계산한 비용부분을 제3의 연구기관에 맡겨서 검증을 받자고 하니까 경총이 거기에 대해서 응하지 않았습니다. 자신 있으셨다면 응했었어야죠. 저는 2012년 한국경제학회 공동학술대회에서 이 연구의 추정방식이나 결과에 대해서 발표를 했는데요. 문제가 없다고 평가를 받았습니다.

○ **손석희** 알겠습니다. 재반론 듣겠습니다.

○ **이호성** 저는 그런 일이 있었는지 몰랐는데 정말 그거 한번 해보고 싶습니다. 지금 언론보도에서도 지나치게 숫자들 갖고 얘기가 되고 있는데 저희가 계속 말씀을 드린 것처럼 우리가 그 생산차질효과 얘기를 하는데도 저희가 전 산업을 대상으로 한 게 아니고 광공업하고 제조업 중심으로 통계를 확보할 수밖에 없어서 그렇게밖에 못 했거든요. 그런데 지금 설문조사한 그 내용 중에 보면 가령 이제 아까 말씀드린 것처럼 대체휴일 이번에 이틀 들어오면 지금까지 국내 평균관광일수보다 30%가 증가한다든지 뭐 이런 내용들을 갖고 그게 정말 정당한 건지 그리고 그 안에 보면 복잡합니다만 전체 국내 이동 총량 것들이 이번에 대체휴일로 해서 일일 국내관광 증가하면 1일 기준으로 2천 9백만 명이 증가한다고 돼있습니다. 그런데 추석, 설 명절 1일 평균이동이 530만 명이거든요. 저희가 보기엔 이런 자료들하고 비교를 해도 상식적으로 납득이 안 되는 부분들이 굉장히 많습니다.

2) 비교법적 논거

입법 현장에서 가장 쉬우면서도 광범위하게 활용되는 논거가 바로 비교법적 논거이다. 특히 한국과 유사한 법체계를 가지고 있는 국가들이 관련 분야에 대하여 어떻게 법적 규율을 설정하고 있는가를 살펴보는 경우가 많다.

이러한 입법 현실적 경향은 입법대안을 형성하기 위한 분석 비용을 줄여준다는 점에 있어 매우 유용한 방법이라고 할 수 있을 뿐만 아니라, 비슷한 법적 사안과 관련하여 외국에서도 제기되고 있는 입법대안과 유사한 법이 존재한다는 주장은 다소 단순하지만 강한 설득력을 가지는 경우가 많다. 이러한 논거의 활용은 아직까지도 빈번하다고 할 수 있지만, 특히 한국사회 근대화의 초기에 더욱 보편적으로 활용되었다고 할 수 있다.

한국사회의 법체계는 그간 고유한 역사적 맥락을 지속적으로 확장시켜 왔다. 그 결과 단순히 비교법적 고찰을 통하여 국내에 특정 규정을 도입하는 경우, 한국사회의 사회적 맥락은 물론이고, 국내법 체계와도 정합적이지 못한 상황이 발생할 가능성이 증대되었다.

결론적으로 비교법적 논거의 활용은 과거와는 달리 다양한 비판에 직면할 가능성이 높아졌다. 특히 해외 국가들의 역사적 · 사회적 · 제도적 맥락에 대한 평가와 해석은 인지한 사실이 무엇이냐에 따라 완연하게 달라질 수 있게 된다. 이렇게 본다면, 비교법적 논거는 입법논증에서 그 자체만으로 활용되기보다는, 추가적인 논거나 논증이 함께 제시되어야 보다 설득력 있는 입법주장으로 활용될 수 있을 것이다.

[자료 5-8] 주민등록번호 대체수단 규정

[출처: 심우민, 『종합정책정보: 아이핀(i-PIN) 인증제도』, 국회입법조사처, 2013. 2. 23]

> **〈분석대상 조문〉**
>
> 「정보통신망 이용촉진 및 정보보호 등에 관한 법률」
>
> 제23조의2(주민등록번호의 사용 제한) ② 제1항 제2호 또는 제3호에 따라 주민등록번호를 수집 · 이용할 수 있는 경우에도 이용자의 주민등록번호를 사용하지 아니하고 본인을 확인하는 방법(이하 "대체수단"이라 한다)을 제공하여야 한다.

❑ 해외 주요 국가들의 경우 법률상 인터넷에서 주민등록번호는 물론이고, 여타의 다른 개인식별번호를 사용하도록 규정한 경우는 거의 없음

〈표 1〉 해외 개인식별번호 및 인터넷 신원확인 현황

구 분		미국	영국	독일	일본	중국	한국
개인식별번호	존재유무	사회보장번호 (SSN*)	사회보장번호 (NIN**)	없음 (출생사망 등 기록을 위한 신분등록제는 존재)	주민표번호	신분증번호	주민등록번호
	변경가능	가능	가능		가능	가능	불가능
인터넷 이용 시 신원확인		없음	없음	없음	없음	일부의 경우 신분증번호 요구	제한적 본인확인제

*SSN(Social Security Number), **NIN(National Insurance Number)

*** 자료 : 방송통신위원회, 주민등록번호 외 회원가입수단 의무도입 관련 사업자 정책설명회 설명자료, 2010.6.25.를 수정함

❑ 따라서 웹사이트의 경우에도 회원 가입 시, 이름과 이메일 주소 정도만 입력하므로 i-PIN과 유사한 제도는 찾아볼 수 없음

3) 법규범적 논거

일반적인 입법논증에 있어 순수히 규범적 · 법적 의미를 가지는 논거만이 활용되는 경우는 드물고, 상당수는 경험적 사실 논거와 함께 활용된다. 그것은 순수하게 법규범 논리적인 접근만으로는 특정 입법대안의 선택을 설득력 있게 주장하기 힘들기 때문이다. 입법적 판단은 법원에서의 규범적 판단과는 달리 규범 논리적으로만 설명되기 힘든 측면이 있다.

이와 유사한 맥락에서, 일반 법원에서의 당사자 분쟁에 관한 판결은 확정된 사실에 대한 다소 형식적이고 논리적인 법적용에 초점을 맞추지만, 헌법재판소는 위헌법률심사를 행함에 있어 과잉금지 또는 비례성 원칙을 심사기준으로 활용하는 경우가 매우 빈번하게 발생한다.

여기에서, 비례성 원칙 위반여부 판단은 경험적 사실에 대한 분석 및 확인을 상당부분 요구하는 측면이 있다.

이러한 논의를 전제로, 법규범적 논거를 입법논증에서 활용한다는 것은 헌법 및 제반 법률은 물론이고, 해석상 충돌의 해결기준으로서 제시되는 각종 법 원리 등이 입법논증에서 활용된다는 것을 의미한다.

그러나 법규범적 논거의 활용에 있어서 제기되는 문제는 헌법 및 법률상 규정에 대해 가치관에 따라 상이한 해석이 가능하며, 각종 법 원리에 있어서도 상황은 마찬가지라는 점이다. 따라서 어떠한 규범적인 논거들을 입법논증에서 활용한다고 할지라도, 이에 대한 반대 논거는 해석을 통해 언제든지 제시될 가능성이 농후하다.

[자료 5-9]「위치정보보호법상」 동의규정

[출처: 심우민, 『「위치정보보호법」상의 동의규정에 대한 입법영향분석』, 국회입법조사처, 2012. 5. 31]

〈분석대상 조문〉

「위치정보의 보호 및 이용 등에 관한 법률」

제2조(정의) 이 법에서 사용하는 용어의 정의는 다음과 같다.

1. "위치정보"라 함은 이동성이 있는 물건 또는 개인이 특정한 시간에 존재하거나 존재하였던 장소에 관한 정보로서 「전기통신사업법」 제2조제2호 및 제3호에 따른 전기통신설비 및 전기통신회선설비를 이용하여 수집된 것을 말한다.

제15조(위치정보의 수집 등의 금지) ① 누구든지 개인 또는 소유자의 동의를 얻지 아니하고 당해 개인 또는 이동성이 있는 물건의 위치정보를 수집ㆍ이용 또는 제공하여서는 아니된다. 다만, 다음 각 호의 어느 하나에 해당하는 경우에는 그러하지 아니하다.

제18조(개인위치정보의 수집) ① 위치정보사업자가 개인위치정보를 수집

하고자 하는 경우에는 미리 다음 각호의 내용을 이용약관에 명시한 후 개인위치정보주체의 동의를 얻어야 한다.

❑ 규정 체계상 혼선 유발

ㅇ 동법 제2조 정의규정에서 "개인위치정보"와 다소 구별되는 "(단순)위치정보"에 대해 개념정의 하면서 "이동성이 있는 물건 또는 개인이 특정한 시간에 존재하거나 존재하였던 장소에 관한 정보"라고 정의함

ㅇ 그런데 동법 제15조에서는 "누구든지 개인 또는 소유자의 동의를 얻지 아니하고 당해 개인 또는 이동성이 있는 물건의 위치정보를 수집·이용 또는 제공하여서는 아니된다"고 규정하고 있음

ㅇ 그 결과 동 조항에서 "개인의 위치정보"가 개인 식별 가능성을 요하는 '개인위치정보'에 해당하는 것인지 여부가 문제시됨

- 만일 그렇지 않다면, 제2조의 정의규정을 재차 반복하여 그대로 기술할 필요가 없을 것으로 판단됨(이해 가능성 저하)
- 만일 그렇다면, "물건의 위치정보"와 "(단순)위치정보"를 구분하여 명기한 실익이 무엇인지 의문시됨

❑ 동의규정의 중복성

ㅇ 앞서 언급한 바와 같이, 동법 제18조 이하에서는 개인 식별 가능성을 가지는 위치정보, 즉 개인위치정보를 더욱 엄격하게 보호하기 위해 (이용약관 명시 후) 동의요건을 규정하고 있음

ㅇ 그러나 앞서 동법 제15조에서 식별 가능성 여부와는 상관없이 모든 위치정보에 대해 동의 받을 것을 규정하고 있어, 동의 그 자체에 있어서는 동 조항은 규정실익이 없음

5. 입법논증의 분석 및 평가(사례분석)

입법논증론은 궁극적으로 의회 또는 입법적 논의의 장에서 발생한 논증들을 분석하고, 이를 평가하는 데 활용된다. 물론 아직까지 한국 의회에서는 소위 건전한 논거의 제시 또는 논증 사례가 그다지 많지 않다고 할 수 있다. 이는 한국의 의회정치가 입법자의 독자적 판단에 따른 입법절차 참여보다는, 당리당략과 당론에 지배되는 입법절차의 운영이 주로 이루어지고 있기 때문인 것으로 판단된다. 다만, 다음에서는 설명과 이해의 편의를 위하여, 제18대 국회의 「형법」 개정과 관련한 사례를 시범적으로 분석해 보기로 한다.

1) 사안의 개요

급증하고 있는 흉악한 아동성범죄에 대하여 범행의 잔혹성에 비하여 형량이 가볍다는 비판여론이 일자, 국회는 유기징역의 상한을 현행 15년에서 30년으로, 형을 가중하는 경우 현행 25년에서 50년으로 올리는 「형법」 개정안을 통과시켰다. 무기징역의 가석방조건은 현행 10년 복역에서 20년 복역으로, 사형에 대한 감형은 현행 10년 이상 복역에서 20~25년 복역으로 각각 상향조정됐다. 이러한 형법 개정안에 대한 제안이유의 내용은 다음과 같다.

> 현행 「형법」은 유기징역의 상한을 15년으로 제한하고 있어, 무기징역과 유기징역 간 형벌 효과가 지나치게 차이가 나고 중대한 범죄를 저지른 경우에 그에 따른 형벌을 선고하는 데 제한이 있으므로, 유기징역의 상한을 상향조정하여 행위자의 책임에 따라 탄력적으로 형 선고를 가능하게 하고, 강간 등 성폭력범죄를 범하는 경향이 있는 자는 다시 성폭력범죄를

저지를 가능성이 대단히 높으므로 성폭력범죄를 억제하고 잠재적 피해자를 보호하기 위하여 성폭력범죄의 상습범을 가중처벌하려는 것임.[2]

이러한 취지를 가지고, 개정하려는 내용은 다음과 같다.

(i) 유기징역의 상한 형을 현행 15년 이하에서 30년 이하로, 형의 가중을 현행 25년에서 50년까지로 각각 조정함(안 제42조).

(ii) 사형에 대한 감경을 20년 이상 50년 이하로 상향 조정함(안 제55조 제1항 제1호).

(iii) 무기징역 · 무기금고에 대한 감경을 10년 이상 50년 이하로 상향 조정함(안 제55조 제1항 제2호).

(iv) 무기징역의 가석방요건을 현행 10년에서 20년으로 상향함(안 제72조).

(v) 강간 · 추행죄 등 성폭력범죄의 상습범에 대한 가중규정을 신설함(안 제305조의2 신설).[3]

이상의 법안은 기존에 이미 제출되어 있던 유사한 취지의 「형법 일부개정법률안」(5건)[4]을 대안폐기하고, 법제사법위원회의 위원회 대안으로 제출되었으며, 2010년 3월 31일에 본회의에서 가결되었다.

---

2 법제사법위원장, 「형법 일부개정법률안(대안)」(의안번호: 8027), 2010. 3. 31, 2면.

3 법제사법위원장, 「형법 일부개정법률안(대안)」 (의안번호: 8027), 2010. 3. 31.

4 유사한 내용을 가지는 형법 일부개정안은 이미 5건이 법제사법위원회에 제출되어 있었다. 형법 일부개정법률안(노철래의원등 13인발의), 형법 일부개정법률안(안상수의원등 18인발의), 형법 일부개정법률안(이주영의원등 10인발의), 형법 일부개정법률안(박선영의원등 15인발의), 형법 일부개정법률안(박민식의원등 11인발의) 등이 그것이다.

2) 입법논증의 분석

이상에서 언급한 「형법 개정법률안」의 제안이유서와 국회 본회의 회의록을 바탕으로, 이에 대한 입법논증을 분석하면 다음과 같다.

입법논증의 근거(D)와 보증(W)는 제안이유에서 볼 수 있는 내용이다. 또한 이를 바탕으로 주장하고 싶은 바, 즉 주장(C)는 위에서 설명한 개정 내용이다. 그러나 이러한 주장(C)의 골자는 제안이유에서 발견할 수 있다. 이를 정리하면 다음과 같다.

근거(D): 1. 성폭력범죄를 억제하고 잠재적 피해자를 보호해야 한다.
주장(C): 1. 유기징역의 상한을 상향조정하여 행위자의 책임에 따라 탄력적으로 형의 선고를 가능하게 하여야 한다.
2. 성폭력범죄의 상습범을 가중처벌 해야 한다.
보증(W): 1. 현행 형법은 유기징역의 상한을 15년으로 제한하고 있어, 무기징역과 유기징역 간 형벌효과가 지나치게 차이가 나고, 중대한 범죄를 저지른 경우에 그에 따른 형벌을 선고하는 데 제한이 있다.
2. 강간 등 성폭력 범죄를 범하는 경향이 있는 자는 다시 성폭력범죄를 저지를 가능성이 높다.

그렇다면, 지지(B)은 어떻게 구성될 수 있는가? 이는 자신의 주장을 약화시킬 것으로 예견되는 주장이나 근거에 대하여 자신의 입장을 옹호하는 역할을 하는 것이다. 그러나 현실적인 입법논증에 있어서는 자신의 입법 주장에 대한 반론에 대해 재반론하는 순간에 나타나는 표현이 바로 지지(B)이라고 할 수 있다. 따라서 「국회본회의 회의록」을 검토해 보았다.

이러한 형법 개정안에 대하여 이정희 의원이 반론(R)을 제기하였다. 그 내용을 정리하면 다음과 같다.[5]

(i) 개정안은 아동성범죄에 국한하지 않고 모든 범죄에 대한 상한을 높이고 있어 문제가 있다.
(ii) 개정안은 현행보다 25년이나 유기징역의 상한을 높이게 되는데, 이는 과도한 것이다.
(iii) 이른바 일반예방효과를 달성할 수 있을지 의문이다.

이에 대해서는 홍일표 의원의 재반론이 있었다. 이를 정리하면 다음과 같다. 바로 이러한 재반론이 입법논증에 있어 지지(B)를 구성하게 되는 것이다.

지지(B) 1. 아동성폭력에 대해 너무 관행에 따르는 (관대한) 법집행과 법적용이 문제라는 사회적 지적이 있다.
2. 지금의 법정형으로는 국민의 법감정에 맞는 양형을 할 수 없다.
3. 법이 이렇게 정해 놓는다고 해서 실제 모든 형량이 높아지는 것은 아니다.
4. 자유형의 경우에는 판사의 재량권을 넓혀주고 그 범위 내에서 구체적 정의를 실현할 수 있게 해 주어야 한다.

이상과 같은 논의를 통해, 앞서 툴민의 논증모델에서 언급한 바 있는 입법논증의 요소들이 등장하고 있음을 확인할 수 있다.[6] 위에서 살펴

5 국회사무처, 「제288회 국회(임시회) 국회본회의회의록」 제2호, 2010. 3. 31.

볼 수 있는 바와 같이, 각각의 주장과 반론은 지속적으로 반복될 가능성을 가지고 있다. 그 이유는 각자 합리적이라고 생각하는 근거를 제시하고는 있지만, 궁극적으로 자신들이 가지고 있는 도덕적인 가치들이 합의에 이르기에는 불충분하기 때문이다. 이 사안에서 각기 다른 도덕적 주장은 직접적으로 언급되어 있지는 않지만, 유추해 본다면 다음과 같은 것으로 요약될 수 있을 것이다.

(i) 법안찬성: 성폭력 범죄자는 더욱 중하게 처벌해야 한다.
(ii) 법안반대: 범죄인의 인권도 반드시 고려되어야 한다.

이것이 바로 앞서 설명한 가치간 또는 도덕적 불일치의 일면을 보여주는 것이다. 이러한 상황에서는 누군가 자신의 도덕적 가치를 잠정적으로나마 포기하지 않는다면, 더 이상의 합의는 가능하지 않은 것이 된다. 결국 이러한 상황에서 불가피하게 다수결의 원칙에 근거하여 의사결정을 하게 된다. 그러나 그러한 표결이 이루어진다고 하더라도, 종국적인 가치간의 불일치가 개인의 도덕적 차원에서까지 모두 해소되어지는 것은 아니다.

6 물론 이상과 같은 입법논증 내용의 정리가 툴민의 논증모델과 정확하게 모두 일치하는 것은 아니다. 그 이유는 현실 입법절차에서의 논증이라는 것이 이론적 체계를 상정하고 있는 것은 아니기 때문이다. 이러한 문제는 역시 동일하게 법적논증의 영역에서도 발생하는 것이라고 할 수 있다. 다만 여기에서는 논의의 전개를 위하여 가급적 논증모델의 구조에 맞게 재구성해 본 것이다.

[자료 5-10] 아동성범죄 형량 가중 사안

[출처: 국회사무처, 「제288회국회(임시회) 국회본회의회의록」 제2호, 2010. 3. 31.]

○ **의장 김형오** 의사일정 제1항 특정 범죄자에 대한 위치추적 전자장치 부착 등에 관한 법률 일부개정법률안(대안), 의사일정 제2항 성폭력범죄의 처벌 등에 관한 특례법안(대안), 의사일정 제3항 특정강력범죄의 처벌에 관한 특례법 일부개정법률안, 의사일정 제4항 형법 일부개정법률안(대안), 이상 4건을 일괄하여 상정합니다. 법제사법위원회의 박민식 의원 나오셔서 4건에 대하여 제안설명 및 심사보고해 주시기 바랍니다.

… (중략) …

○ **법제사법위원장대리 박민식** 형법 일부개정법률안(대안)은 안상수 의원, 이주영 의원, 노철래 의원, 박선영 의원, 그리고 본 의원 등 5인이 각각 대표발의한 안을 통합하여 대안을 마련한 것으로 유기징역의 상한을 현행 15년에서 30년으로 하되 형의 가중 시에는 현행 25년에서 50년으로 하도록 상향 조정하였습니다.

이 법이 통과되면 이것은 우리 형사법 체계 60년 만에 획기적인 내용이 됩니다. 우리나라에서 국민들이 아무리 나쁜 범죄를 저질러도 최고 25년을 넘지 못합니다. 보통은 15년을 넘지 못합니다. 그런데 이 법이 통과되면 50년 선고를 할 수 있게 되는 것이지요. 저는 우리 형사법 체계 지난 60년에서 가장 획기적인 내용이라고 평가하고 싶습니다.

그리고 사형 감경, 무기징역 감경 및 무기징역의 가석방 요건도 각각 상향 조정하였습니다. 또 성폭력범죄의 재범률이 높음을 고려하여 상습범에게는 2분의 1까지 형을 가중할 수 있도록 하였습니다.

… (중략) …

○ **이정희 의원** 예, 제가 또 나왔습니다. 정말 심각한 법안이라는 말씀을 저는 드려야 되겠습니다. 박민식 의원님께서 형사사법 체계에서 60년 만에 가장 획기적인 내용이다 이렇게 말씀하셨습니다. 감히 단언 드립니

다. 형사정책적으로 가장 큰 후퇴입니다. 그리고 가장 빠른 후퇴입니다.

… (중략) …

이른바 일반예방효과를 달성하기 위한 것이 이 법의 목적으로 보이는데 과연 그 효과가 달성될 수 있을지 의문입니다.

형법의 형벌을 가중하는 여러 가지 특별 형법이 있습니다. 하지만 이것 때문에 일반예방효과가 달성됐다고 보는 판단은 극히 드뭅니다. 범죄자를 만드는 사회적 요인을 제거하고 교화기능을 다하지 못하는 교정시설을 개선하는 것이 선행되지 않은 상태에서 범죄자를 좀더 엄벌에 처하고 좀더 오랜 시간 가두어 둔다고 해서 이것이 어떤 효과가 있다고 보기 어렵습니다.

매우 우려스러운 것은 정부와 국회가 마치 이 법안으로 할 일을 다한 것처럼 생각할 여지가 크다는 것입니다. 정부는 지금이라도 예산을 들여서 범죄를 어떻게 예방할지, 재범을 어떻게 방지할지, 교육시스템을 어떻게 구축할지 구체적인 대안을 내놓아야 합니다.

10년씩 범죄자를 가두어 두면서 교화시키지 못한다면 교정과 교화의 내용과 방식을 변화시키기 위해서 노력해야 하는 것이지 10년이 모자란다고 해서 30년 가둬 두고 50년 가둬 둔다고 해서 이 문제가 해결된다고 바라는 것은 너무나 안이한 생각입니다.

이 법안은 최근의 우리 사회 형사정책의 후퇴를 여실히 보여 주는 것입니다. 이명박 정부 아래서 형사정책의 후퇴는 이것으로 끝나지 않을 것입니다. 법무부장관이 사형 실시를 시사했습니다. 청송교도소에 사형장 설치를 말했습니다. 인권침해를 이유로 17대 국회에서 폐지된 보호감호제 재도입을 공언했습니다. 응보주의와 중형주의로 점철된 19세기 형사정책으로 후퇴하는 것이 바로 오늘 시작된다고 저는 판단합니다.

이 점을 우려하는 의원 여러분들께서 분명한 반대의사를 밝히셔서 형사정책의 후퇴를 막아 주시기 바랍니다.

… (중략) …

○ **홍일표 의원** 일반예방효과가 없다 이런 말씀 하셨습니다만 그러나 저로서는 판사의 재량권을 확대하는 것은 구체적인 정의를 실현하는 좋은 방법이다 이렇게 말씀드릴 수 있고, 사형제 집행을 반대하시면서 이런 형을 늘리는 것에 반대하시는데 사형제 집행을 반대한다면 그 대안으로 이런 것이라도 마련해 주어야 우리 사회에서 범죄를 제대로 방위할 수 있는 하나의 사회 정책적 효과가 있으리라고 저는 생각을 합니다. 그래서 사형제 집행과 관련해서 현재 사형제를 안 하고 있다면 사형집행을 현재 우리 정부가 미루고 있는데 이 문제는 앞으로 계속해서 우리가 논의해 봐야 되겠지만 현재의 상황에서는 이렇게 하는 것은 법관으로 하여금 보다 다양한 형을 선택할 수 있게 해 주고 구체적인 정의를 실현할 수 있는 한 방법이다, 법에서 이렇게 정해 놓는다고 해서 모든 형이 다 높아지는 것은 아니다, 이런 말씀을 드리면서 이 법안에 대해서도 부디 찬성 표결해 주시기를 부탁드립니다.

3) 입법논증의 평가와 활용

위와 같은 입법논증의 분석과정을 통하여, 각각의 입법적 주장의 설득력을 평가해 볼 수 있을 것이다. 물론 각각의 논거 내용이 진리 또는 진실인지 여부를 이러한 논증을 통해 확인하려고 해서는 안 된다. 오히려 이러한 입법논증의 분석에 기반하여 입법자는 자신의 입법주장을 더욱 설득력 있게 펼치기 위한 논거들을 개발할 수 있을 것이며, 더 나아가서는 상대방의 입법논증에서 누락된 논거 및 오류들을 밝혀냄으로써 자신의 입법주장이 상대적으로 더욱 설득력을 가지게 만들 수도 있을 것이다.

위에서 제시한 사안의 경우에는, 논거들의 설득력 등에 대한 평가에 더하여, 논증의 대상 및 범위 문제와 관련하여 또 다른 차원의 평가가 가능하다. 위 사안은 형법을 개정하는 중대한 사안임에도 불구하고, 실제 이러한 법 개정논의가 국회에서 이루어지고 있다는 사실이 외부에 제대로 알려지지 않았었다.[7] 특히 이 개정안은 일부개정법률안이었기 때문에, 공청회 개최도 필요 없는 사안이어서 더욱 문제가 있었다. 결과적으로 이 사안의 입법논증은 실질적으로는 국회 내부를 대상으로 한 것이었다고 평가할 수 있겠다.

앞서 페를만의 논의에서 설명한 보편청중에 관한 논의가 이와 관련하여 응용될 수 있을 것이다. 위 입법논증의 내용만 두고 보면 각기 상반된 가치가 전제된 입법주장들은 궁극적으로 동료 국회의원들은 물론이고, 일반 국민들의 설득을 위한 내용들을 담고 있다. 따라서 위 사례의 입법논증에는 문제가 없다는 의견 제시도 가능할 것이다. 그러나 당시 시점에서 그러한 논증이 불가피하게 매우 제한된 청중들을 대상으로 한 것이라면, 이러한 논증은 보편청중이 아닌 특정청중을 대상으로 한 것이기 때문에 상대적으로 빈약한 설득력을 확보한 것이라고 평가할 수 있다. 만일 위 개정안에 관한 입법주장이 국회의원뿐만 아니라, 관련 분야 전문가들 및 일반 국민들에게 충분할 정도로 알려진 이후에 위의 논증들이 이루어졌다면, 그 내용이 더욱 세부적이고 구체적인 논거들로 채워졌을 가능성을 부인할 수 없다. 이러한 사실적 차원에서 위 사안의 입법논증에 대해 문제제기가 가능할 것이다.

7 한국일보, 「국회 조급한 형법개정에 법원 혼란」, 2010년 4월 28일.

제3절 입법이론으로서의 입법논증

입법논증은 물론이고 법적논증이나 일반적 논증이론이 최근 강조되고 있는 것은 (신)수사학적 관점의 부활에 힘입은 바가 크다. 즉 절대적 진리에 입각한 증명이 아니라, 각자의 입장에 따른 논거와 논증의 상호 제시를 통해 사회적 의미들을 구성해 간다는 관점이 강조되고 있다. 이러한 관점은 기본적으로 입법논증론의 독자적인 개별 연구를 구성하는 데에 활용되는 측면이 있지만, 궁극적으로 더 나아가서는 입법학 연구의 방향성을 제시해 주는 '입법이론'으로서 입법논증론이 활용될 수 있도록 해 준다.

다음에서는 이러한 수사학적 관점이 법규범적 측면에서 어떠한 의미를 가지는 것인지를 먼저 확인하고, 이러한 수사학적 관점이 전제되어 있는 입법논증론이 입법이론의 출발점이자 종착점이라고 할 수 있는 '입법의 원리'와 관련하여 제시할 수 있는 것은 무엇인지 살펴보기로 한다.

1. 수사학적 관점

앞 장에서 입법논증에서의 고려요소와 관련하여 툴민과 페를만의 이론적 논의를 살펴보았다. 이들의 공통적인 입장은 바로 수사학적 관점이었다. 즉 형식논리학의 한계 또는 문제점을 극복하기 위한 취지로 수사학적 관점을 취한 것이다. 이와 유사한 맥락에서, 기존의 전통적인 자연법론과 법실증주의 논의의 한계를 드리우는 리걸리즘의 형식적 합법성의 한계를 넘어서서, 이러한 사고방식에 민주성과 정당성을 접목시키는 방식으로서 입법논증이 논의된 것이다.

따라서 입법논증론에 있어 수사학적 관점은 논의의 출발지점으로서 지속적으로 고민해 보아야 할 필요성이 있다. 이하에서는 수사학적 관점은 명확하게 하기 위하여 '수사학으로서의 법학(legal rhetoric)'을 주장하고 있는 화이트(James Boyde White)의 견해를 살펴봄으로써 그 성격을 명확하게 하고자 한다.

화이트는 오늘날의 법과 법학은 과학성 및 객관성을 추구하는 경향성을 가지고 있다고 언급하면서, 법체계의 일부분이라고 할 수 있는 국가는 변호사나 경영자들 또는 정책입안자들에 의해 나머지 세계에 작용하는 단순한 기계적 요소로서 법을 간주하는 경향이 있다고 지적한다. 그리고 이들 영역을 제외한 나머지의 영역과 그러한 외부 영역에 있는 현장 참여자들은 동기부여나 의욕상실과 같은 기제에 의하여 조종의 대상이 된다. 법-관료구조 내부에 위치한 행위자들의 '선택'은 당연한 것으로 귀결되는 반면, 그들이 행한 선택은 이러한 구조 외부에 존재하는 현장 참여자 또는 개인들의 삶의 맥락으로부터 떨어져 나와 객관화 된다.[8]

그는 이러한 법학의 경향에 반기를 들고 "수사학으로서의 법학"을 주장한다. 즉 오늘날 일반적으로 수사학이라는 것은 실패한 과학으로 평가받는다. 이러한 비하는 모든 학문을 진실된 과학으로 격상시키거나 환원시키기 위한 결정적인 노력들이 행해졌던 근대사회에서 강력히 유포된 것으로, 현장 참여자들이 가지고 있는 불일치의 문제들을

8 James Boyde White, "수사학과 법: 문화적이고 공동체적인 삶의 기술들", John S. Nelson, Allan Megil & Donald N. McCloskey, 『인문과학의 수사학: 학문과 공공부문에 있어서의 언어와 논증』(고려대학교출판부, 2003), 407~408면.

일원적인 가정의 차원으로 축소시키는 역할을 하고 있다. 그러나 오늘날 완벽한 지식으로서의 과학 또는 객관성은 최근 상당한 비난에 직면하고 있다.[9]

> 나는 법을 상상된 사회적 체계에 있어서 객관적 실체나 구성된 우주론의 일부로서가 아니라 그 과정 속에 실제로 참여하고 있는 사람들의 관점에서, 즉 우리가 행하고 있고 가르치고 있는 것들과 관련된 생각으로부터 시작하고자 한다. 이는 법을 행동으로, 특히 수사학적 행동으로 생각하는 방식이다.[10]

따라서 화이트는 법과 통치체계의 과정을 관료적인 것이 아닌 현장참여자들의 수사학적 과정으로 생각하자는 '구성적 수사학(constitutive rhetoric)'을 주장한다.

> 이해될 수 있는 관계와 공유된 의미의 정립, 사람들로 하여금 그들이 한 것에 대해 '우리'라고 말할 수 있게 하고 그에 대한 지속적인 의미를 요구할 수 있게 하는 일종의 공동체의 창출, 이 모든 것은 그 심층적 차원에서 교육뿐 아니라 설득을 요구하며 내가 구성적 수사학이라고 부르는 것의 한 부분이다.[11]

이러한 구성적 수사학은 변호사의 업무와 관련하여 다음과 같은 세 가지 양상에 주목한다. 첫째, 수사학자처럼 변호사도 설득을 위하여

---

9 James Boyde White, 앞의 논문, 410면.

10 James Boyde White, 앞의 논문, 411면.

11 James Boyde White, 앞의 논문, 417면.

청중의 언어를 말하는 것으로부터 시작해야 한다(전수된 언어). 둘째, 법률적 수행과정은 항상 논증적이며, 이는 목표로 하는 결과의 차원뿐만 아니라 말과 글의 사용을 통해 창조되는 법적 담론의 층위에서도 그러하다(텍스트의 기술). 셋째, 변호사의 언술은 결과뿐만 아니라 그 일부분인 수사적 공동체에 관해서도 논증적이다(수사적 공동체).[12]

화이트의 법수사학 또는 수사적 공동체에 관한 논의의 출발점은 사실상 사법판결에서 변호사의 역할에 그 초점이 맞추어져 있다. 그런데 입법적 판단이라는 것은 사법판결과 기본적으로 유사한 논의 구조를 가지고 있다고 할 수 있다. 즉 입법적 판단도 사실적(외적) 관점 요소들을 규범적(내적) 관점으로 포섭하는 과정이라는 측면에서 유사성을 가진다.[13] 따라서 수사학으로서의 법학에 대한 논의는 입법의 영역에서 수사학적 논증의 필요성을 나타낸다고도 볼 수 있다.

2. 입법논증론과 입법의 원리

입법논증과 관련하여 중요하게 언급되어야 하는 지점 중 하나는 바

12 James Boyde White, 앞의 논문, 411~414면, 428면.

13 법이라는 것이 단순한 명령적 요소만을 본질적 속성으로 하지 않는다는 측면에서, 내적 관점은 매우 중요한 역할을 한다고 할 수 있다. 즉 내적 관점은 단지 법이 거기에 존재한다는 측면(외적 관점)을 넘어서서, 그것을 준수하여야 할 규범으로서 받아들인다는 의미를 가지고 있는 것이다. 이러한 외적 관점과 내적 관점의 유명한 구분은 주로 하트(H.L.A. Hart)의 논의와 결부되어 있다. H. L. A. Hart, *The concept of law*(Clarendon Press, 1961); 오병선(역), 『법의 개념』(아카넷, 2001), 87~88면(여기에서 이 저술에 대한 인용은 1961년 영문판에 따른 것이다). 이와 같이 법학에 있어서의 내적 관점과 외적 관점의 구분에 대한 세부적인 설명은 Richard L. Schwartz, "Internal and External Method in the Study of Law", *Law and Philosophy* 11(3), 1992을 참조해 볼 것.

로 '입법의 원리'에 관한 논의이다. 앞서 언급한 바와 같이 입법논증론은 입법이론으로서의 성격도 가지기 때문에, 입법자가 입법을 수행함에 있어 준수하여야 할 규제적 이상(規制的 理想)으로서의 입법의 원리를 논의할 수 있게 해 준다.

1) 기존의 입법의 원리에 관한 논의

입법의 원칙 및 지도 원리를 객관적으로 개념규정하기란 그다지 용이한 것이 아니다. 그 이유는 시대적 · 사회적 상황에 따른 여건의 변화, 각종 법제에 내포되어 있는 다양한 사회적 · 정치적 · 경제적 관점 등으로 인하여, 입법의 원칙 및 지도원리라는 것이 기본적으로 매우 다양하고 명확하지 않기 때문이라고 할 수 있다.[14] 우선, 입법의 원리란 입법을 정의에 맞게 합리적인 것으로 만들며 법으로서 정당화할 수 있는 입법의 기준 내지 원리를 의미한다고 일반적으로 설명된다.[15] 이러한 입법의 원칙을 기술하고 있는 한국 학자들의 견해를 정리하면 다음과 같다.

우선, 입법의 원칙에 관한 한국의 초기 논의라고 할 수 있는 것은 바로 최대권의 논의이다.[16] 그가 제시하는 입법의 원칙에는, (i) 풀러(Fuller)가 법의 도덕성이라 부르는 8가지 원칙, (ii) 밀(J. S. Mill)의 해악의 원칙, 친권적 보호주의, 공공복리, 사회정의의 실현 등, (iii) 헌법합치의 원칙, (iv) 과학적 합리성의 원칙, 그 세부원칙으로서 ① 구체적인 입법 목적의 실현 가능성, ② 제재방법의 실현 가능성, ③ 제재방법의

14 박영도, 『입법학입문』(한국법제연구원, 2008), 136면.

15 홍완식, "입법의 원칙에 관한 연구", 「법제」 제578호, 2006, 79면.

16 이상영, "입법의 원칙에서 본 한국의 입법자와 입법과정의 분석", 「입법학연구」 창간호, 2000, 218면.

효율성, ④ 입법선택의 적절성, (v) 입법초안 작성상의 원칙으로서 문체의 간결성, 용어의 절대성, 입법의 진실성 · 현실성 · 무난해성 등이 있다.[17]

이에 대해, 김승환은 이상과 같은 견해는 영미식 사고의 영향을 받은 것으로서, (i)은 입법의 원칙과 입법의 기술[18]을 혼용하고 있으며, (ii)는 개개의 입법목적을 지도하는 상위목적이라고 볼 수 있고, (iii)과 같은 입법의 합헌성의 원칙은 입법의 원칙이 아니라 입법의 한계이고, (iv)는 입법의 원칙 중 비례의 원칙의 내용으로 포섭하여 설명할 수 있으며, (v)은 입법의 원칙이 아니라 입법의 기술이라고 비판한다.[19] 그러면서 그는 학자들 가운데서 논의되고 있는 입법의 원칙 가운데에서, 특히 서독연방헌법재판소의 판례를 통하여 형성되어 온 (i) 평등의 원칙, (ii) 비례의 원칙 및 (iii) 확정성의 원칙을 입법의 원칙으로 설명한다.[20]

박영도의 경우 다른 학자들과는 달리 "입법의 지도원리"라는 용어를 사용하면서, 이는 "입법에 있어서 입법자가 입법목적을 확정하고 그 목적으로부터 입법에 즈음하여 채용되는 구별의 징표 및 범위 등을 설정하는 데 있어서, 헌법에 합치된 입법목적에 합리적 연관성을 가질 수 있도록 하는 하나의 기준"을 의미하는 것이라고 정의한다. 이러한

17 최대권, "입법의 원칙", 서울대 「법학」 제25권 제4호, 1984, 69면 이하.

18 김승환은 입법의 기술은 입법자가 입법의 원칙 하에서 개개의 법률을 작성함에 있어서 주의해야 할 세부적 · 기술적 요청들이라는 점에서 입법의 원칙과 다르다고 주장한다. 김승환, "입법학에 관한 연구: 입법의 주체 · 원칙 · 기술을 중심으로", 고려대학교 박사학위 논문, 1987, 83면.

19 김승환, "입법의 원칙", 「세계헌법연구」 제12권 제2호, 2006, 48면.

20 이러한 김승환의 견해에 대해서, 이상영은 헌법상 입법권과 헌법의 법률개념을 중심으로 평등의 원칙, 비례의 원칙, 그리고 명확성의 원칙만을 설정하는 것은 설사 헌법해석학에서 의미가 있을지언정 실질적인 입법과정연구에서는 부분적인 의미밖에 찾을 수 없다고 비판한다. 이상영(2000), 앞의 논문, 219면.

입법의 지도 원리에는 (i) 평등의 원칙, (ii) 비례의 원칙, (iii) 신뢰보호의 원칙, (iv) 적법절차의 원칙이 있다고 설명한다.[21] 또한 박영도의 경우에도 김승환과 마찬가지로, 입법의 원칙과 입법 기술의 원칙을 구분할 것을 주장한다.[22]

홍완식은 기존의 입법의 원칙에 관한 논의는 내용적인 측면만을 다루고 있다고 언급하면서, 이에 더하여 체계 및 형식면에서의 입법원칙까지 논하겠다고 한다. 사실상 이러한 견해는 앞서 살펴본 입법의 원칙이냐, 입법의 기술이냐를 중심으로 한 대립적 견해를 종합한 것으로도 이해될 수 있을 것이다. 그 결과 그는 체계 및 형식면에서의 입법의 원칙으로 (i) 사안적합성의 원칙, (ii) 보충성의 원칙, (iii) 체계적합성의 원칙, (iv) 포괄적 위임입법 금지의 원칙을 제시하고 있으며, 내용면에서의 입법의 원칙으로는 (i) 기본권 존중의 원칙, (ii) 헌법의 기본원리와 기본제도의 존중, (iii) 평등의 원칙, (iv) 과잉금지의 원칙, (v) 과소금지의 원칙, (vi) 신뢰보호의 원칙, (vii) 명확성의 원칙을 제시하고 있다.[23]

2) 입법학적 입법의 원리

위에서 언급된 것들 중 최대권의 견해 일부[24]와 입법 기술적인 요소

---

21 박영도, 앞의 책, 136면 이하.

22 즉 그는 입법기술상 요구되는 원칙은 입법자의 의도를 명확하고 적절하게 정식화하는 문장적인 표현의 기술에 요구되는 원칙이라고 할 수 있다고 하면서, 그것은 지금까지의 경험을 토대로 당위의 법칙을 앞으로의 실현을 전제로 하는 구체적인 강제규범으로 정립하는 데 필요한 원칙이라는 점에서 입법의 지도원리 내지는 원칙과 다르다고 한다. 박영도, 앞의 책, 137면.

23 홍완식, 앞의 논문, 82면 이하.

24 앞서 최대권의 견해 중 (i) Fuller가 법의 도덕성이라 부르는 8가지 원칙과 (ii) 밀(J. S. Mill)의 해악의 원칙, 친권적 보호주의, 공공복리, 사회정의의 실현 등의 경우가 그것이다.

들을 제외하면, 기존에 입법의 원리로 제시된 내용들의 상당부분은 기본권 제한입법의 한계 및 위헌법률심판 등에 관한 헌법재판소의 결정 기준들을 다소 세분화하여 옮겨 놓은 것에 불과하다는 평가가 가능하다. 이러한 기존의 입법의 원리 또는 원칙에 관한 논의는 다분히 전통적인 해석법학적 접근의 결과주의적 성격이 반영된 것이라고 할 수 있다. 즉 특정 기준을 설정하고 입법의 결과가 그것에 위배되지 않도록 한다는 의미를 가지고 있는 것이다.[25] 결국 기존 입법의 원리에 관한 논의는 절차적 측면보다는 결과라는 실체적 측면에 대한 고려가 더욱 중요시 되고 있다는 사실을 확인할 수 있다.

이와 관련하여, 보다 궁극적으로 제기될 수 있는 문제는 과연 기존의 입법의 원리에 관한 논의가 입법학 고유의 입법의 원리로 활용될 수 있는가의 문제이다. 만일 입법학 또는 입법이론에서 제시하는 입법의 원리가 기존의 공법학이나 헌법학의 그것과는 다른 고유의 원리를 제시하지 못한다면, 입법학이라는 학문 분야를 따로 언급할 필요가 없을 것이기 때문이다. 이렇게 되면, 입법학이라는 연구 분야는 단순히 입법실무 또는 기술에 한정되는 학문분야로 취급받을 것이다.

결과적으로 입법학적 측면에서의 고유한 입법의 원리를 구성하기 위해서는 기존의 헌법재판에서와 같은 실체 또는 결과 중심적인 해석법학적 관점과는 다른 '절차적'인 측면에서의 고려, 즉 수사학적 관점이 투영되어야 할 것이다. 특히 앞서 제4장에서 제시한 논의에 따르자

이러한 입법의 원칙의 경우 다른 학자들이 주장하는 입법의 원칙과는 차별성을 가지는 것은 분명하지만, 그렇다고 이러한 원리들이 순수하게 입법학적인 특성을 나타내는 것이라고 보기는 어려울 것으로 판단된다.

25 그렇다고 하여, 이러한 입법의 원칙의 제시가 무의미한 것은 결코 아니다. 실제로 이러한 기준들은 좋은 법을 만들기 위한 기본적 출발점을 제시해 줄 수 있는 것이다.

면 이러한 절차는 실체 또는 절차 그 자체에 기반하여 구성되는 것이 아니라, '정치적인 것'이 가지는 기본적인 속성으로부터 도출되는 것이라고 할 것이다.

이와 관련하여, 참조할 수 있는 논의로는 최근 주장되고 있는 빈트겐스(Luc J. Wintgens)의 입법이론(legisprudence)에 관한 논의이다. 그는 입법의 문제에 대한 법이론적 · 규범적 접근방식을 취하면서, 사회계약론적 출발점과 관련성을 가지는 집단적인 측면에서의 '자유에 대한 관념'(conceptions about freedom)보다는, 개인적 측면에서의 '자유의 관념'(conceptions of freedom)의 개별성을 중시 여긴다. 이러한 관점은 입법의 문제에 대하여 도덕적 불일치의 존중, 즉 '정치적인 것'의 속성을 강조하는 것과 유사하다. 이러한 이론적 기초 위에서 그는 다음과 같은 입법 또는 입법이론적 원리를 제시한다.[26]

- (i) 대안의 원리(The Principle of Alternativity): 사회계약이 실패한 경우에만 대안적으로 입법의 개인적인 자유에 대한 개입이 정당화 될 수 있다는 원리이다.
- (ii) 규범적 밀도의 원리(The Principle of Normative Density): 보충적 성격을 가지는 입법을 통한 제재(sanction)는 자유의 제한이라는 측면에서 더욱 특별한 정당화를 요구한다는 것을 의미한다.
- (iii) 잠정성의 원리(The Principle of Temporality): 법 창출 행위는 인간의 다른 행위와 마찬가지로 역사적인 조건에 의해 변화한다는 것이기에 입법에 대한 정당화는 지속적인 과정이라는 것을 타나내는 원리이다.

26 Luc J. Wintgens, "Legisprudence as New Theory of Legislation", *Ratio Juris* 19(1), 2006, 10면 이하.

(iv) 정합성의 원리(The Principle of Coherence)[27]: 전체로서의 법적체계 (legal system as a whole)라는 관점에서 입법을 정당화 하는 것을 의미한다.

그는 이러한 입법이론적 원리들은 가능한 한 가장 좋은 규칙을 만드는 데 중요한 역할을 한다고 설명하면서, 특히 전체로서의 법적 체계라는 관점을 고려하는 '정합성의 원리'[28]가 중요한 역할을 한다고 설명한다.

빈트겐스는 정합성의 원리를 4가지의 단계로 구분하여 설명한다. "제0단계 정합성"은 규칙 상호간의 내용이 서로 모순되어서는 안 된다는 모든 진술이나 언명에 요구되는 기본적 원리이다. "제1단계 정합성"은 규범을 지나치게 쉽게 변경해서는 안 된다는 차원의 정합성을 요구하는 원리이다. "제2단계 정합성"은 규범이 전체 법체계와 정합성을 가질 것을 요구하는 원리이다. "제3단계 정합성"은 법시스템이 외부적 또는 규범외적인 현실에 관한 이론들과 정합성을 가져야 한다는 원리이다.[29]

그렇다면 '정치적인 것'의 의미를 고려할 때, 빈트겐스가 제시하고 있는 입법이론적 원리들은 어떻게 이해할 수 있는지를 살펴보면 다음과 같다.

---

27 이러한 정합성(coherence)은 일관성(consistency)과 구분되어야 한다. 일관성이 전부 아니면 전무(all or nothing)의 문제라고 한다면, 정합성이라는 것은 정도의 문제를 의미한다. 또한 일관성이 논리적 요건이라고 한다면, 전체로서 타당한 것(making sense as a whole)을 의미한다.

28 이러한 단계별 정합성 원리에 대해서는 Luc J. Wintgens, 앞의 논문, 15면 이하 참조.

29 빈트겐스가 특히 정합성의 원리를 중시하는 이유 중 하나는 입법이 추구해야 할 합리성은 사이먼(Herbert Simon)이 주장하는 바와 같은 제한적 합리성(bounded rationality)이라고 보기 때문이다. 이러한 제한적 합리성 개념은 인간이 가지는 인지적 한계로부터 기인하는 것이라고 할 수 있다.

첫째, ‘대안의 원리’와 관련해서는 개인적 자유를 기본 전제로 사회계약이 실패한 경우에만 입법을 통한 개입이 정당화된다는 측면에서, 이는 각기 다른 도덕적 관점이 전제된 자유를 의미한다고 볼 수 있다. 즉 각각의 개별적 가치들의 존중을 의미한다.

둘째, 제재를 수반하는 입법의 경우 그러한 정당화의 정도가 더욱 특별하게 요구된다는 점에서, ‘규범적 밀도의 원리’도 기본적으로 각기 다른 도덕적 관점이 전제된 자유라는 의미를 가지고 있다고 할 수 있다. 이에 따르면 결국 법(률) 개입의 필요성은 입법절차 속에서 입법논증을 통해 정당화되어야 하는 것이다. 이는 바로 수사학적 논증의 필요성과 일맥상통한다.

셋째, 이러한 정당화와 관련하여 ‘잠정성의 원리’는 특정한 정당화 절차를 거친 결과가 절대로 진리가 될 수 없으며, 그것은 단지 불가피한 선택으로서의 의미를 가지고 있음을 나타내는 것이다. 그 결과 빈트겐스는 입법을 지속적인 정당화의 과정 또는 절차라고 보는 것이다. 특히 이러한 관점은, 현실 입법절차상 종국적으로 활용되는 다수결의 원리에 대해서도 새롭게 이해해볼 수 있는 관점을 제공해 준다. 즉 다수결의 원리는 민주주의의 본질적 내용이라기보다는 입법에 관한 집단적 의사결정에 있어서 불가피하게 활용되는 수단에 불과하며, 이를 통해 산출되는 결과는 단지 잠정성을 가질 뿐이라는 점을 환기시켜 준다. 이는 수사학적 관점의 절차적 차원에의 투영 결과라고 할 수 있다.

넷째, 빈트겐스는 일관성이 아닌 ‘정합성의 원리’에 따른 입법의 정당화를 주장하는 데, 이는 기본적으로 가치간 갈등이 여러 층위에서 지속될 수 있는 가능성을 의미하는 측면도 포괄하고 있다.

이렇게 본다면, 빈트겐스가 제시하고 있는 입법이론적 원리는 개인들이 가지는 개별적인 '자유의 관념'에 대한 언급을 통하여 불일치의 측면을 강조하고 있으며, 이로 인하여 각 입법적 주장의 지속적인 정당화 과정 또는 절차를 강조한다는 측면에서, 이 책에서 주장하고 있는 '정치적인 것'의 의미를 전제로 하는 입법절차의 이해와 부합하는 측면을 가지고 있다.

물론 이러한 입법이론적 원리는 현실적인 입법 또는 그 절차와 관련하여 보다 구체화될 필요성이 존재한다. 그렇지만 이러한 원리는 입법학의 고유한 특성을 보여줄 수 있는 원리를 일정부분 제공해 주는 것이라고 평가할 수 있다. 이는 기존의 해석법학적 관점을 전제로 하여 설명되어지는 입법의 원리와 차별성을 가지는 것이다. 여기에서 확인할 수 있는 가장 중요한 논점은 결국 입법의 원리라는 것은 '결과론적인 실체'의 문제보다는 '입법적 의지형성의 절차' 또는 빈트겐스의 표현에 따르자면 '정당화 또는 논증 절차'의 문제를 포괄하고 있는 것이어야 한다는 점이다.

제4절 입법이론으로서의 입법논증론의 응용

이하에서는 앞서 살펴본 입법논증론에 전제된 관점을, 개별 입법학 연구영역들[30]에 있어서의 시사점을 도출하는 데 응용해 보기로 한다.

30 이러한 연구영역별 연구내용에 관한 설명들은 박영도, 『입법학입문』(한국법제연구원, 2008)을 주로 참고하여 기술하였음을 밝힌다. 그 이유는 현재 우리나라에서 통용되고 있는 입법학에 관한 설명이 주로 이에 근거하고 있기 때문이다. 물론 세부적인 기술 내용에 있어서는 필자의 견해에 의거하여 일부 변경한 내용을 담고 있다.

이를 통해 입법논증론에 관한 연구가 왜 입법학에서 중심적인 위치를 차지하는 것인지를 설명하고자 한다. 궁극적으로 입법논증론이 전제로 하고 있는 관점은 입법학 전 분야의 연구 방향성을 설정할 수 있게 해 준다.

세부적인 연구영역에 관한 입법논증론의 시사점을 살펴보기에 앞서, 이해의 편의를 위하여 앞서 제시했던 입법학의 세부 연구영역들을 표로 정리해 보면 다음과 같다.

<표 5-1> 입법학의 연구영역

연구분야	연구내용
입법이론	- 입법학의 학문적 성격과 의의, 연구 방법론 또는 방향성 성찰 - 기존 해석법학(특히 헌법학) 및 여타의 사회과학이 입법학과 가지는 차별성 부각
입법정책 결정론	- 입법(정책)적 목적 및 그에 따른 입법추진의 방향 및 수단(대안)의 결정방식 연구 - 일반적 정책결정론과는 '실정화 작업'을 전제로 한다는 점에서 고유성을 가짐
입법과정론	- 법령을 제・개정할 때 거치게 되는 절차를 세분화시켜 분석 및 연구함 - 단순히 절차규정 위반여부 등만이 아니라, 민주적 의사결정의 동태적 특성을 연구함
입법기술론	- 법문작성 등을 위해 요구되는 특수한 기술에 대해 연구함 - 입법자와 수범자간의 규범내용의 통지 및 소통을 위한 실무적 특성을 가짐
입법평가론	- 입법의 효과(목적 달성 여부)에 대해 방법론적으로 분석함 - 입법평가는 규범학적인 요소가 필수적으로 내포되어 있다는 점에서 고유성을 가짐
입법논증론	- 특정의 입법내용의 타당성을 설득하는 논거와 그 활용에 대해 연구함 - 다른 입법학 세부 연구영역들의 방향설정을 위한 입법이론으로서도 기능함

1. 입법정책결정론과 입법논증론

1) 입법정책결정론의 연구내용

이제까지 국내 입법학자들은 입법정책결정론을 "입법방법론"이라고 표현해 왔다. 이러한 표현은 독일 입법학계의 논의를 차용해 온 것으로 이해된다. 그러나 이는 '입법학 연구방법론'과 다소 혼용될 수 있는 측면이 있으며, 그 내용상 결정이론적 측면이 부각되지 않는다고 판단하여 필자는 이를 "입법정책결정론"이라고 부르기로 한다. 이에 더 나아가, 일반적으로 정책이라는 용어에는 그 전제에 결정 내지 선택의 의미가 상당부분 내포되어 있다고도 볼 수 있으므로 "입법정책론"이라고 표현하는 것도 무방하다고 생각한다.

입법정책결정론 연구는 입법자가 입법을 행함에 있어 고려해야 할 사항 및 지침들을 체계화시키는 분야이다. 그 결과 입법정책결정론에서의 논의는 입법에서의 예측과 예측 정합성을 확보하기 위한 판단기준을 설정하는 데 그 초점을 맞추고 있다. 즉 이를 통해 입법정책결정의 객관성과 실효성을 확보하겠다는 것이다.

세부적으로 설명하자면, 입법정책결정론 연구에 있어 입법자는 법률의 제정에 즈음하여 발생 가능한 사실판단을 하는 데 있어서 장래의 위험을 가급적 방지하여야 할 예방적 의무가 있다는 것을 전제로 한다. 입법자가 당초 예상하던 사실판단은 다양한 이유에서 예견할 수 없는 방향으로 나아갈 가능성도 있으나, 그릇된 예측을 기초로 강구된 조치는 이를 이유로 직접 위헌으로 될 수는 없지만, 사후에 법률의 실효성이라는 측면에서 상당한 문제를 안고 있다는 것이다.[31] 따라서 입법자

31 Klaus Messerschmidt, *Gesetzgebungsermessen*(Berlin Verlag A. Spitz, 2000), 234면 이하;

의 예측판단의 여지를 객관화하여 의도하는 입법목적을 완수하고, 또한 그 입법의 합헌성을 유지하기 위해서는 입법자가 입법에 즈음하여 장래의 사실의 정신적 선취로서의 예측[32]을 논리일관성의 관점에서 합리적으로 행하지 않으면 안 된다고 설명되어진다.

입법정책결정론 연구는 우선 양질의 입법을 생산해내기 위하여, 입법자의 내적 입법과정, 즉 입법의 내용적 형성 단계가 객관화 · 합리화되어야 한다고 한다. 이러한 취지에서, 힐(Hermann Hill)은 입법의 형성과정을 (i) 입법정책의 형성과 입법계획의 수립(기획과정), (ii) 법률안의 입안과 의견조정 · 심사(입안과정), (iii) 법률안의 심의와 의결 · 공포(결정과정)으로 구분한다. (i)과 (ii)를 내적 입법과정으로 정의하고, 법률적 결정 발견의 방법으로 본다. 또한 (iii)을 외적 입법과정으로 정의하고, 법률의 형식적 성립과정으로 본다.[33] 여기에서 입법정책결정론의 주요 연구 대상은 이러한 '내적 입법과정'이라고 할 수 있다.

이러한 내적 입법과정, 즉 입법자의 의도를 합목적적으로 규율하여 유용한 법정립의 수립에 이바지하기 위해서는 예측 정합성을 확보하기 위한 방법론의 개발이 필요하다. 이러한 방법론은 주로 인접 사회과학 분야로부터 유입되고 있다. 이와 관련하여 많은 시사를 제공하는 것으로서 통계학, 확률론, 게임이론, 수리경제학 등 수학의 분야 및 심리학의 분야에서 사용되어 오던 사회현상 분석을 위한 일반적 개념

박영도, 앞의 책, 165면 재인용.

32 예측은 미래에 일어날 어떤 사실에 대한 정신적 판단이라고 정의할 수 있다. 이는 개연성 판단이라고 할 수 있으며, 따라서 이미 존재했던 또는 현존하는 상태에 대한 판단이나 평가를 의미하는 현실진단(Diagnose)과 다르다. 김해룡, "행정상의 미래예측(Prognose)의 법리", 「공법연구」 제21집, 1993, 336~337면.

33 Hermann Hill, *Einführung in die Gesetzgebungslehre*(C.F. Müller Juristischer Verlag, 1982), 62면 이하.

으로서의 지위를 확립하여 사회과학의 각 분야에서 널리 채용되고 있는 '의사결정론'이 있다.[34] 의사결정이란 개인이 일정한 목표를 달성하기 위하여 가능한 행동 가운데 하나를 의식적으로 선택하는 것 또는 그 과정을 말하며, 그 요소는 (i) 달성되어야 할 목표의 탐색・발견 및 그를 위해 필요한 정보수집, (ii) 목표달성에 필요한 행동의 선택(대안)의 발견, (iii) 일정한 기준에 따른 선택의 평가와 그 평가에 따른 선택 및 실행, (iv) 그 선택의 목표달성의 정도 검토, 그에 따른 다음 선택의 수정 등으로 이루어진다.[35]

비교적 최근의 입법정책결정론 연구의 가장 대표적인 결과는 입법의 기준 내지 테스트(Prüfung und Test), 체크리스트(Checklist)라는 이름을 가진 추상적이고 선언적인 내용들이 제시되고 있다. 이는 주로 입법의 필요성, 유효성 및 이해가능성 등 내용 및 형식면에서 유의하여야 할 지침을 제시한다.[36] 이러한 입법심사를 위한 가이드라인은 법령작성의 초기단계에서부터 법적・정책적인 관점에서의 문제점을 사전에 해소하기 위하여, 입법에 즈음하여 내용 및 형식의 면에서 핵심적인 요소를 추구하는데 필요한 요구조건을 가장 잘 실현할 수 있게 하는 방법론을 모색하는 데 중점을 두고 있는 것이다.

34 이러한 의사결정론이 가지는 과학성은 상당한 비판에 직면하고 있다. 이에 대한 과학철학적 논의는 이가종, "과학철학과 정책이론에 있어서 객관성과 합리성", 「한국정치학회보」 제22권 제2호, 1988; 이가종, "과학철학과 정책이론", 「법정논총」 제10집, 1988 등을 참조할 것.

35 박영도, 앞의 책, 170면.

36 이와 관련한 독일의 상황에 대해서는 박영도 외, 『독일의 법령체계와 심사기준』(법제처/한국법제연구원, 2005), 159면 이하 참조.

2) 입법논증론의 시사점: 일반 정책결정과 입법정책결정의 차이

입법정책결정론은 기본적으로 입법자가 입법대안을 형성해 가는 내적 과정을 의미한다. 이는 관련된 사회적 현상 및 사실을 확인하고, 이에 대응하기 위한 대안을 모색하는 작업을 말한다. 그 결과 오늘날 입법학에서의 입법정책결정론은 사회과학적 방법론을 활용한 문제 상황 분석은 물론이고, 구상중인 입법대안의 실효성과 효과성을 사전에 정확하게 예측하여 문제 해결에 기여할 수 있는 방안의 구상을 강조한다.

입법정책결정론은 정책학 분야의 일반적인 정책결정론 또는 의사결정론으로부터 이론적 내용들을 상당부분 수용하고 있는 것으로 판단된다. 특히 독일식의 "입법방법론"이라는 표현의 실질적 내용은 사실상 정책학 분야에서 채용하고 있는 사회과학적 방법론의 수용을 의미하는 것이다. 그러나 이러한 입법정책결정론 연구는 자칫 그것이 채용하고 있는 방법론적 과학성에 매몰되어, 현실과는 다소 괴리되어 있는 형식적인 지침이나 기준을 제공하는 데 그칠 가능성을 가지고 있다. 또한 아무리 과학적이고 체계적인 방법론을 사용한다고 할지라도, 그것을 통해 도출된 결과는 다양한 가치적 해석이 가능하고, 또한 역으로 그러한 해석으로 인해 방법론적 오류가 밝혀질 수도 있다. 따라서 사회과학적 분석의 중요성만을 과도하게 강조할 필요는 없다.

입법논증론에 대한 고찰을 통하여, 입법이라는 것은 기본적으로 각 주체들이 보유한 가치간의 갈등을 전제로 한 논의이기 때문에, 입법과정에서의 상호 논증을 통한 법규범 형성이 필요하다는 점을 언급하였다. 바로 이러한 측면에서 입법정책결정과 관련한 입법자의 검토사항들은 추후 입법논증, 즉 자신의 입법대안이 문제해결에 가장 최적화되어 있다는 주장을 하기 위한 논거로서 활용된다. 이러한 최적화는 당해 입법대안이 비단 정책적 효과성을 가진다는 사실뿐만 아니라, 실정화된 법으로써 사회 현실에 적용됨에 있어서도 적합하다는 점을 의미한다. 따라서 정책적 효과성에 관한 사회과학적 분석결과에 더하여, 규범적 관점에서의 분석도 부각될 필요성이 있다.

이상과 같은 견지에서, 현재의 입법정책결정론 연구는 정책학 연구분야에서 활용하는 사회과학적 방법론을 강조한 나머지, 정책이 아닌 법의 문제에 관하여 일반 정책결정론과 차별성을 가지는 관점을 제시해 주지 못하는 한계가 있다. 일반적 정책결정과 입법정책 결정 사이에는 그 형식적인 측면에서의 차이뿐만 아니라, 결정과정에서의 차이점이 존재한다는 점을 명확히 해야 할 필요가 있다. 물론 이러한 차이가 전체적인 정책 결정과 집행에 있어서는 큰 차별성을 가지지 않을 수 있지만, 실효적이고 현실성을 가지는 입법을 수행하기 위해서는 일반적 정책결정을 실효적으로 뒷받침하기 위한 '실정화 작업'을 어떠한 방식으로 구체화시킬지에 대하여 더욱 전문적인 검토가 필요하다. 이는 추후 입법과정상에서 논의될 논증을 구성하기 위한 필수적 검토사항이다. 입법정책 결정에서의 이러한 전문적 검토는, 일반적인 정책결정에서와 같이, 단순히 정책목표 설정과 이행 수단의 효과성만을 검토해서는 충족될 수 없는 부분이 있다. 이러한 검토를 위해 특히 고려해야할 다소 규범학적인 요소들에는 다음과 같은 것들이 존재한다.

첫째, 법 집행 및 적용에 있어 기존에 존재해 온 해석방법 또는 관행에 대한 검토가 수반되어야 한다. 새로운 입법정책이 결정되고 이것을 구체화하기 위한 입법이 이루어질 경우, 그러한 입법이 기존의 법 집행 및 법 적용 실무에서의 해석방식과 괴리된다면 법적 안정성을 저해할 가능성이 있기 때문이다. 둘째, 기존 관련 법체계와의 정합성을 면밀히 검토할 필요성이 있다. 새로운 입법정책이 결정된 경우 그러한 정책이 기존 법체계와 정합성을 가지지 못한다면 법적 안정성에 기여하지 못할 뿐만 아니라, 당해 입법정책의 효과적인 수행에도 지장이 초래될 가능성이 있다. 셋째, 실정화 될 조문의 명확성 및 이해 가능성에 대한 사전적 검토가 필요하다. 입법을 전제로 하지 않는 정책의 경우 당해 정책의 수신자들에게 다양한 방식으로 정책운영에 대해 설명할 수 있지만, 입법정책의 경우 다소 고정적인 실정화된 조문으로 당해 규범의 수범자들에게 의미 전달이 이루어지기 때문이다.

[판례 5-2] 헌재 2008. 12. 26. 2005헌바30

어떤 행위를 범죄로 규정하고, 이에 대하여 어떠한 형벌을 과할 것인가 하는 문제는 원칙적으로 입법자가 우리의 역사와 문화, 입법 당시의 시대적 상황과 국민 일반의 가치관 내지 법 감정, 범죄의 실태와 죄질 및 보호법익 그리고 범죄 예방 효과 등을 종합적으로 고려하여 결정하여야 할 국가의 입법정책에 관한 사항으로서 광범위한 입법재량 내지 형성의 자유가 인정되어야 할 부분이다.

2. 입법과정론과 입법논증론

1) 입법과정론의 연구내용

입법과정은, 그 절차의 각 단계에 있어서 입법담당자의 행위와 입법에 관하여는 각 기관의 권한배분 및 그 협동관계, 나아가 입법의 전 과정을 통하여 전개되는 관계자들과 국민들의 교섭 · 대립관계 등을 전제로 파악될 수 있다. 그것에는 정치적 · 정책적 · 제도적 · 기술적인 현상뿐만 이니라, 법적으로도 광범위하게 다양한 법현상이 발생하고 있어서 이를 체계적으로 연구하기에는 상당한 어려움이 있다.

입법학에서의 입법과정론 연구는 기본적으로 두 가지 측면에서의 논의를 전제로 한다. 하나는 입법과정을 다소 사실적인 과정으로 파악하여, 정치학적 · 사회학적 · 심리학적 측면에서 인과적으로 고찰하려는 동태적인 연구경향과, 다른 하나는 입법과정을 법적인 과정으로 파악하여, 주로 헌법학적인 관점에서 접근하려는 정태적인 연구경향이다. 입법절차의 정태적 고찰은 그 자체로 헌법학의 주요 구성부분이라고 할 수 있기에, 입법학에서의 입법과정론은 주로 동태적인 부분에 그 연구의 초점을 맞춘다. 즉 전통적인 헌법학의 방법론적 한계가 존재함과 아울러, 그로부터 상대적으로 독립한 특수한 법학분야로서의 입법학적 관점에서의 입법과정 연구가 필요하다고 보는 것이다.[37]

이상과 같은 입법과정론 연구는 입법과정의 현실을 다루는 실천적 영역의 문제로 다분히 과학적인 분석방법을 전제로 하는 특성을 가지고 있다.[38] 그 결과 오늘날의 연구는 다음과 같은 두 가지 사항에 그 초점을 맞추고 있는 것으로 판단된다.

첫째, 입법에 즈음하여 어떠한 점에 유의하여야 할 것인가를 고찰한다. 법률은 제정법으로서 매우 인위적인 작업 가운데 창조되는 국가사회의 법규범이므로, 그러한 인위적인 작업에 있어서 유의하여야 할 사항을 발견 · 확정하고, 그 유의사항을 어떻게 법률의 제정과정 가운데 담보할 것인가를 고찰하게 된다.[39] 이러한 연구에 있어서는 사회학, 심리학, 통계학 기타 인접 학문영역의 방법을 활용할 필요성이 존재한다.[40]

---

37 박영도, 앞의 책, 258면.

38 박영도, 앞의 책, 260면.

39 박영도, 앞의 책, 260~261면.

40 이러한 입법과정에 대한 인접 사회과학의 분석적 연구는 그다지 많은 편은 아니다. 최근

둘째, 법률이 의회에서 제정된다는 점에 착안하여 의회의 실제 역할 및 활동을 평가한다. 이것은 종래의 입법기관으로서의 의회의 조직, 권한, 운영, 입법절차를 개별적으로 고찰하는 것이 아니라, 이들 각 분야들을 입체화 · 종합화하여 분석하고 고찰할 필요성이 있다.[41]

그러나 이러한 입법과정론의 연구는 다른 입법학 연구영역에 비하여, 상대적으로 기존의 헌법학적 입법과정론을 뛰어넘지 못하는 상황인 것으로 판단된다. 그것은 의회의 정치적 과정을 다소 사회과학적인 시각으로 분석하는 연구가 난해할 뿐만 아니라, 또한 이에 대한 연구도 매우 빈약한 상황이기 때문이다.

2) 입법논증론의 시사점: 입법과정 구성의 방향

현재 논의되고 있는 입법학적 측면의 입법과정론 연구도 다른 입법학 연구영역들과 마찬가지로 동태적 입법과정에 대한 사회과학적 분석을 통해 입법절차 운영의 효율성 및 법제정을 위한 전략 구상에 기여하는 연구로 이해할 수 있을 것이다. 이러한 연구는 매우 난해함에도 불구하고 그 필요성이 인정된다고 할 수 있다.

그러나 입법의 동태적 과정에 대한 논의는 그러한 입법절차가 가치간 갈등을 전제로 하고 있다는 점을 명확히 할 때 더욱 구체적이고 현실적인 연구 성과를 제시할 수 있을 것이다. 이러한 측면에서 입법논증론은 입법과정 연구에 상당한 시사점을 제공해 줄 수 있다. 입법논증

이에 대한 주목할 만한 연구로는 염유식, "16대 국회 보건복지위원회의 법안 가결에 관한 연결망 분석 -의원들의 중개자 역할(brokerage)이 법안 가결여부에 미치는 영향", 「법과사회」 제32호, 2007 참조.

41 이강혁, "입법학의 과제", 『현대공법학의 제문제(우당 윤세창 박사 정년기념)』(박영사, 1983), 698면.

론적 관점을 전제로 한다면, 입법과정의 현행 입법절차 관련 규정은 물론이고, 실제 운영에 있어서도 개선되어야 할 관행들을 상당부분 발견할 수 있다.

입법논증론이 전제로 하는 가장 이상적인 상황은 특정의 입법대안을 주장하는 입법자들과 그것에 반대하는 입법자들이 자신의 가치적 입장과 이와 관련한 논거들을 가급적 입법절차 속에서 자유롭게 상호 제시 및 논증할 수 있도록 해 주는 것이다. 그러나 현실적인 측면에서 수없이 발의 및 제출되는 법안들을 의회에서 모두 검토하고 토론한다는 것은 사실상 불가능한 것이라고 할 수 있다. 따라서 현실에서는 상당부분의 입법논증은 서면으로 대체되거나 생략되기도 한다. 따라서 이러한 상황을 가급적 바람직한 방향으로 개선하기 위해서는, 실제 입법 현장에서 이루어지는 입법논증이 어떠한 방식으로 이루어지는지를 철저하게 분석할 필요가 있으며, 이러한 측면에서 사회과학적 분석도 유효한 분석도구로 활용될 수 있을 것이다.

입법논증론적 측면에서 또한 강조될 수 있는 것은 입법과정에서 입법자들을 뒷받침해 주는 입법지원기구의 역할이다. 이들은 현실적 차원에서 입법과정론 개선의 한계를 극복할 수 있는 하나의 대안이 될 수 있다. 각각의 입법지원기구들이 제시하는 각종 보고서, 각 위원회별 전문위원 검토보고서 등은 모두 입법논증에 활용 가능한 방식으로 지원될 수 있어야 하고, 다소 행정적인 지원체계 또한 이 부분에 초점을 맞출 필요가 있다. 이를 통해 입법자들이 시간적 · 공간적 · 능력적 한계를 극복할 수 있도록 하여, 가급적이면 사회 내에 존재하는 가치간 갈등의 지형들을 명확하게 인식하고 이를 입법과정 속에서 효과적으로 논의할 수 있는 기반을 제공해야 할 것이다.

입법논증론적 입장에서 볼 때, 입법과정과 관련하여 궁극적으로 강조되어야 하는 지점은 입법자들과 일반 국민들과의 상호 입법논증의 교환이 효과적으로 이루어질 필요가 있다는 점이다. 입법논증론이 전제로 하고 있는 수사학적 관점에 입각해 볼 때, 법규범이 가지는 구체적 의미는 오직 입법자만에 의해 일방적으로 제시되어지는 것이 아니라, 규범 공동체 구성원들 간의 상호 논증을 통하여 구성되어지는 것이라고 할 수 있다. 이러한 측면에서 법의 민주성과 정당성이 제고될 수 있을 것이다.

입법자들과 일반 국민들과의 상호 입법논증을 실현시킬 수 있는 입법과정상의 제도적 장치들은 이미 존재한다. 입법예고제도, 입법 공청회 및 청문회 등이 바로 그것이다. 그러나 입법 현실에 있어, 이러한 제도들은 매우 비정상적으로 운영되고 있다. 예를 들어, 입법예고제도는 관련 법안의 제안이유 및 주요내용들을 국민들에게 제공하도록 하고는 있다. 그러나 이 절차는 생략이 가능할 뿐만 아니라, 이의가 제기될 경우 이에 대한 세부적인 논의 및 조치 결과의 통보 등을 실효적으로 강제하기 어려워 사실상 일방적 의사전달의 도구로 전락하고 있는 상황이다. 입법 공청회 및 청문회의 경우에도, 법률제정안이나 전부개정법률안에 대해서는 의무적으로 이를 개최하도록 하고 있지만, 구체적인 요건 없이 위원회 의결로 생략할 수 있도록 하고 있어 이 또한 실효성이 없는 상태이다.

결론적으로 입법논증론이 가지는 기본취지 및 입법논증론의 논거제시방법 등에 대한 고려는 현행 입법과정의 제도적 문제는 물론이고, 그 관행 개선에도 기여할 수 있을 것이다.

[판례 5-3] 헌재 2004. 3. 25, 2001헌마882

국회의 입법절차는 국민의 대표로 구성된 다원적 인적 구성의 합의체에서 공개적 토론을 통하여 국민의 다양한 견해와 이익을 인식하고 교량하여 공동체의 중요한 의사결정을 하는 과정이며, 일반국민과 야당의 비판을 허용하고 그들의 참여가능성을 개방하고 있다는 점에서 전문관료들만에 의하여 이루어지는 행정입법절차와는 달리 공익의 발견과 상충하는 이익간의 정당한 조정에 보다 적합한 민주적 과정이기 때문이다.

[자료 5-11] 국회선진화법 사안(2)

[출처: 국회사무처, 「제307회 국회(임시회) 국회본회의회의록」 제1호, 2012. 5. 1.]

○ **의장직무대행 정의화** 의사일정 제3항 국회법 일부개정법률안을 상정합니다.

… (중략) …

○ **의장직무대행 정의화** 이 안건에 대해서는 토론 신청이 있습니다. 그래서 토론을 하도록 하겠습니다. 우선 김영선 의원님 나오셔서 반대토론해 주시기 바랍니다.

… (중략) …

○ **김영선 의원** 민주주의라는 것은 한 사람 한 사람의 의견을 존중하는 것입니다. 우리 국회의원이 지역구에서 단 한 표가 많아도 당선이 되는 것은 그 때문이고 국회에서 과반수에서 한 명이 더 많으면 의사결정을 하는 것도 그 이유입니다. 그렇기 때문에 의견이 상충될 때에는 이성적 합의를 노력을 하거나 아니면 국민 여론의 수렴을 해야 됩니다. 이것이 헌법을 넘어선 민주주의의 기본입니다. 그리고 이게 기본 원칙이고 일부 특정한 사안에 있어서 가중할 수도 있습니다.

그런데 오늘 여러분들이 소위 몸싸움 방지법이라는 국회 선진화법에 찬성을 하시면 이 원칙을 파괴하시는 겁니다.

… (중략) …

현재 우리가 2분의 1 출석에 2분의 1 과반수인 상태에도 지금 46%, 6만 4000여 건의 법안이 다루어지지 못하고 있습니다. 오히려 우리가 좀 더 합의를 할 수 있고 토론을 할 수 있는 기회를 늘리고 또 쟁점 법안에 관해서 엄격하게 해서 일부를 엄중한 절차에 의해서 하는 것은 있을 수 있으나 이 구조는 국회의 기본 의사 구조를 바꿉니다.

그래서 어떻게 되느냐? 여기 계시는 한 분 한 분 의원님들이, 한 분 한 분의 국가기관으로서의 의사권을 스스로 박탈을 합니다.

… (중략) …

정말 신중하게 잘 생각해 보십시오. 그러면 앞으로 국회가 웬만한 법은 상정조차 못하고 프로세스 진행에 있어서 원천 봉쇄되기 때문에 이것은 국회가 작동 중지가 되면 결국에는 행정부나 다른 사회기관도 작동 정지가 되기 때문에 정말 신중하게 부결해 주실 것을 강력히 부탁드립니다.

감사합니다.

○ **의장직무대행 정의화** 수고하셨습니다. 다음은 박상천 의원님 나오셔서 찬성토론 해 주시기 바랍니다.

… (중략) …

○ **박상천 의원** 지금 김영선 의원께서 지적한 '필리버스터에 의해서 의사진행을 방해할 때 5분의 3 의결을 얻지 아니하면 종결시킬 수가 없기 때문에 식물국회가 된다' 하는 요지입니다, 간단히 말하면. 그런데 여러분, 필리버스터 종결은 5분의 3 의결만 있는 것이 아니고 회기 종료에 의한 필리버스터 종결이 있습니다. 가령 5월 임시국회에서 우리가 필리버스터로 어떤 법안을 저지했을 때 6월 달 임시국회를 소집하면 5월 임시국회 회기 종료와 더불어 필리버스터는 종결되고 6월 임시국회 첫날에 지체 없이 법안을 과반수 표결을 하게 됩니다. 따라서 쟁점 법안을

통과시킬 수 없게 하는 식물국회가 된다는 이 이론은 법안 내용을 자세히 검토하지 않은 결과에 연유한다고 생각합니다.

… (중략) …

두 번째, '현행법에 직권상정제도가 있고 과반수 의결로 법안을 쉽게 통과시킬 수가 있는데 굳이 이런 법을 만들 필요가 뭐 있느냐' 이런 지적이 있습니다. 현행법에 의해서도 여야가 대화와 타협의 정신을 발휘하면 잘할 수가 있습니다. 그렇지만 불행하게도 우리 18대 국회에서 본 바와 같이 대화와 타협에 의한 쟁점법안 처리는 대단히 어렵습니다. 그래서 상임위원회에서의 안건조정위원회 구성 그리고 본회의에서의 필리버스터, 이러한 제도를 두어서 타협을 유도하는 장치를 마련한 것입니다.

… (중략) …

몸싸움에 의해서 국회와 국회의원의 위상이 추락이 됐고 그 처리는 다수당 단독처리가 됐기 때문에 우리가 민주주의를 국민에 의한 정치라고 할 때 거기서 말하는 국민은 국민 다수파만을 의미하는 것이 아니고 국민 전체 내지는 국민 대다수를 포함한다고 하는 해석은 당연한 것입니다. 그런데 강행처리, 단독처리가 됐을 때의 그 법은 국민 대다수에 의한 법이 아니고 다수파 단독의 법이라고 할 수밖에 없습니다. 이것은 법안에 대한, 법에 대한 승복을 약화시키고 결과적으로 민주주의를 후퇴시킨다고 생각합니다.

… (중략) …

○ **심재철 의원** 철학에서 민주주의의 기본원칙은 다수결입니다. 이 다수결의 원칙을 5분의 3이라는 절대 다수의 원칙으로서 기본 철학을 바꾸고자 하는 것입니다. 따라서 이 부분은 민주주의의 기본 원칙에서도, 철학에서도 맞지 않는 좋지 않은 매우 잘못된 법입니다. 소수파가 마음만 먹으면, 어느 것을 잡고 걸겠다라고 마음만 먹으면 즉각 걸리게 되어 있는.

우리 국회 스스로 식물국회를 자초하게 되는 매우 좋지 않은 법입니다.

따라서 이 법에 대해서는 의원님들께서 소신을 가지고 반대해서 부결시켜야만 됩니다.

… (중략) …

○ **이용경 의원** 의원이 상정법안을 미리 검토하고 자기의 의사를 실어서 표결에 임하는 것은 국회의원의 당연한 임무이자 권리입니다. 19대 국회에서는 교섭단체 합의라는 명목 아래 본회의 당일 부랴부랴 상정법안을 마련하고 법안 제목만 보고 '자세한 내용은 모니터를 보고 참고해 달라'는 제인설명이 끝나자마자 표결에 들어가는 이 소가 웃을 관행이 반드시 폐기되어야 합니다.

방법은 법률안과 예산안 상정 후 최소한 숙성기간을 두면 모든 것이 해결이 됩니다. 저는 2009년 6월에 최소한 24시간의 숙성을 시키자는 국회법 개정안을 제출한 바 있습니다. 박선영 의원께서도 본회의 법률안 심의에 있어서 24시간 전까지 심의 대상 안건을 국회의원들에게 통지하도록 하는 개정안을 2010년 2월에 발의하신 바가 있습니다. 그 외에도 비슷한 취지의 개정안을 2009년 9월에는 김영선 의원님께서 또 2011년 1월에는 조승수 의원께서 여러 동료 의원님들과 함께 대표발의 하신 바가 있습니다.

존경하는 선배 · 동료 의원님들께 촉구합니다. 소위 국회 선진화법에서는 더 이상 법안 내용도 모른 채 표결해야 되는 상황이 반복되는 것을 막아야 합니다. 따라서 본회의 법안 상정이 공지된 후 국가안보와 경제위기와 같은 극히 예외적인 경우를 제외하고는 24시간의 숙려기간을 두도록 해야 합니다. 각자 의원님들께서 최소한의 법안 검토시간을 갖도록 하는 내용을 이번 개정안에 포함시켜서 진정한 의미의 국회 선진화로 가기 위한 이번 국회법 개정안이 될 수 있도록 해야 됩니다.

3. 입법기술론과 입법논증론

1) 입법기술론의 연구내용

입법기술론 연구는 수단적인 성격이 강하다. 즉 수단적인 측면에서 가능한 한 효과적으로 법규범상 요구된 행위를 하도록 동기를 부여하고, 수범자들이 법질서를 명확하게 이해할 수 있도록 하기 위하여 입법자가 수행해야 할 통지기술의 문제로서 '입법기술(Gesetzgebungstechnik)'이라는 특수한 기술이 발달하였다. 이는 오늘날 법학에 있어 중요한 부분을 이루고 있다고 평가받는다.[42] 이러한 입법기술론은 크게 세 가지 관점에서 접근되고 있다.[43]

첫째, 입법기술의 관념을 넓은 의미로 파악하여 법안의 형성에 유의하여야 할 모든 원칙뿐만 아니라, 입법의 방법과 절차에 관한 결정적인 기본원칙을 포함하는 것이라고 한다.[44] 둘째, 입법기술을 좁은 의미로 법안의 형성에 관한 모든 원칙을 의미하는 것으로 파악하는 견해가 있다.[45] 셋째, 입법기술을 가장 좁은 범위로 이해하여 법령의 외형적 구성과 구조에 관한 주요 형식적 원칙으로 이해하는 견해가 있다.[46]

이러한 입법기술을 채용함에 있어서는 가능한 다수의, 그리고 실제

---

42 Ota Weinberger, "Syntaktische und Semantische Probleme der Gesetzgebung", in Theo Öhlinger(Hrsg.) *Methodik der Gesetzgebung: legistische Richtlinien in Theorie und Praxis* (Springer-Verlag, 1982), 170면.

43 박영도, 앞의 책, 410면 이하 참조(이하 재인용).

44 Reinhold Hotz, *Methodische Rechtsetzung: ein Aufgabe der Verwaltung*(Schulthess, 1983), 113면.

45 Josef Kölble, "Zum Stand der Gesetzgebungstheorie", *Die Verwaltung*(Duncker & Humblot, 1985), 389면 이하.

46 Uwe Krüger, *Der Adressat des Rechtsgesetzes: ein Beitrag zur Gesetzgebungslehre*(Duncker & Humblot, 1969), 82면 이하, 87면 이하.

에 적용 가능한 사례들을 면밀하게 분석하여 이를 개념적으로 보편화하고 추상화하여야 하며, 규범상의 개념은 특별한 경우에만 그 의미와 내용의 범위를 한정하여야 한다. 또한 실제에 부합하는 입법기술의 적용을 우선하여야 하며, 법형식적으로 구체적인 표현으로 정립하여야 한다. 궁극적으로는 입법의 동기와 목표에 대해 지속적으로 재검토하여 형식적인 사항을 보완하는 한편, 직접적으로 문제의 발견과 목표의 정립에서 도출된 평가와 결정기준을 근거로 관련요소에 대한 개념설정과 언어적 표현방법을 수립하는 것이 중요하다.[47]

이러한 입법기술론 연구는 법이론, 헌법사회학, 법학방법론, 법논리학, 언어학, 법정보학, 법정책학 등의 연구 성과를 채용하여 합리성과 과학성을 구비한 입법기술학으로 발전해 가는 과정에 있다고 평가받는다.[48]

또한 이러한 입법기술론의 연구에 있어서는 다음과 같은 사항을 유의할 필요성이 제기된다. 입법기술은 하나의 '사회기술'로서 사회생활의 이념을 달성하기 위한 기술이라는 성격을 가지고 있다. 따라서 입법기술의 분야에 있어서는 일정한 사회적 요구에 부응하기 위하여 어떠한 법을 제정할 것인가 또는 일정한 법의 제정이 실제로 사회적으로 어떠한 결과를 발생시켰는가 등 법의 배경이 되는 사회적 사정의 상호관계에 관한 지식을 갖출 것이 요구된다.[49] 따라서 이론적인 측면에서 보자면 이러한 입법기술론의 연구는 법령의 의미를 명확히하기 위한 문장 표현에 관한 입법지침에 그칠 것이 아니라, 전체로서의 입법학

47 박영도, 앞의 책, 413면.

48 Ulrich Karpen, *Zum Gegenwärtigen Stand der Gesetzgebungslehre in der Bundesrepublik Deutschland*(Müller, 1986), 18면 이하.

49 정영모, "입법정책과 입법기술", 「국회보」, 1967. 7, 84면.

이론을 지향하여 입법의 사실적 역할에 있어 이론적으로 확립된 개념과 내용, 그 도입의 명확성, 방법론 및 실용가능성 등에 대한 검토 등에 관한 논의가 전개될 필요가 있다.

입법기술론에 대한 학문적 논의는, 결국 입법실무에 적용되는 법령의 정식화와 관련된 지침 및 매뉴얼 등의 제시로 귀결된다. 이러한 지침 및 매뉴얼은 각 국가별 제도와 법문화에 따라 일정부분 다른 내용들을 포괄하고 있다. 일반적으로 입법기술의 지침은 (i) 법문의 구조와 조항체계, (ii) 법문의 용어와 문체(형태론, 구문론, 의미론, 어문론적인 측면), (iii) 규범의 동태(개정, 폐지 등), (iv) 공포와 효력발생 등 좁은 의미의 입법기술분야를 언급하고 있는 것이 대부분이나, 입법의 방법론이나 법령정비를 위한 기준과 절차 등을 제시한 것들도 있다.[50]

2) 입법논증론의 시사점: 규범적 언어와 의미의 협력적 구성

입법기술론은 과거 해석법학적 전통이 지배하고 있던 시대에도 그러했지만, 현대사회의 사회적 체계 분화와 전문화 경향과 맞물려 더욱 중요한 연구 및 실천영역으로 부각되고 있다. 특히 입법기술론은 입법의 적용 현장 및 수범자들의 측면에서 중요한 의미를 가지고 있다. 또한 입법기술론 연구는 역사적으로 지속적인 발전을 거듭해 온 언어학적 연구로부터 많은 시사점을 제공받고 있다고 볼 수 있다.

기존의 입법기술론 연구는 입법자의 입법의지를 전달하는 방식, 즉 소위 "규범 통지의 기술"로써 기능해 왔다. 이를 위해 수범자들의 실생활에서의 언어 활용과 의사소통방식에 관하여 면밀히 분석하고, 가급적 이들의 언어사용과 부합하는 법문 및 법체계를 구성하는 데 주력해

50 박영도, 앞의 책, 416면.

왔다. 이러한 실무적 차원에서의 노력은 매우 중요한 작업이다.

그러나 입법자가 아무리 객관적으로 입법현장의 언어사용에 대해 분석하여 그 결과를 입법통지의 기술로 활용한다고 할지라도, 정확한 입법의도와 구체적 내용을 명확하게 전달하는 것은 쉽지 않은 문제이며, 때로는 제시된 규범을 의도했던 바와는 다르게 수범자들이 이해하기도 한다. 따라서 입법논증론적 관점의 활용은 효과적인 규범통지의 수단, 정확히는 규범통지의 형식과 의미를 입법자와 수범자가 협력적으로 구성해 나갈 수 있는 효과적인 방법이 될 수도 있다. 이러한 규범통지의 형식과 의미의 협력적 구성은 단순히 한 번의 시도로 완결될 수 있는 것은 아니다. 입법자들과 수범자, 그리고 법을 집행하는 행정부 공무원과 법을 적용하는 판사 등이 지속적으로 상호 논증을 거치면서 이루어져야 할 장기적인 작업이다. 이러한 작업들이 전제될 때, 사회 내 규범적 언어 사용에 관한 광범위한 공감대를 형성해 나갈 수 있을 것이라고 판단한다. 이를 통해 현실에 적합한 법의 형식과 체계를 갖출 수 있을 것이다. 입법논증론이 입법기술론에 시사하는 바가 바로 여기에 있다.

또한 이와 관련하여 위임입법의 입법논증론적 중요성을 강조할 필요성이 있다. 의회의 입법자들의 전문성은 일정부분 한계를 가지고 있기 때문에, 법률을 제정하면서 구체적인 규제 사항들에 관한 실정법 조문의 구성에 대해서는 현장 전문성을 가지는 법 집행담당자인 행정부에 위임한다. 이는 현실상황에 맞는 법 집행을 위하여 불가피하면서도 필요한 측면이 있음을 부인할 수 없다. 즉 행정부는 법률상 포함되어 있는 추상적 법문을 자신의 재량에 의해 구체화시킬 수 있는 권한을 부여받는 것이다. 이러한 측면에서 위임입법은 추상적 법문과 그 의미를 구체화시키는 데 있어 중요한 역할을 한다. 실제 현장에서 접하게 되는 상당부분의 규제는 바로 이러한 위임입법을 통해 구체화된 경우가 대부분이다.

그러나 현실적인 위임입법 제정절차 속에서 행정부의 규범 구체화 권한은 사실상 재량적인 것으로 받아들여지고 있다. 예를 들어, 위임입법과 관련한 공청회에서 행정부에서 제시한 입법대안에 대한 이의제기가 있어도, 그들이 이를 진지하게 검토하거나 고려하지 않는 경우가 빈번하다. 즉 위임입법과 관련한 공청회는 사실상 형식적인 절차로 변모해 가며, 이를 통한 협력적인 규범적 의미의 구성에도 문제점이 발생하고 있다. 분명한 것은 위임입법도 입법의 일종이며, 따라서 현장 수범자인 국민들과의 상호 입법논증은 매우 중요하다고 할 수 있다.

[판례 5-4] 헌재 2000.02.24, 98헌바37

법률의 명확성원칙은 특히 행정부에 대한 법률의 수권이 수권법률에 의하여 내용, 목적, 범위에 있어서 충분히 규정되고 제한되어서, 국민이 행정청의 행위를 어느 정도 예견할 수 있어야 할 것을 요청한다. 물론, 법률의 명확성원칙은 입법자가 법률을 제정함에 있어서 일반조항이나 불확정 법적 개념을 사용하는 것을 금지하는 것은 아니다. 행정부가 다양한 과제, 각 개별적 경우마다의 특수한 상황, 법이 규율하는 현실의 변화 등에 적절하게 대처하기 위하여 입법자는 추상적이고 불확정적인 개념을 사용하지 아니할 수 없다.

[판례 5-5] 헌재 2001. 10. 25. 2001헌바9

모든 법규범의 문언을 순수하게 기술적 개념만으로 구성하는 것은 입법기술적으로 불가능하고 또 바람직하지도 않기 때문에 어느 정도 가치개념을 포함한 일반적, 규범적 개념을 사용하지 않을 수 없다. 또한 당해 법률조항의 입법취지, 같은 법률의 다른 규정들과의 상호관계를 고려하거나 이미 확립된 판례를 통한 해석방법을 통하여 그 규정의 해석 및 적용에 대한 신뢰성이 있는 원칙을 도출 할 수 있어서 법률조항의 취지를 예측할 수 있는 정도의 내용이라면 그 범위 내에서 명확성의 원칙은 유지되고 있다고 보아야 할 것이고, 법관의 보충적인 가치판단을 통한 법문의 해석으로 그 의미내용을 확인해낼 수 있고, 그러한 보충적 해석이 해석자의 개인적인 취향에 따라 좌우될 가능성이 없다면 명확성의 원칙에 반한다고 할 수 없을 것이다.

4. 입법평가론과 입법논증론

1) 입법평가론의 연구내용

입법학 연구자들에 의해 주장되고 있는 학제적 연구방법론이 가장 활발히 이용되고 있는 영역은 바로 입법평가 연구영역이다. 실제로 입법 실무 영역에서는 이러한 입법평가를 제도화하거나, 관련 기법을 발전시키고자 노력하고 있다. 결국 입법평가는 이론적인 차원에서보다 실무적인 차원에서 더욱 중요한 의미를 가지는 것이라고 할 수 있다.

입법평가라 함은 일반적으로 입법적 성격을 지닌 국가적 조치에 대한 평가, 즉 실질적 의미에서의 법률에 대한 평가를 의미한다. 구체적으로는 '법형식을 구비한 규범'이 전체 적용영역에 대하여 미치는 재정적 및 비재정적, 의도적 및 비의도적 영향 전반을 분석하는 것이라고 국내에 소개되고 있다.[51]

입법평가에서 의미하는 "평가(evaluation)"라는 것이 의미하는 바는 무엇인가? 일반적으로 평가의 개념에 관해서는 어떠한 기본적인 합의가 존재하는 것은 아니며, 그 의미는 시대와 함께 확장되어 최근에는 특정 정책의 사전단계(기획입안단계)부터 사후단계까지 각각에 있어서 분석하는 활동일반을 포함하는 것으로 이해되고 있다. 또한 평가란 가치판단이 개입되지 아니하여 객관적인 수치로 어떠한 시책을 측정하고 판단하며, 객관적인 결론을 제시하는 것을 의미한다. 따라서 그것은 정책의 좋고 나쁨을 판단하는 재료를 제공할 따름이다.[52] 즉 그것은 목적, 목표, 개입이론, 실시과정, 결과, 성과 및 효율성을 명확하게 하기 위한 체계적인 조사활동이라고 할 수 있다.[53] 이러한 평가 개념을 바탕으로 입법평가의 논의가 전개되고 있다.

평가 개념에 대한 마더의 논의는 더욱 경청할 만하다. 그는 입법학적 관점에서 '평가'를 정의할 필요가 있다고 하면서, 다음의 세 가지 요소가 평가를 정의하는 데 사용된다고 설명한다. (i) 평가는 입법(legislation), 즉 규범적 조항등과 이러한 조항들에 기초한 행정적 결정과 관련된다. 공식적으로 평가의 대상은 정책분석의 대상과 다르다. 그러나 적어도 법치주의를 존중하는 법질서를 전제로 하는 한 입법에 대한 평가와 정책에 대한 평가는 근본적인 차이가 없는 것이다. (ii) 평가는 효과(effect)에 관심을 갖는다. 입법적 조치에 의한 태도와 행위, 상황의

51 박영도, 앞의 책, 535면.

52 이는 박영도의 설명을 그대로 인용한 것이다. 일반적으로 정책평가에 있어서는 대부분의 학자가 여러 가지 관점에서 정책의 가치, 즉 정책효과의 가치를 판단하는 활동에 초점을 맞추어 정책평가를 이해하고 있다고 한다. 김지원 · 김현구, 『정책평가론』(한국방송통신대학교출판부, 2009), 3면; 이상의 문구를 그대로 인용한 이유는 현재 우리나라에서 입법평가에 대한 설명들이 사실상 이러한 관점으로 기술되고 있기 때문이다.

53 박영도, 앞의 책, 533면.

변화와 그러한 변화의 결과를 변화가 없을 때와 비교하여 검토한다. 달리 표현하면 평가는 입법조치와 사회현실의 인과관계에 관심을 갖는다. (iii) 평가는 입법평가를 방법론적으로(in a methodical way) 분석하고 평가한다. 여기서 말하는 "방법론적"이라는 표현은 다음과 같은 세 가지 내용을 의미한다. ① 일반적으로 이해하고 따를 수 있는 방식, ② 가능한 한 체계적인 방식, ③ 가능한 한 치우치지 않고 객관적인 방식을 의미한다.[54]

사실 입법평가라는 용어는 국가별로 매우 다양하게 사용되고 있다. EU에서는 "Impact Assessment", 스위스에서는 "Gesetzesevaluation", 독일과 오스트리아에서는 "Gesetzesfolgenabschätzung", 영국에서는 "(Regulatory) Impact Assessment", 미국에서는 "Regulatory (Impact) Analysis" 등의 이름으로 입법평가를 표현하고 있다.[55]

이러한 다양한 입법평가의 내용들 중 국내에서 활발히 소개되고 있는 입법평가제도는 독일의 제도이다.[56] 독일에서의 입법평가제도의 개념은 독일연방 내무부와 바덴 뷔르템베르크 내무부의 위탁으로 슈파

---

54 Luzius Mader, "Evaluating the Effects: A Contribution to the Quality of Legislation", *Statute Law Review* 22(2), 2001, 122~123면.

55 사실, 미국, 영국, EU의 경우는 순수한 입법평가와는 달리, 정책평가까지 포괄하는 개념이라고 할 수 있다. 김수용은 이러한 다양한 입법평가와 관련한 개념들, 즉 대륙법계의 입법평가와 영미법계의 규제영향분석제도는 사실상 같은 의미를 가지고 있음에도 불구하고, 한국에서는 이를 다른 개념으로 파악하고 있는 문제점을 지적한다. 이에 대해서는 김수용, 『입법평가의 개념에 관한 연구』(한국법제연구원, 2008)를 참조할 것.

56 이러한 독일 제도와 관련해서는 박영도, "입법평가제도에 관한 연구", 「입법학연구」 제2권, 2002; 장병일, 입법평가제도와 법해석학의 관계, 한양법학 제24집, 2008; 박영도, 『입법평가의 이론과 실제』(한국법제연구원, 2007); 최윤철, "입법평가의 제도화에 관한 연구", 「토지공법연구」 제28집, 2005 등의 문헌을 참조할 것; 독일에서의 입법평가에 관한 더욱 자세한 내용은 Carl Böhret & Götz Konzendorf, 박영도 · 정병일 역, 『입법평가입문: 법률, 법규명령, 행정규칙』(한국법제연구원, 2007)을 참조할 것.

이어 행정대학원에서 만든 『입법평가입문(Handbuch Gesetzesfolgenabschätzung(GFA): Gesetze, Verordnungen, Verwaltungsvorschriften, 2001)』과 『입법평가지침서(Leitfaden zur Gesetzesfolgenabschätzung, 2001)』를 많이 따르고 있다.

『입법평가입문』 등에 의하면 입법평가는 (i) 규율대안에 기초하여 장래를 향하여 그 규율대안을 평가하는 절차로서의 사전적 입법평가,[57] (ii) 법 형식에 맞게 작성된 법률초안에 기초하여 장래를 향하여 그 법률초안의 결과를 평가하는 절차로서의 병행적 입법평가, (iii) 현재 적용되고 있는 실정법에 기초하여 과거를 향하여 그 실정법의 결과를 평가하는 절차로서의 사후적 입법평가로 나뉜다.[58]

2) 입법논증론의 시사점: 입법평가의 실증주의 한계 극복

실무적 차원에서의 입법평가 연구는 현대적 입법학 연구의 결정판이라고 할 수 있다. 그것은 입법평가 연구가 포괄하는 영역 자체가 매우 광범위하기 때문일 것이다. 일반적으로 논해지는 입법평가의 구분은 사전, 병행 및 사후로 나누어지는데, 이는 입법평가 연구의 대상적 범위가 사실상 입법과정 전 과정에 관한 것이라는 점을 보여준다. 이와 더불어, 사회과학 방법론의 활용은 다른 입법학 연구영역에서도 강조되고는 있지만, 입법평가론의 영역만큼 사회과학 방법론을 강조하는 경우는 없다고 할 수 있다. 즉 가급적 가시적이고 객관적인 지표

57 '사전적 입법평가'는 사실상 '입법정책결정론'의 연구영역과 상당부분에서 중복된다. 그러나 사전적 입법평가는 병행적 입법평가 및 사후적 입법평가와 함께 피드백의 과정을 거치는 것을 상정하고 있으며, 다소 제도화된 평가절차를 상정하여 진행되는 논의이기 때문에, 그 구체적 실행행태에서는 다소간 구분이 가능하다.

58 Carl Böhret & Götz Konzendorf, 앞의 책, 2~3면.

를 확보하여, 입법에 관한 과학적이고 객관적인 사전 예측과 사후 평가를 가능하게 하겠다는 것이다.

이러한 사회과학적 분석은 일정부분 한계를 가지고 있다. 특히 사회과학적 방법론을 활용한 입법평가는 말 그대로 방법론적 입장에서의 평가를 의미하는 것이다. 이러한 입법평가 방식에는 두 가지의 난점이 있다. 첫째, 소위 과학적 분석을 위한 방법론이라는 것은 그 자체가 특정 명제의 진실성을 자명하게 보여주는 것이 아니라, 그 가능성을 제시해 주는 수준에 그친다. 그러나 실제 입법평가의 결과를 활용하는 입법현장에서는 그것을 과학적 분석이라는 미명하에 맹신하는 경향성이 있다. 둘째, 도출된 결과를 바라보는 입법자 및 평가자의 가치관에 따라 결과에 관한 해석이 달라질 수 있다. 즉 부정하기 힘든 객관적인 사실이라 할지라도 그것이 사회적 차원에서 가지는 의미에 대해서는 해석자의 가치관에 따라 매우 다양하게 평가할 가능성이 있다.

그러나 입법논증론의 배경적 논의에서 살펴본 바와 같이, 입법이라는 것은 가치간 갈등 또는 불일치가 전제된 상황 속에서 이루어지는 작업이다. 이러한 측면에서 입법평가는 단순히 사회과학적 분석결과의 제시에 그치는 것이 아니라, 가치간의 갈등상황을 의식하여 추후 이러한 가치간의 논쟁, 즉 입법논증에 적합한 논거들을 도출할 수 있는 방향으로 분석이 전개되어야 할 것이다. 이를 위해서는, 첫째, 효과성 및 목적달성도에 관한 분석의 결과를 단순한 기술통계로 보여줄 수 없어 다소 고차원적인 방법론적 기법을 활용할 경우, 그러한 방법론에 대한 검증도 추후 입법논증에서 논의될 수 있도록 정확한 방법론적 전제 및 조건들을 밝힐 필요가 있다. 둘째, 특정 규정의 효과성 및 목적달성도에 대한 방법론적 분석 결과를 단순히 제시하는 수준에 그치지 않고, 그러한 분석 결과에 대한 해석 및 입법대안들을 제기되고 있는 입장별 가치관에 따라 구분하여 제시하는 것이 바람직할 것이다.

이에 더하여, 입법평가의 직접적인 대상은 단순히 효과성만을 검증해도 되는 정책과는 달리 사실적 영역을 넘어 규범적 영역을 포괄하는 법의 정립에 관한 문제이기 때문에, 사회과학적 분석의 전제로서 규범적 또는 법체계적 분석이 선행되어야 할 필요가 있다. 즉 정확한 입법평가 또는 사실에 관한 분석이 이루어지기 위해서는 규범적 관점에서 당해 규정의 문제점이 무엇이며, 이에 대한 평가 및 대안 구성을 위해서는 어떠한 내용의 사실적 분석이 요구되는지를 우선적으로 검토할 필요성이 있다. 이러한 작업은 추후 입법논증에서의 가치간 갈등구도를 명확하게 확인할 수 있게 해 줄 것이다.

[판례 5-6] 헌재 2002. 10. 31. 99헌바76, 2000헌마505(병합)

기본권을 제한하는 법률의 위헌성여부가 미래에 나타날 법률 효과에 달려 있다면, 헌법재판소가 과연 어느 정도로 이에 관한 입법자의 예측판단을 심사할 수 있으며, 입법자의 불확실한 예측판단을 자신의 예측판단으로 대체할 수 있는 것일까?
법률이 제정되면 미래에 있어서 작용하고 효과를 발생시키므로, 입법자는 법률의 형태로써 정치적 결정을 내리는 과정에서 법률과 법현실과의 관계에 관한 일정한 예측으로부터 출발한다. 그러나 이러한 예측판단에는 항상 불확실한 요소가 내재되어 있다. 따라서 헌법재판소의 규범심사과정에서 결정의 전제가 되는 중요한 사실관계가 밝혀지지 않는다든지 특히 법률의 효과가 예측되기 어렵다면, 이러한 불확실성이 공익실현을 위하여 국민의 기본권을 침해하는 입법자와 기본권을 침해당하는 국민 중에서 누구의 부담으로 돌아가야 하는가 하는 문제가 제기된다. 법률이 개인의 핵심적 자유영역(생명권, 신체의 자유, 직업선택의 자유 등)을 침해하는 경우 이러한 자유에 대한 보호는 더욱 강화되어야 하므로, 입법자는 입법의 동기가 된 구체적 위험이나 공익의 존재 및 법률에 의하여 입법목적이 달성될 수 있다는 구체적 인과관계를 헌법재판소가 납득하게끔 소명・입증해야 할 책임을 진다고 할 것이다. 반면에, 개인이 기본권의 행사를 통하여 일반적으로 타인과 사회적 연관관계에 놓여지는 경제적 활동을 규제하는 사회・경제정책적 법률을 제정함에 있어서는 입법자에게 보다 광범위한 형성권이 인정되므로, 이 경우 입법자의 예측판단이나 평가가 명백히 반박될 수 있는가 아니면 현저하게 잘못되었는가 하는 것만을 심사하는 것이 타당하다고 본다. 이러한 한계까지는 입법자가 무엇을 공익으로 보는가, 공익을 어떠한 방법으로 실현하려고 하는가는 입법자의 형성권에 맡겨져야 한다.

제6장

입법학 연구의 전망과 과제

제6장
입법학 연구의 전망과 과제

입법학이라는 이름을 가진 연구가 시작된 것은 비교적 근자의 일이라고 할 수 있다. 물론 그 이전에도 입법에 관한 학문적 논의가 전혀 없었던 것은 아니다. 다만, 현대사회에서 발생하고 있는 다양한 입법 영역에서의 문제들은 입법학이라는 개별 학문분야의 정립을 요청하고 있다. 그러나 분명한 것은 상당수의 논의들이 아직까지 명확하게 입법학의 구체적인 활용에 대해서는 언급하고 있지 못하다는 점이다. 물론 실무적 차원에서는 아주 오래전서부터 입법을 위한 실천들이 이루어져 왔지만, 이를 체계화하여 하나의 학문분야로 정립할 수 있는 이론적 체계는 상당히 미약한 수준이라고 할 수 있다.

그렇다면 한국사회에서 과연 입법학이 필요한 것인가? 한국사회는 서구의 근대법을 계수한 국가이기 때문에, 그러한 법이 가지는 근원적인 가치간 갈등요인과 더불어, 서구의 근대적 가치와 한국사회의 전통적 가치간의 갈등이 존재한다. 이에 더하여 다원주의 사회로의 발전으로 인한 가치의 다양화는 이러한 갈등상황을 더욱 증폭시킨다. 따라서 한국사회에서는 서구사회에 비하여 입법에 관한 연구가 더욱 필요하다고 할 수 있다.

필자는 이 책에서 입법학의 이론적 체계성을 구축하기 위한 시도를 수행하였다. 간략하게 정리하자면, 입법학 체계구성의 근저에는 기본적으로 입법논증이라는 새로운 연구영역에 관한 고민이 전제될 필요가 있으며, 또한 현재 논의되고 있는 입법학의 세부 연구영역들에 있어서도 입법논증론은 그 연구의 방향성을 제시해 줄 수 있는 입법이론으로서도 기능한다는 점을 설명하고자 했다.

입법학 연구에 있어 가장 궁극적인 쟁점은 이러한 학문적 성과를 어떻게 하면 실천적으로 활용할 수 있을 것인지의 문제이다. 이미 30여 년 전부터 한국사회에도 서구에서 발전하고 있었던 입법학이라는 새로운 학문분야에 대한 소개들이 있어왔다. 특히 이러한 연구들은 아직까지 입법에 관한 국내의 논의가 활성화되지 않은 상황에서 입법학에 대한 관심을 불러일으키기 충분했다고 할 수 있다. 그러나 입법학의 학문적 의의 및 필요성에 관한 논의를 넘어서서 어떻게 하면 이를 실무영역에서 실천적으로 활용할 수 있을 것인가에 대한 논의는 아직까지 본격화되지 않았다.

한국사회에서 입법학에 관한 학문적 수요는 아직까지 잠재되어 있는 것이기는 하지만, 향후 지속적인 발전이 예상된다고 할 수 있다. 따라서 문제는 이러한 수요에 부응할 수 있는 연구 및 교육 컨텐츠를 확보하는 것이다. 그간 우리나라에서도 입법전문인력 양성을 위한 교육기관 및 과정 운영에 관한 논의가 이루어져 왔지만, 마지막에 결국 쟁점으로 대두되는 것은 바로 무엇을 연구하고 교육할 것인가, 즉 콘텐츠의 문제였다.

다음에서는 한국사회의 입법학 연구 발전을 위해 현 상황에서 필요한 사항들을 간략하게 언급하며 글을 마무리하도록 하겠다.

1. 입법학 연구 및 교육 콘텐츠 확보

입법학 연구 및 교육이 활성화되기 위해서는 그 무엇보다도 학문적 콘텐츠가 체계화될 필요성이 있다. 이제까지 입법학의 체계와 관련하여 학계에서 이루어진 논의들을 종합해 보면, 입법학 체계에 대한 대강의 얼개가 어느 정도 그려지고 있는 상황이라고 할 수 있다. '입법이론', '입법정책결정론(입법방법론)', '입법과정론', '입법기술론', '입법평가론'이 그것이다. 필자는 이러한 입법학 연구영역에 추가하여 '입법논증론'의 연구 필요성을 제기하였다.

그러나 아직까지 이러한 각각의 영역에서 구체적으로 어떠한 내용을 연구하고 교육할 수 있는지에 대해서는 본격적으로 논의되고 있지 못하다. 물론 실무적 차원에서 보자면, 이러한 연구 및 교육에 활용할 수 있는 콘텐츠와 소재는 매우 풍부한 상황이다. 그러나 입법학 연구의 방향성이 명확하지 않기 때문에 실무적 차원의 콘텐츠를 분류 및 분석하는 데 어려움이 있는 것이라고 할 수 있다. 이러한 측면에서 필자는 입법논증론적 관점이 입법학 연구의 방향성을 제시해 줄 수 있다고 판단한다.

이제까지 한국사회의 입법학 연구는 기존 법학에서는 다소 생소한 사회과학적 방법론이 가지는 객관성과 과학성에 상당히 매료되어 왔다고 할 수 있다. 그러나 이러한 분석적 차원의 과학성에 대한 주장은 사실 입법학 고유의 논제가 무엇인지를 더욱 모호하게 하며, 그 결과 입법학에 대한 접근 자체를 어렵게 하는 경향이 있다. 따라서 입법학 연구에서 활용할 수 있는 하나의 연구방법론으로서의 사회과학적 방법론을 수용함과 아울러, 입법학의 근원에 존재하는 입법학의 고유의 논제들을 밝히는 것이 추후 입법학 연구 및 교육 콘텐츠를 확보하는 데 있어 선행되어야 할 것이다.

2. 입법전문인력 양성 및 활용

입법학 연구의 실천적 활용을 위해서는 입법전문인력을 양성하기 위한 방안을 모색할 필요가 있다. 이를 위한 현 단계의 입법학 교육들로는 다음과 같은 것들이 있다. 첫째, 현재 가장 일반적으로 이루어지고 있는 법제 또는 입법(학) 교육으로는 「법제처」와 같은 기관들이 각 부처별 법제업무 관련 공무원들을 대상으로 하는 법제교육이 있으며, 이와 유사하게 국회 보좌진 및 종사자들을 대상으로 하는 「국회사무처 의정연수원」의 교육이 있다. 둘째, 법과대학 및 법학전문대학원 개설과목 중 '헌법학'의 통치구조론의 일환으로 입법 교육이 이루어지고 있으며, 최근에는 '입법학'이라는 과목이 개설되는 경우가 다수 존재한다. 셋째, 정규 교과과정은 아니지만 입법전문가 양성을 위한 교육 또는 보좌관 양성을 위한 교육의 일환으로 입법학 관련 교육이 이루어지는 사례가 있다.

최근 새로운 법학교육 체계인 법학전문대학원 제도가 국내에 도입되면서, "입법학" 과목의 개설이 증가하고 있다는 사실은 특기할 만하다. 법학전문대학원 제도 운영의 취지가 기본적으로 송무담당 변호사 양성에만 있는 것이 아니라 기타 공공영역에서 활동할 수 있는 다양한 직역의 변호사를 양성하는 데에 있기 때문에 이와 관련한 중요 교과목으로 입법학이 개설되고 있는 것이다. 그러나 법학전문대학원 학생들은 입법학이라는 선택과목을 수강하지 않는 경향성이 있다. 이 과목이 변호사 시험과 직결되는 것도 아니며, 특히 이 과목을 수강한다고 해서 당해 분야에 관한 전문성이 신장된다고 보기 어렵기 때문이다. 그 결과 실제 상당수 법학전문대학원의 경우 입법학 강좌가 개설되었지만 폐강되는 사례가 속출하고 있다.

이상에서 언급한 내용들은 우리나라에서의 입법학 교육이 매우 비체계적으로 이루어지고 있음을 보여준다. 특히 새로운 법학교육을 표방하고 있는 법학전문대학원에서조차도 입법학 과목의 교육이 제대로 이루어지지 않고 있는 현실은 입법학 교육과 관련하여 생각해 보아야 할 고민의 지점들을 제공해 준다.

첫째, 가장 시급한 문제는 입법학 교육 콘텐츠의 확보이다. 사실 국내에는 몇몇 저술을 제외하면 입법학 교육에 활용할 수 있는 교과서가 부족하다. 이러한 문제로 인하여, 일선 법학전문대학원에 개설되어 있는 대부분의 입법학 교과목의 강의 내용을 보면, 일반적으로 헌법 교과목의 입법부(입법절차) 관련 내용에 행정법 교과목에서의 위임(행정)입법에 관한 논의를 추가한 수준의 강의가 이루어지고 있다. 그러나 입법과 사법의 궁극적인 차이점을 상기해 본다면, 이러한 강의가 과연 순수하게 입법학이라고 할 수 있는 것인지 의문이 드는 경우가 많다.

물론 서구의 입법학 저술들을 개관해 보면,[1] 아직까지 입법학의 세

1 이에 대해서는 이성환 외, 『입법학의 실태 분석 및 발전을 위한 제도적 지원 방안 마련』

부 강학 내용들이 확고하게 정립되었다고 볼 수는 없지만, 대체적으로 유사한 내용들을 포함하고 있는 것으로 판단된다. 국내 연구자들의 상당수도 이미 입법학의 교육 및 연구 분야에 관하여 서구 입법학자들의 견해와 유사하게 의견의 일치를 보고 있는 상황이다. 따라서 이러한 내용들을 중심으로 입법학의 체계를 세우고, 세부적인 콘텐츠들을 확충해 가는 작업이 필요하다.

둘째, 법학전문대학원은 물론이고 일반 법과대학 등에서의 입법학 교육 및 이를 활용한 사회진출 방안을 구체화할 필요가 있다. 물론 기존 법학분야의 다양한 교과목들이 존재하지만, 그러한 교과목들이 일반적으로는 법원에서의 사법판결에 집중하고 있다는 측면에서 입법학 교육에 대해서는 현 단계에서만이라도 각별한 관심이 요구된다. 또한 이는 추후 학생들이 진출할 수 있는 (취업)영역을 확충한다는 부수적인 의미를 가지고 있다.

입법전문인력들이 진출할 수 있는 직역들은 현 단계에서도 상당수 있다. 예를 들어, 국회의원의 대표적인 입법지원인력이라고 할 수 있는 보좌진들(보좌관, 비서관, 비서, 인턴 등)의 경우 300명의 국회의원 당 최대 8~9명까지의 인력을 활용하고 있는데, 이는 대학에서의 입법학 교육을 통해 학생들을 진출시킬 수 있는 고용시장의 사례라고 할 수 있다. 또한 최근에는 대형 로펌들을 중심으로 입법컨설팅 업무가 점차 증가하고 있는 추세이다. 만일 체계화된 입법학 교육과 당해 교육의 이수를 통하여 입법전문인력들이 양성될 수 있다면, 이러한 입법지원인력 운영에 관한 논의가 상당히 진척될 수 있는 계기가 될 것이다.

(법제처, 2009) 참조.

3. 입법논증론 연구의 심화 필요

결국 현장에서의 입법실무라는 것은 궁극적으로 입법대안을 형성하고, 그것을 입법자들에게 설득해 내는 작업이다. 입법전문인력들은 바로 이러한 직역과 업무에 종사하게 될 것이다. 따라서 입법논증의 기법, 즉 건전한 논거의 효과적 활용 방식은 단지 이론적인 차원에서만 의미가 있는 것이 아니라 실무적인 차원에서도 의미가 있는 것이다.

아직까지 입법현장에서는 입법의 문제를 전략의 문제라기보다는 공적 정의(正義)의 문제로 받아들이는 경우가 많다. 물론 이러한 입장이 전적으로 잘못된 것이라고는 할 수 없을 것이다. 그러나 사회 전체적으로 그 누구도 동일한 정의 관념을 가질 수 없으며, 이에 관한 다양한 가치적 해석이 존재할 수 있기 때문에, 현장에서의 입법대안 제시는 개인이 가지는 정의 관념을 실현시키기 위한 일종의 전략적 행위로 이해할 필요가 있다.

결론적으로 입법학의 모든 기술 내용들은 더 나은 논거들을 개발하고 이를 입법논증에 활용하여 자신의 입법대안을 청중들(입법자 및 국민)에게 설득해 내는 것과 연관성을 가질 필요성이 있다. 이를 위해서는 입법논증 기법에 관한 세밀한 연구가 필요하다. 아직까지 입법학 영역에서 입법논증에 관한 연구가 치밀하게 전개되고 있지는 않지만, 추후 일반적인 논증이론 및 정책논증의 연구 성과들로부터 많은 논제들을 차용해 올 수 있을 것이라고 생각한다. 물론 이러한 차용은 일반적 논증 및 정책적 논증에 대해 입법논증이 가지는 차별성을 전제로 진행되어야 할 것이다.

참고문헌

1) 국내문헌

김도균,「우리 대법원 법해석론의 전환: 로널드 드워킨의 눈으로 읽기 - 법의 통일성(Law's Integrity)을 향하여」,『법철학연구』 제13권 제1호, 2010

김상희,「법적 정의와 보편청중: 페를만의 신논증이론을 중심으로」,『수사학』 제9집, 2008

김성룡,『법적 논증론(I)』(준커뮤니케이션즈, 2009)

김수용,『입법평가의 개념에 관한 연구』(한국법제연구원, 2008)

김승환,「입법의 원칙」,『세계헌법연구』 제12권 제2호, 2006

_____,「입법학에 관한 연구: 입법의 주체 · 원칙 · 기술을 중심으로」, 고려대학교 박사학위 논문, 1987

김영환,「법의 논증적 구조와 해석학적 법이해」,『현대법철학의 흐름』(법문사, 1996)

김정오,「한국사회의 규범질서의 혼란과 정서적 갈등」,『사회과학연구』 제4권, 1995

_____,『한국의 법문화』(나남출판, 2006)

김종철,「관료국가에서 계약국가로?: 김대중 정부의 정부혁신정책에 내포된 국가기능의 변화」,『법과사회』 제20호, 2001

_____,「영국 입헌주의의 본질과 특색」,『공법연구』 제30집 제1호, 2001

김지원,『정책분석론』(한국방송통신대학교 출판부, 2002)

김지원 · 김현구,『정책평가론』(한국방송통신대학교출판부, 2009)

김해룡,「행정상의 미래예측(Prognose)의 법리」,『공법연구』 제21집, 1993

김혜숙,「변증법적 논증이론과 수사학: 페렐만의 신수사학을 중심으로」,『독일어문학』 제26집, 2004

박영도 외, 『독일의 법령체계와 심사기준』(법제처/한국법제연구원, 2005)
_____, 「유럽국가에서의 입법학 연구 동향」, 월간 『법제』, 2009. 12
_____, 「입법평가제도에 관한 연구」, 『입법학연구』 제2권, 2002
_____, 「입법학과 입법정책」, 『법과 정책연구』 제5집 제1호, 2005
_____, 「입법학서설(I): 새로운 학문유형으로서의 입법학의 필요성과 성립가능성」, 『외법논집』 제3권, 1996
_____, 『입법학입문』(한국법제연구원, 2008)
_____, 『입법이론연구(1) - 입법기초이론과 입법기술』(한국법제연구원, 1991)
_____, 『입법이론연구(2) - 입법과정의 이론과 실제』(한국법제연구원, 1994)
_____, 『입법이론연구(3) - 법령용어에 관한 연구』(한국법제연구원, 1995)
_____, 『입법이론연구(4) - 입법심사의 체계와 방법론』(한국법제연구원, 1996)
_____, 『입법이론연구(5) - 입법기술의 이론과 실제』(한국법제연구원, 1997)
_____, 『입법이론연구(6) - 자치입법의 이론과 실제』(한국법제연구원, 1998)
_____, 『입법이론연구(7) - 위임입법에 관한 연구』(한국법제연구원, 1999)
_____, 『입법평가의 이론과 실제』(한국법제연구원, 2007)
박준석, 「하트(H.L.A. Hart)와 라즈(Joseph Raz)의 법철학」, 이화여대 『법학논집』 제11권 제2호, 2007
심우민, 「입법절차와 절차주의: 순수절차주의에 대한 비판적 고찰과 그 대안」, 연세대학교 대학원 박사학위 논문, 2010. 12
_____, 「입법평가와 입법논증: 연계 가능성 모색을 위한 시론적 연구」, 『입법평가연구』 제3호, 2010
안경환 · 김종철, 「영국법과 미국법의 비교연구(V): 법이론(legal theories)(1)」, 서울대 『법학』, 제40권 1호, 1999
___________, 「영국법과 미국법의 비교연구(V): 법이론(legal theories)(2)」, 서울대 『법학』, 제40권 2호, 1999
양천수, 「사법(私法) 영역에서 등장하는 전문법화 경향: 도산법을 예로 본 법사회학적 고찰」, 『법과사회』 제33호, 2007
염유식, 「16대 국회 보건복지위원회의 법안 가결에 관한 연결망 분석 -의원들의

중개자 역할(brokerage)이 법안 가결여부에 미치는 영향」, 『법과사회』 제32號, 2007
오병선, 「현대의 자연법론과 법실증주의의 수렴경향」, 『법철학연구』 제1권, 1998
오영석 · 고창택, 「정책논증의 구조에 관한 고찰」, 『한국행정논집』 제21권 제1號, 2009
오준영 · 김유신, 「Toulmin의 논증의 옹호와 교육적 적용에 대한 탐색」, 『범한철학』 제55집, 2009
오형엽, 「현대문학비평과 논증의 수사학」, 『어문논집』 제56권, 2007
이가종, 「과학철학과 정책이론」, 『법정논총』 제10집, 1988
_____, 「과학철학과 정책이론에 있어서 객관성과 합리성」, 『한국정치학회보』 제22권 제2號, 1988
이강혁, 「입법학의 과제」, 『현대공법학의 제문제(우당 윤세창 박사 정년기념)』 (박영사, 1983)
이상영, 「법사회학적 입법연구: 토지공개념 3개법안 입법과정을 중심으로」, 서울대학교 박사학위논문, 1993
_____, 「입법의 원칙에서 본 한국의 입법자와 입법과정의 분석」, 『입법학연구』 창간호, 2000
_____, 「입법학 정립을 위한 변증론」, 충북대 『법학연구』 제7권 1호, 1995
_____, 「한국 입법연구의 동향과 전망」, 『입법학연구』 제3집, 2006
이성환 외, 『입법학의 실태 분석 및 발전을 위한 제도적 지원 방안 마련』(법제처, 2009)
이윤희, 「포스트맑시즘의 이론적 이데올로기적 전망과 한계: 라클라우와 무페의 이론을 중심으로」, 『통일문제와 국제관계』, 1994
이은영, 「사비니의 법사상」, 『한독법학』 창간호, 1979
이철우, 「비판법학과 영미 법사학」, 『법과사회』 제2권, 1990
이한규, 「제18대 국회 출범 이후의 국회입법활동에 대한 평가와 전망」, 『입법평가연구』 창간호, 2006
장동진 · 백성욱, 「차이의 인정과 도덕적 보편주의: 하버마스의 '담론적 민주주

의 이론'에 대한 비판적 고찰」, 『정치사상연구』 제11집 1호, 2005
장병일, 「입법평가제도와 법해석학의 관계」, 『한양법학』 제24집, 2008
정규호, 「심의민주주의적 의사결정논리의 특성과 함의」, 『시민사회와 NGO』 제3권 제1호, 2005
정영모, 「입법정책과 입법기술」, 『국회보』, 1967. 7
정태욱, 「롤즈에게 있어서 정치적인 것의 개념」, 『법철학연구』 제4권 제2호, 2001
______, 「절차적 정의에 관한 연구: 법절차에 관한 정의철학적 기초」, 서울대학교 박사학위논문, 1995
조홍식, 「경제학적 논증의 법적 지위」, 서울대 『법학』 제48권 제4호, 2007
______, 『사법통치의 정당성과 한계』(박영사, 2010)
최대권 외, 『사회변화와 입법』(도서출판 오름, 2008)
최대권, 「입법의 원칙」, 서울대 『법학』 제25권 제4호, 1984
______, 「입법학연구: 입법변론을 중심으로」, 서울대 『법학』 제31권 제1호, 1990
최봉철, 「서평: 드워킨의 법의 제국」, 『법철학연구』 제8권 제2호, 2005
______, 「해체적 정의와 법적 판단」, 『법과사회』 제11호, 1999
최윤철, 「독일 입법학 연구의 현황과 전망」, 『입법학연구』 제3집, 2006
______, 「독일에 있어서의 "입법자의 법률개선의무"에 관한 논의」, 『공법연구』 제31집 제3호, 2003
______, 「입법자의 법률관찰의무」, 『토지공법연구』 제21집, 2004
______, 「입법자의 법률상 하자제거의무」, 『법조』 통권 561호, 2003
______, 「입법평가의 제도화에 관한 연구」, 『토지공법연구』 제28집, 2005
______, 「입법학 연구의 현황 및 전망」, 『입법정책』 제1권 제1호, 2007
______, 「입법학 체계정립을 위한 작은 시도」, 『법과 정책연구』 제12권 제3호, 2012
하재홍, 「법적논증의 기초: 대법원 판결과 페렐만의 신수사학」, 『법철학연구』 제13권 제2호, 2010
한국입법학회, 『입법학에 관한 선진 외국의 연구결과 분석과 정책적 활용방안』

(법제처, 2010)
홍성수, 「규제학: 개념, 역사, 전망」, 『안암법학』 제26권, 2008
홍완식, 「국회선진화법에 관한 고찰」, 『헌법학연구』 제18권 제4호, 2012
_____, 「로비제도 관련 법률안에 대한 헌법적 고찰」, 『헌법학연구』 제14권 제2호, 2008
_____, 「입법의 원칙에 관한 연구」, 『법제』 제578호, 2006
_____, 「입법자의 법률개선의무에 관한 연구: : 독일 연방헌법재판소와 한국 헌법재판소의 결정례를 중심으로」, 『공법연구』 제31집 제2호, 2002
홍준형 외, 『법제교육원 설립을 위한 사전연구』(법제처, 2011)

2) 외국문헌

Aarnio, Aulis, “Form and Content in Law: Dimensions and Definitions of Legal Positivism”, Aulis Aarnio, *Philosophical Perspectives in Jurisprudence: Acta Philosophica Fennica* (Philosophical Society of Finland, 1983)
__________, “Towards a theory of Legislation and its Role in Social Change”, Aulis Aarnio, *Philosophical Perspectives in Jurisprudence: Acta Philosophica Fennica* (Philosophical Society of Finland, 1983)
Ackermann, Bruce, *We the People: Foundation Vol. 1* (Harvard University Press, 1991)
Alexy, Robert, *Theorie der juristischen Argumentation: die Theorie des rationalen Diskurses als Theorie der juristischen Begründung. 2. Aufl.* (Frankfurt a.M., 1991); 변종필 · 최희수 · 박달현(역), 『법적논증이론: 법적 근거제시 이론으로서의 합리적 논증대화 이론』(고려대학교출판부, 2007)
Althusser, Louis, Ben Brewster(trans.), *Lenin and Philosophy* (Monthly Review Press, 1971)
Atienza, Manuel, “Reasoning and Legislation”, Luc J. Wintgens (ed.) *The Theory and Practice of Legislation: Essays in Legisprudence* (Ashgate, 2005)
Baker, Wayne E., “The Network Organization in Theory and Practice” in N, Nohria

& G, Eccles (eds.), *Networks and Organization: Structure, Form and Action* (Harvard Business School Press, 1992)

Bankowski, Zenon, "Don't Think About It?: Legalism and Legality", *Rechtstheorie* (Beiheft, 1993)

Baynes, Kenneth, *The Normative Grounds of Social Criticism: Kant, Rawls, Habermas* (State University of New York Press, 1992)

Benhabib, Seyla, *Critique, Norm and Utopia: A Study of the Foundations of Critical Theory* (Columbia University Press, 1986); 정대성(역), 『비판, 규범, 유토피아· 비판 이론의 토대 연구』(도서출판 울력, 2008)

Bohman, James, *Public Deliberation* (MIT Press, 1996)

Böhret, Carl & Konzendorf, Götz, *Handbuch Gesetzfolgenabschätzung (GFA). Gesetz, Verordnungen, Verwaltungsvorschriften* (Nomos, 2001); 박영도 · 정병일(역), 『입법평가입문: 법률, 법규명령, 행정규칙』(한국법제연구원, 2007)

Breton, Philippe & Gauthier, Gilles, *Histoire des théories de l'argumentation* (Éditions La Découverte, 2000); 장혜영(역), 『논증의 역사』(커뮤니케이션북스, 2006)

Bundesakademie für öffentliche Verwaltung (Hrsg.), *Praxis der Gesetzgebung - Eine Lehr und Lernhilfe* (Recht/Verwaltung/Wirtschaft, 1984)

Bundesamt für Justiz, *Gesetzgebungsleitfaden. Leitfaden für die Ausarbeitung von Erlassen des Bundes* (BMJ, 2007)

Bundesministerium der Justiz, *Handbuch der Rechtsförmlichkeit* (Bundesanzeiger, 2008)

Campbell, C. M., "Campbell: Legal Thought and Juristic Values", *1 Brit. J.L. & Soc'y 13*(1974)

Cohen, Joshua, "Democracy and Liberty", Jon Elster(ed.), *Deliberative Democracy* (Cambridge University Press, 1998)

Coleman, Jules, "Negative and Positive Positivism", *The Journal of Legal Studies* 11(1), 1982

Cotterrel, Roger, "English Conceptions of the Role of Theory in Legal Analysis", *Modern Law Review* 46, 1983

Crosswhite, James, *The Rhetoric of Reason: Writing and the Attractions of Argument* (University of Wisconsin Press, 1996); 오형엽(역), 『이성의 수사학: 글쓰기와 논증의 매력』(고려대학교 출판부, 2001)

Dworkin, Ronald, *Freedom's Law: The Moral Reading of the American Constitution* (Oxford University Press, 1996)

____________, *Law's Empire* (Harvard University Press, 1997); 장영민(역), 『법의 제국』(아카넷, 2004)

Eskridge, William N., "The Circumstances of Politics and the Application of Statute", *Columbia Law Review* 100(2), 2000

Eskridge, William N., Phillip P. Frickey & Elizabeth Garrett, *Cases and Materials on Legislation, Statutes and the Creation of Public Policy* (Thomson West 2007)

Feteris, Eveline T., "A Survey of 25 Years of Research on Legal Argumentation", *Argumentation* 11(3), 1997

____________, *Fundamentals of Legal Argumentation: A Survey of Theories on the Justification of Judicial Decisions* (Kluwer Academic Publishers, 1999)

Finnis, John, "Law as Co-ordination", *Ratio Juris* 2(1), 1989

Forst, Rainer, "Book Reviews", *Constellations* 1(1), 1994

Freeman, James B., *Dialectics and the Macrostructure of Argument: A Theory of Argument Structure* (Foris Publications, 1991)

Friedman, Lawrence M., *A History of American Law* (Simon & Schuster, 1986); 안경환 역, 『미국법의 역사』(대한교과서, 1988)

Gericke, Olaf, *Möglichkeiten und Grenzen eines Abbaus der Verrechtlichung. Eine kritische Analyse von Gesetzgebung und Gesetzgebungslehre* (Shaker, 2003)

Goss, S., *Making Local Governance Work: Networks, Relationships and the Management of Change* (Palgrave, 2001)

Green, Leslie, "The Concept of Law Revisited", *Michigan Law Review* 94(6), 1996

Gutmann, Amy & Thompson, Dennis, *Democracy and Disagreement* (Harvard University Press, 1996)

Guy Peters, *The Future of Governing: For Engineering Models* (University of Kansas Press, 1996); 정용덕 외(역), 『미래의 국정관리』(법문사, 1998)

Habermas, Jürgen, "On Law and Disagreement. Some Comments on Interpretative Pluralism", *Ratio Juris* 16(2), 2003

______________, "Wahrheitstheorien", *Vorstudien und Ergänzungen zur Theorie des kommunikativen Handelns* (Frankfurt/M., 1984); 변종필(역), "하버마스의 진리이론", 「안암법학」 제3권, 1995

______________, *Die Neue Unübersichtlichkeit: Kleine Politische Schriften V* (Suhrkamp, 1985); 이진우 · 박미애(역), 『새로운 불투명성』(문예출판사, 1995)

______________, *Faktizität und Geltung: Beiträge zur Diskurstheorie des Rechts und des demokratischen Rechtsstaats* (Suhrkamp, 1992); William Rehg (trans.), *Between Facts and Norms: Contributions to a Discourse Theory of Law and Democracy* (MIT Press, 1996); 한상진 · 박영도(역), 『사실성과 타당성: 담론적 법이론과 민주주의적 법치국가 이론』(나남출판, 2000)

Hahm, Pyong-choon, "The Traditional Patterns of Authoritive Symbols and the Judical Process in Korea: A Study in Legal Culture and Legal Development", Pyong-choon Hahm, *Korean Jurisprudence, Politics and Culture* (Yonsei University Press, 1983)

Hart, H. L. A. *The concept of law* (Clarendon Press, 1961); 오병선(역), 『법의 개념』(아카넷, 2001)

Hart, Roderick P., *Modern Rhetorical Criticism* (Allyn and Bacon, 1997)

Hill, Hermann, *Einführung in die Gesetzgebungslehre* (C.F. Müller Juristischer Verlag, 1982)

Hill, Hermann, *Impulse zum Erfolg eines Gesetzes* (DÖV, 1981)

Horwitz, Morton, *The Transformation of American Law: 1780~1860* (Oxford University Press, 1977)

Hotz, Reinhold, *Methodische Rechtsetzung. ein Aufgabe der Verwaltung* (Schulthess Polygraphischer, 1983)

Hugger, Werner, *Gesetze - Ihre Vorbereitung, Abfassung und Prüfung* (Nomos, 1983)

Hume, David, "An Enquiry Concerning the Principles of Morals", sec. 3, pt. 1 ("Of Justice"), Selby-Bigge (ed.), *Hume's Enquiry Concerning the Human Understanding and Concerning the Principles of Morals* (Clarendon Press, 1963)

Ismayr, Wolfgang(Hrsg.), *Gesetzgebung in Westeuropa. EU-Staaten und Europäischen Union* (VS Verlag für Sozialwissenschaften, 2008)

Karpen, Ulrich & Hof Hagen(Hrsg.), *Wirkungsforschung zum Recht IV-Möglichkeiten einer Institutionalisierung der Wirkungskontrolle von Gesetzen* (Nomos, 2003)

Karpen, Ulrich, *Gesetzgebungslehre -neu evaluiert Legistics - fresh evaluated* (Nomos, 2008)

___________, *Zum Gegenwärtigen Stand der Gesetzgebungslehre in der Bundesrepublik Deutschland* (Müller, 1986)

Kickert, W., "Public Governance in the Netherland: An Alternative to Anglo－American 'Managerialism'", *Public Administration* 75, 1997

Kölble, Josef, "Zum Stand der Gesetzgebungstheorie", *Die Verwaltung* (Duncker & Humblot, 1985)

Kooiman, J., *Governing as Governance* (Sage Publications, 2003)

Krems, Burkhardt, *Grundfragen der Gesetzgebung* (Duncker & Humbolt, 1979)

Krüger, Uwe, *Der Adressat des Rechtsgesetzes: ein Beitrag zur Gesetzgebungslehre* (Duncker & Humblot, 1969)

Laclau, Ernesto & Mouffe, Chantal, *Hegemony and Socialist Strategy: Toward a Radical Democracy* (Verso, 1985); 김성기 외(역), 『사회변혁과 헤게모니』 (터, 1990)

Laclau, Ernesto, "Metaphor and Social Antagonisms", Cary Nelson & Lawrence Grossberg(eds.) *Marxism and the Interpretation of Culture* (University of

Illinois, 1988)

Lamore, Charles E., *Patterns of Moral Complexity* (Cambridge University Press, 1987)

Loughlin, Martin, *Public Law and Political Theory* (Clarendon Press, 1992)

MaCarthy, Thomas, "Kantian Constructivism and Reconstructivism: Rawls and Habermas in Dialogue", *Ethics* 105(1), 1994

Macedo, Stephen(ed.), *Deliberative Politics* (Oxford University Press, 1999)

Macoubrie, Jane, "Logical Argument Structures in Decision-Making", *Argumentation* 17(3), 2003

Mader, Luzius, "Evaluating the Effects: A Contribution to the Quality of Legislation", *Statute Law Review* 22(2), 2001

Maneli, Mieczyslaw, *Perelman's New Rhetoric as Philosophy and Methodology for the Next Century* (Kluwer Academic Publishers, 1994); 손장권 · 김상희(역), 『페렐만의 신수사학: 새로운 세기의 철학과 방법론』(고려대학교출판부, 2006)

Marcilla, Gema, "Balancing as a Guide to Legislative Reasoning", *Legisprudence* 4(1), 2010

Marmor, Andrei, "Legal Conventionalism", *Legal Theory* 4(4), 1998

Mattern, Karl Heinz, "Zur Anwendung der Gesetzgegungslehre", in Bundesakademie für öffentliche Verwaltung(Hrsg.) *Praxis der Gesetzgebung* (Regensburg, 1984)

Mengel, Hans Joachim, *Gesetzgebung und Verfahren. Ein Beitrag zur Empirie und Theorie des Gesetzgebungsprozesses im föderalen Verfassungsstaat* (Duncker & Humblot, 1997)

Messerschmidt, Klaus, *Gesetzgebungsermessen* (Berlin Verlag A. Spitz, 2000)

Mouffe, Chantal, "Hegemony and New Political Subjects: Toward a New Concept of Democracy", Cary Nelson & Lawrence Grossberg (eds.) *Marxism and the Interpretation of Culture* (University of Illinois, 1988)

____________, *The Democratic Paradox* (Verso, 2000); 이행(역),『민주주의의 역설』(인간사랑, 2006)

__________, *The Return of the Political* (Verso, 1993); 이보영(역), 『정치적인 것의 귀환』(후마니타스, 2007)

Muhall, Stephen & Swift, Adam, *Liberals and Communitarians* (Blackwell Publishers, 1992); 김해성 · 조영달(역), 『자유주의와 공동체주의』(도서출판 한울, 2001)

Müller, Georg, *Elemente einer Rechtssetzungslehre* (Schulthess, 2006)

Nagel, Thomas, "Rawls on Justice", *The Philosophical Review* 82(2), 1973

Nelson, John S., Megil, Allan & McCloskey, Donald N., *Rhetoric of the Human Sciences: Language and Argument in Scholarship and Public Affairs* (University of Wisconsin Press, 1990); 박우수 외(역) 『인문과학의 수사학: 학문과 공공부문에 있어서의 언어와 논증』(고려대학교출판부, 2003)

Neumann, Ulfrid, *Juristische Argumentationslehre* (Wissenschaftliche Buchgesellschaft, 1986); 윤재왕(역), 『법과 논증이론』(세창출판사, 2009)

Noll, Peter, *Gesetzgebungslehre* (Westdeutscher Verlag GmbH), 1973

Öhlinger, Theo, "Planung der Gesetzgebung und Wissenschaft", in Ders.(Hrsg.), Methodik der Gesetzgebung. Legistische Richtlinien in Theorie und Praxis (Springer-Verlag, 1982)

Oliver-Lalana, Daniel, "Legitimacy through Rationality: Parliamentary Argumentation as Rational Justification of Law", Luc J. Wintgens(ed.) *The Theory and Practice of Legislation: Essays in Legisprudence* (Ashgate, 2005)

__________, "Towards a Theory of Legislative Argument", *Legisprudence* 4(1), 2010

Perju, Vlad, "A Comment on Legisprudence", *Boston University Law Review* 89, 2009

Plug, H. José, "Institutional Boundaries on the Evaluation of Argumentation in Legislative Discussions", *Legisprudence* 4(1), 2010

Rawls, John, "Introduction to the Paperback Edition", in John Rawls, *Political liberalism* (Columbia University Press, 1996); 장동진(역), 『정치적 자유주의』(동명사, 1998)

__________, "Political Liberalism: Reply to Habermas", *The Journal of Philosophy* 92(3), 1995

__________, *A Theory of Justice* (Oxford University Press, 1999); 황경식(역), 『정의론』(이학사, 2003)

__________, *Practical Reason and Norms* (Princeton University Press, 1975)

__________, *The Authority of Law: Essays on Law and Morality* (Oxford University Press, 1979)

__________, *The Concept of Legal System: An Introduction to the Theory of Legal System* (Oxford University Press, 1980)

__________, *The Morality of Freedom* (Clarendon Press, 1986)

Rhodes, R. A. W., "The New Governance: Governing without Government", *Political Studies* 44, 1996

______________, *Understanding Governance: Policy Networks, Governance, Reflexity and Accountability* (PA: Open University Press, 1997)

Richli, Paul, *Interdisziplinäre Daumenregeln für eine Faire Rechtsetzung. Ein Beitrag zur Rechtsetzungslehre im liberalen, sozial und ökologisch orientierten Rechtsstaat* (Helbing & Lichtenhahn, 2000)

Rosenfeld, Michel, "Can Rights, Democracy and Justice Be Reconciled through Discourse Theory", Michel Rosenfeld & Andrew Arato(ed.), *Habermas on Law and Democracy: Critical Exchanges* (University of California Press, 1998)

Schmitt, Carl, 김효전(역), 『정치적인 것의 개념』(법문사, 1992)

Schneider, Hans, *Gesetzgebung* (C.F.Müller, 2002)

Schreckenberger, Waldemar & Merten, Detlef(Hrsg.), *Grundfragen der Gesetzgebungslehre* (Duncker & Humblot, 2000)

Schreckenberger, Waldemar(Hrsg.), *Gesetzgebungslehre. Grundlagen - Zügänge -*

Anwendung (Kohlhammer, 1984)

Schwartz, Richard L., “Internal and External Method in the Study of Law”, *Law and Philosophy* 11(3), 1992

Seelmann, Kurt, *Rechtsphilosophie, 4. Aufl.* (Verlag C. H. Beck, 2007); 윤재왕(역), 『법철학』(세창출판사, 2010)

Shapiro, Scott J., “Law, Plans, and Practical Reason”, *Legal Theory* 8(4), 2002

SHIM, Woomin, “Disagreement and Proceduralism in the Perspective of Legisprudence”, Luc J. Wintgens and A. Daniel Oliver-Lalana(eds.), *The Rationality and Justification of Legislation (Legisprudence Library, Vol. 1)* (Springer, 2013)

Shklar, Judith, Legalism: Law, *Morals and Political Trials* (Harvard University Press, 1986)

Sieckmann, Jan, “Legislative Argumentation and Democratic Legitimation”, *Legisprudence* 4(1), 2010

Toulmin, Stephen E., Richard D. Rieke & Allan Janik, *An Introduction to Reasoning* (Macmillam, 1984)

Tully, James, *Strange Multiplicity: Constitutionalism in an Age of Diversity* (Cambridge, 1995)

Unger, Roberto, *Law in Modern Society: Toward a Criticism of Social Theory* (Free Press, 1977); 김정오(역), 『근대사회에서의 법: 사회이론의 비판을 위하여』(삼영사, 1994)

Velasco, Antonio Raul De, “Rethinking perelman's universal audience: Political dimensions of a controversial concept”, *Rhetoric Society Quarterly* 35(2), 2005

Waldron, Jeremy, *Law and Disagreement* (Oxford University Press, 1999a)

______________, *The Dignity of Legislation* (Cambridge University Press, 1999b)

Walton, Douglas N., *Argumentation Schemes for Presumptive Reasoning* (Erlbaum, 1996)

Weinberger, Ota, “Syntaktische und Semantische Probleme der Gesetzgebung”, in

Theo Öhlinger(Hrsg.) *Methodik der Gesetzgebung: legistische Richtlinien in Theorie und Praxis* (Springer-Verlag, 1982)

Winkler, Günther & Schilcher, Bernd(Hrsg.), *Gesetzgebung. Kritische Überlegungen zur Gesetzgebungslehre und zur Gesetzgebungstechnik* (Springer, 1981)

Wintgens, Luc J. & Thion, Philippe(eds), *Legislation in Context: Essays in Legisprudence* (AshgatePubCo, 2007)

Wintgens, Luc J.(ed), *The Theory and Practice of Legislation: Essays in Legisprudence* (Aldershot, Ashgate, 2005)

__________________, "Freedom and Legisprudence A More Substantial View: A Reply to Professor Perju", *Boston University Law Review* 89, 2009

__________________, "Legislation as an Object of Study of Legal Theory: Legisprudence", Wintgens, Luc J.(ed.), *Legisprudence: A New Theoretical Approach to Legislation* (Hart Publishing, 2002)

__________________, "Legisprudence as New Theory of Legislation", *Ratio Juris* 19(1), 2006

__________________, *Legisprudence: Practical Reason in Legislation* (Ashgate Publishing, 2012)

Worsham, Lynn & Olson, Gary A., "Rethinking Political Community: Chantal Mouffe's Liberal Socialism", *JCA: A Journal of Composition Theory* 19(2), 1999

田中成明, 『現代法理論』(有斐閣, 1984); 박병식(역), 『현대법이론』(동국대학교 출판부, 2007)

3) 참조 웹사이트

독일 입법학회 홈페이지 http://www.dggev.de

슈파이어대학 관련학과 홈페이지 http://www.hfv-speyer.de/js-start.htm

스위스 입법학회 홈페이지 http://www.legislation.ch

스위스 평가학회 홈페이지 http://www.seval.ch

찾아보기

ㅈ

ㅊ

ㅋ

ㅌ

ㅍ

ㅎ